JN076250

特殊状況下における取締役会・株主総会の実務

アクティビスト登場、M&A、取締役間の紛争発生、不祥事発覚時の対応

弁護士法人 大江橋法律事務所　弁護士

竹平征吾　細野真史　浦田悠一　平井義則［著］

商事法務

はしがき

　コーポレートガバナンス・コードにおいて、取締役会は、具体的な経営戦略や経営計画等について建設的な議論を行うべき場と位置づけられ、株主総会は、株主との建設的な対話の場と位置づけられている。

　本書は、『特殊状況下における取締役会・株主総会の実務』と銘打ったが、会社が「特殊状況下」にあるからといって、取締役会および株主総会についての上記の本質的な位置づけが変わるものではない。

　もっとも、特殊状況下ならではの問題点や留意点が存在することもまた事実であり、あらかじめ、こうした問題点等を検討し、これをふまえた実務対応を整理しておくことには十分意義があることのように思われる。また、スチュワードシップ・コードにより機関投資家側のガバナンスや説明責任に関する諸原則が示され、コーポレートガバナンス・コードにおいて投資家との建設的な対話という方向性が示されるなかで、「会社法の枠外」から上場会社における対応に変化がみられることもふまえた検討をしておく必要があろう。

　本書は、以上述べたところをふまえ、上場会社である取締役会設置会社を基本的に念頭に置いたうえで、「特殊状況下」という場面における、取締役会および株主総会の運営に関する実務上の問題点および留意点、さらにはこれらをふまえた実務対応についての整理と検討を試みたものである。

　「特殊状況下」という言葉には、「平時下」という言葉の対立概念としての意味合いを持たせているが、企業の活動が多様化するなかで、「特殊状況下」と評価できる場面にはさまざまなものが考えられる。本書では、近時の社会情勢や、当職らが実務を通じて感じる各企業の関心事等をふまえ、4つの場面を「特殊状況下」の場面と設定し、各場面における問題点等の検討を各章で行うこととした。まず第1章では、いわゆるアクティビストが登場し、当該アクティビストから株主提案等がなされた場面を取り上げている。第2章では、M&A実施の場面や、当該M&Aに対する反対株主が現れた場面を対象とした。第3章では、意見対立等により取締役間で紛争が生じた場面を、第4章では、企業不祥事が発覚した場面をそれぞれ「特殊状況下」と設定し論を進めている。

　本書の執筆は、弁護士法人大江橋法律事務所において長年にわたり取締役会・株主総会実務を担当している、浦田悠一、平井義則および当職らが分担

して行った。取締役会および株主総会の運営に関する良書は多数存在するが、特殊状況下というやや変わった切り口を有する本書が、当該状況下における実務上の悩みを解決するための一助となれば、執筆者一同にとって望外の喜びである。

　本書の出版にあたっては、株式会社商事法務の水石曜一郎氏に多大なご尽力をいただいた。また、弁護士法人大江橋法律事務所の富田詩織弁護士および同所のスタッフからは、原稿の内容確認等の場面で貴重な助言をいただいた。各氏には心より御礼を申し上げたい。

　2020 年 1 月

執筆者を代表して

弁護士法人大江橋法律事務所

弁護士　竹平　征吾

弁護士　細野　真史

第1章 アクティビスト対応のための 取締役会・株主総会

第2章　M&Aにおける取締役会・株主総会

第4章　不祥事発覚時の取締役会・株主総会

巻末資料

<h1>凡例</h1>

1 法令等の略称

会社法（会）	会社法
2019 年改正会社法（改正会）	会社法の一部を改正する法律（令和元年 12 月 11 日法律第 70 号）による改正後の会社法
施行規則（施）	会社法施行規則
計算規則（計）	会社計算規則
旧商法（旧商）	会社法の施行に伴う関係法律の整備等に関する法律（平成 17 年 7 月 26 日法律第 87 号）による改正前の商法
金商法（金商）	金融商品取引法
金商法施行令（金商令）	金融商品取引法施行令
開示府令（開示令）	企業内容等の開示に関する内閣府令
他社株公開買付府令（他社株公開買付令）	発行者以外の者による株券等の公開買付けの開示に関する内閣府令
大量保有開示府令（保有開示令）	株券等の大量保有の状況の開示に関する内閣府令
委任状勧誘府令（委任状令）	上場株式の議決権の代理行使の勧誘に関する内閣府令
上場規程（上場）	有価証券上場規程（東京証券取引所）
振替法（振替）	社債、株式等の振替に関する法律
振替法施行令（振替令）	社債、株式等の振替に関する法律施行令
商登法（商登）	商業登記法
商登規則（商登則）	商業登記規則
民法（民）	民法
民保法（民保）	民事保全法
非訟法（非訟）	非訟事件手続法
刑訴法（刑訴）	刑事訴訟法
スチュワードシップ・コード	スチュワードシップ・コードに関する有識者検討会「『責任ある機関投資家』の諸原則≪日本版スチュワードシップ・コード≫～投資と対話を通じて企業の持続的成長を促すために～」（2014 年 2 月 26 日（最終改

	訂：2017 年 5 月 29 日）)
M&A 指針	経済産業省「公正な M&A の在り方に関する指針——企業価値の向上と株主利益の確保に向けて」(2019 年 6 月 28 日)
MBO 指針	経済産業省「企業価値の向上及び公正な手続確保のための経営者による企業買収（MBO）に関する指針」(2007 年 9 月 4 日)
第三者委員会ガイドライン	日本弁護士連合会「企業等不祥事における第三者委員会ガイドライン」(2010 年 7 月 15 日（最終改訂：2010 年 12 月 17 日）)
不祥事対応プリンシプル	日本取引所自主規制法人「上場会社における不祥事対応のプリンシプル」(2016 年 2 月 24 日)
不祥事予防プリンシプル	日本取引所自主規制法人「上場会社における不祥事予防のプリンシプル」(2018 年 3 月 30 日)
グループガイドライン	経済産業省「グループ・ガバナンス・システムに関する実務指針」(2019 年 6 月 28 日)

2 文献等の略称

(1) 単行本

江頭	江頭憲治郎『株式会社法〔第 7 版〕』(有斐閣、2017 年)
会社法コンメ(7)	岩原紳作編『会社法コンメンタール第 7 巻 機関(1)』(商事法務、2013 年)
会社法コンメ(8)	落合誠一編『会社法コンメンタール第 8 巻 機関(2)』(商事法務、2009 年)
会社法コンメ(10)	江頭憲治郎＝弥永真生編『会社法コンメンタール第 10 巻 計算等(1)』(商事法務、2011 年)
新版注釈会社法(6)	上柳克郎＝鴻常夫＝竹内昭夫編代『新版注釈会社法(6)——株式会社の機関 2』(有斐閣、1987 年)
会社法論中巻	大隅健一郎＝今井宏『会社法論中巻〔第 3 版〕』(有斐閣、1992 年)
実務相談株式会社法(3)	稲葉威雄ほか編『実務相談株式会社法第 3

	巻〔新訂版〕』（商事法務研究会、1992 年）
論点解説新・会社法	相澤哲＝葉玉匡美＝郡谷大輔編著『論点解説　新・会社法——千問の道標』（商事法務、2006 年）
会社法入門	前田庸『会社法入門〔第 13 版〕』（有斐閣、2018 年）
株主総会	大隅健一郎編『株主総会』（商事法務研究会、1969 年）
新・株主総会ガイドライン	東京弁護士会会社法部編『新・株主総会ガイドライン〔第 2 版〕』（商事法務、2015 年）
株主総会ハンドブック	中村直人編著『株主総会ハンドブック〔第 4 版〕』（商事法務、2016 年）
全株懇モデルⅡ	全国株懇連合会編『全株懇モデルⅡ——株主総会に関する実務』（商事法務、2017 年）
敵対的株主提案とプロキシーファイト	松山遥『敵対的株主提案とプロキシーファイト〔第 2 版〕』（商事法務、2012 年）
株主提案と委任状勧誘	三浦亮太ほか『株主提案と委任状勧誘〔第 2 版〕』（商事法務、2015 年）
Q&A 取締役会運営の実務	澤口実『Q&A 取締役会運営の実務』（商事法務、2010 年）
類型別会社訴訟Ⅰ	東京地方裁判所商事研究会編『類型別会社訴訟Ⅰ〔第 3 版〕』（判例タイムズ社、2011 年）
類型別会社訴訟Ⅱ	東京地方裁判所商事研究会編『類型別会社訴訟Ⅱ〔第 3 版〕』（判例タイムズ社、2011 年）
類型別会社非訟	東京地方裁判所商事研究会編『類型別会社非訟』（判例タイムズ社、2009 年）
新・裁判実務大系(11)	門口正人編『新・裁判実務大系第 11 巻——会社訴訟・商事仮処分・商事非訟』（青林書院、2001 年）
リーガル・プログレッシブ(2)	西岡清一郎＝大門匡編『リーガル・プログレッシブ・シリーズ(2)　商事関係訴訟〔改訂版〕』（青林書院、2013 年）
会社訴訟・仮処分の理論と実務	新谷勝『会社訴訟・仮処分の理論と実務〔増補第 3 版〕』（民事法研究会、2019 年）
会社訴訟ハンドブック	中村直人編著『会社訴訟ハンドブック』（商事法務、2017 年）

実務ガイド新・会社非訟	松田亨＝山下知樹編『実務ガイド新・会社非訟──会社非訟事件の実務と展望〔増補改訂版〕』（金融財政事情研究会、2016 年）
適時開示ガイドブック	東京証券取引所『会社情報適時開示ガイドブック〔2018 年 8 月版）〕』（東京証券取引所、2018 年）
新しい公開買付制度と大量保有報告制度	池田唯一＝大来志郎＝町田行人編著『新しい公開買付制度と大量保有報告制度』（商事法務、2007 年）
公開買付けの理論と実務	長島・大野・常松法律事務所編『公開買付けの理論と実務〔第 3 版〕』（商事法務、2016 年）
ケースから考える内部統制システムの構築	中村直人『ケースから考える内部統制システムの構築』（商事法務、2017 年）
機関投資家の議決権行使方針及び結果の分析	森・濱田松本法律事務所編『機関投資家の議決権行使方針及び結果の分析〔2019 年版〕（別冊商事 443 号）』（商事法務、2019 年）

(2)　判例誌等

民集	最高裁判所民事判例集
判時	判例時報
判タ	判例タイムズ
金法	金融法務事情
金判	金融・商事判例
ジュリ	ジュリスト
商事	旬刊商事法務
資料版商事	資料版商事法務
別冊商事	別冊商事法務

第 1 章

アクティビスト対応のための
取締役会・株主総会

I アクティビスト対応をめぐる環境

1 アクティビストとは

(1) アクティビストの定義

　「アクティビスト」という用語に対する統一的な定義はないが、本書における「アクティビスト」は、株式を一定程度取得したうえで、その保有株式を裏づけとして、投資先企業の経営陣に対して積極的に提言を行い、企業価値または株式価値の向上をめざす投資家という意味で使用する。

　かつて投資ファンドのなかには、上場会社に対して何らの企業価値または株式価値向上のための提案をすることもなく、単に上場会社の株式等を取得し、株価の上昇等に伴う裁定取引を企図する者がみられた。たとえば、スティール・パートナーズは、ブルドックソースに対して敵対的な公開買付けに及んだ際、スティール・パートナーズが日本における会社の経営経験もなく、その予定もないこと、企業価値向上提案等で想定しているものはないこと、支配権を取得した場合における事業計画や経営計画を現在のところ有していないこと、ブルドックソースの日常的な運営をする意図はないこと等が記載された対質問回答報告書を関東財務局長に提出したうえで、買付けに及んだ。こうした動きに対しては、短期的な株価の上下に伴う裁定取引のみを目的とし、企業価値向上に資するものではない、中長期的な投資のための内部留保を阻害して企業価値を棄損するものであるなど、強い批判もあるところであり、アクティビストという用語自体にネガティブな意味合いを感じる者も多い。

　しかし、最近のアクティビストの傾向としては、上場会社の株式等を取得するに際し、当該会社の収益性、資本政策、ガバナンス等に関し、企業価値または株式価値の向上のための具体的提案を伴う場合が多く、そのため、アクティビストの提案に関し、機関投資家等を含め、株式市場における一定の賛同を伴うことも少なくない。

　本書では、アクティビストに「企業価値または株式価値の向上をめざす投資家」という定義を付する以上、ネガティブな印象を持つ用語としてアクティビストまたはアクティビズムという用語を使用するものではなく、それ自体、中立かつ客観的な言葉として使用する趣旨であることをまず述べておきたい。

もっとも「物言う株主」としてのアクティビストの提案が実際に当該会社の企業価値または株式価値の向上につながるかどうかはその提案内容およびそれに対する評価によるというほかない。

(2) 空売りアクティビスト

アクティビストのなかには、投資先企業の経営陣に積極的に提言を行い、企業価値または株式価値の向上をめざすのではなく、空売りアクティビストと呼ばれ、上場会社の株式を空売りしたうえで、当該アクティビストが当該会社に関し問題だと考える事項について詳細な調査レポートを作成・公表し、株価が下落した時点で当該株式を買い戻すという投資手法を行動原理としている投資ファンドがある。

空売りアクティビストはすでに上場会社の株式を空売りしており、その上場会社の問題点を公にすることにより、株価を下落させることにインセンティブを見出すため、上場会社との間で企業価値向上のための取組みを話し合うことは通常期待できない。上場会社側としては、事前の話合いを経ることなく、空売りアクティビストによる調査レポートが公開され、マスコミ等を通じてその内容を知らされることが多く、危機管理の意味合いを有する広報対応を余儀なくされることとなる。

その対応の内容としては、ただちに当該調査レポートに対する反論を行う予定であり、株主に対する冷静な対応を依頼する旨の適示開示を行うとともに、調査レポートの内容を分析し、冷静かつ客観的な反論を行うことに尽きる。ただし、調査レポートの内容が明確に根拠を欠くなど法的な論点を伴う場合は、相場操縦行為等の禁止（金商159条2項）、風説の流布等の禁止（金商158条）、不正行為の禁止（金商157条）等の適用を求め、当局に通報すること等も検討すべきであろう。本書でいうアクティビストにはかかる空売りアクティビストは含まない。

2　世界的なアクティビズムの潮流

(1) 米国における「ウルフ・パック戦術」

米国においては大規模な金融緩和政策を受けた大量の資金供給を背景として、上場会社に対するアクティビストによるキャンペーンが急激に増加しており、一般の機関投資家の賛同を得つつある。ラザード社の2019年第一四半期の調査によれば、2018年は新規キャンペーン数、キャンペーン対象会社数

およびキャンペーンの結果として取得した取締役の員数において過去最高を記録した。

図表 1-1：開始キャンペーン数（各四半期）

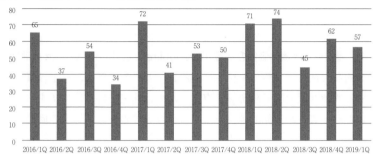

図表 1-2：獲得取締役数

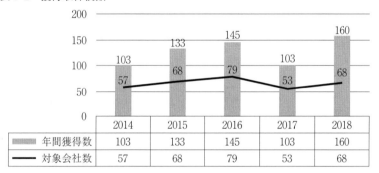

	2014	2015	2016	2017	2018
年間獲得数	103	133	145	103	160
対象会社数	57	68	79	53	68

年間獲得数　　　対象会社数

（Lazard's Shareholder Advisory Group, "Review of Shareholder Activism-Q1 2019"[1] 2頁 "Quarterly Campaign Activity" および7頁 "Board Seats Won" より抜粋し、著者作成）

　米国におけるアクティビスト株主による株式等の買集めに関しては、デリバティブ等の金融技術の活用、および協調行動のあいまいさにより、上場会社による買集めに関する情報の把握が困難であり、下記**ウ**の「ウルフ・パッ

1)　https://www.lazard.com/media/450943/lazards-q1-2019-review-of-shareholder-activism.pdf より入手。

ク戦術」がとられる可能性があるとの問題点が指摘されており、米国の上場
会社においては対抗措置としてライツプランを進化させる動きがみられる。
上記の問題点についてはわが国においても同様であるため、以下それぞれ検
討したうえ、ウルフ・パック戦術への対抗策としての米国における買収防衛
策の具体例とその帰すうについて紹介する。

ア　議決権と経済的価値の乖離（decoupling）と Empty Voting の問題

　伝統的な会社法において、株主に議決権を認める根拠は、株主は債権者に
劣後する残余財産分配請求権等を有するため、株主が自らに帰属する価値を
最大化させることが優先的地位を有する債権者等の利害関係人の価値を含め、
企業価値の最大化につながる点にあると考えられてきた。しかし、デリバティ
ブ等の金融技術により、株主が株価下落リスクを回避するために当該株式に
ついてショートポジションを保持すれば、経済的価値は移転済みであり、当
該株主は企業価値の最大化のためのインセンティブを保有しないこととなる。
さらにいえば、当該株主が保有している株式よりも多くのショートポジショ
ンを保有すれば、当該株式の値下がりについてのインセンティブを保有する
こととなる。これが Empty Voting と一般に呼称される現象である。
　Empty Voting の一例として、よく引用されるのが 2004 年にヘッジファン
ドである Perry 社の事例[2]である。Perry 社は、King Pharmaceutical 社（King
社）の株式 700 万株を保有していたところ、2004 年末に Mylan Laboratories
社（Mylan 社）は King 社との株式対価での合併に合意した。Perry 社は、当該
合併に賛成であり、当該合併でのプレミアムを取得するため、Mylan 社での
議決権行使をする目的で Mylan 社の 9.9％の株式を取得し、Mylan 社の筆頭
株主となった。ところが、Perry 社は Mylan 社株式の下落リスクを回避する
ため、エクイティ・スワップのショートポジションを保有し、Mylan 社の株
式から得られるリターンをすべてデリバティブ業者に移転をした。そこで、
Mylan 社の主要株主であり、この合併に反対である Carl Icahn が 5％を超え

---

2)　当該事例については、武井一浩ほか「ヘッジ・ファンドと会社法——ヘッジ・ファ
　　ンドの投資戦略と M&A における議決権行使を例に」神作裕之責任編集・財団法人資
　　本市場研究会編『ファンド法制——ファンドをめぐる現状と規制上の諸課題』（財経
　　詳報社、2008 年）所収および得津晶「株主による議決権行使の在り方に関する会社法
　　上の論点」公益社団法人商事法務研究会「株主による議決権行使の在り方に関する会
　　社法上の論点についての調査研究報告書」（2013 年 3 月）所収を参照されたい。後者
　　は Perry 社の事例以外にも多くの Empty Voting の事例を扱うものとして参考になる。

る株式の実質的保有者に報告義務を定める規定の違反を理由として、Perry社とMylan社に訴訟を提起したという事案である。

最終的にはMylan社が別の理由で合併を断念し、訴訟は中断されたものの、本事例は、Mylan社株式の価値に対して経済的インセンティブを有せず、その反対当事者であるKing社の株式の価値に対して経済的インセンティブを有するPerry社がMylan社の合併議案に賛成しようとした行為の是非が問題とされるものであった。

このように、Empty Votingにより議決権行使のインセンティブにねじれが生じ、当該株式の議決権保有者による議決権行使が株主共同の利益に反するおそれがある場合、当該議決権行使の差止めの可否が問題とされよう。この点、「裸の議決権」のみを株式に関する経済的権益から分離して行使することが合理性を有するような特段の事情が存しない限りは、「裸の議決権」のみを行使することは、会社法上正当な議決権行使とは認められないとする見解がある[3]。日本法においては、Perry社のような事案では合併の反対当事者であるKing社の株式保有を通じて合併プレミアムを取得することにインセンティブを保有する状況にある以上、少なくとも「株主総会等の決議について特別の利害関係を有する者が議決権を行使したことによって、著しく不当な決議がされたとき」（会831条1項3号）として株主総会決議取消しの問題を生じさせるものと考えられよう[4]。このような場合、上場会社からも株主の議決権濫用にあたる権利行使に対し、一種の不作為請求権・妨害排除請求権を被保全権利として議決権行使の差止めの仮処分を求めることができるものと思われる[5]。この点、会社は単に当該株主の議決権行使を拒否すれば足りるとする見解もありうるが、議決権濫用の有無と拒否事由の正当性をめぐり、株主総会に混乱が生じるおそれがあるため、仮処分による必要性は肯定されるべきである[6]。

---

3) 太田洋「ヘッジファンド・アクティビズムの新潮流（下）──英米における対応とわが国上場企業法制への示唆」商事1842号（2008年）23頁。
4) 江頭368頁は、「A会社の合併の相手方会社（B）が同時にAの大株主であり、Aの合併承認総会において議決権を行使しA側に著しく不利な合併条件を定める合併契約等の承認決議を成立させた」場合を、特別利害関係人の議決権行使による著しく不当な決議の例としてあげる。
5) 株主総会ハンドブック420頁。
6) 会社訴訟・仮処分の理論と実務221頁。

イ　Hidden Ownership と大量保有報告制度等

　デリバティブ等の金融技術により、上場会社の株式の経済的価値のみを保有するアクティビストが、各国の法制度における大量保有者の開示規制を回避し、突如、議決権を有する株式に転換するという現象（Hidden Ownership）が指摘されている。

　たとえば、英国では、現金決済型の差金決済取引（CFD）を用いて、上場会社の株式について経済的価値を保有し、CFD を解約のうえ、反対当事者から原資産である対象上場株式を取得する取引を通じ、突然大株主として登場するという現象が問題とされたようである[7]。また、ニュージーランドでも、Rubicon 社の 16％の株式を保有していた Perry 社がエクイティ・スワップにより、その株式を売却しつつ、その経済的権利のみを保有していた事案において、大量保有者としての開示をとりやめ、後日、スワップ取引を終了させ、突如として大株主に戻るという事案が問題視されている[8]。

　各国の大量保有報告制度は、株式等の大量保有に係る情報が市場の透明性・公正性にとって重要であることをふまえ、株式等の大量保有者に対して、一定の開示を義務づける点において共通しているが、各国の法規制が必ずしも金融技術の高度化に追随できていない状況にある。

　この点、「株券等の大量保有報告に関する Q&A」（2010 年 3 月 31 日（最終改訂：2012 年 1 月 23 日））の第 14 問においては、株券等を原資産とし、当該株券等から生じる経済的な損益のみを一方当事者に帰属させることを内容とするデリバティブ取引（いわゆるトータル・リターン・スワップ）のロングポジションを保有する場合に、「所有」とは、本来、物に対する排他的支配権を意味する概念であるから、単に経済的損益のみが帰属しているのみでは株券等の「保有者」に該当せず、「現物の株券等の取得及び処分に、当該デリバティブ取引のロングポジション保有者の支配が及んでいる」場合には「保有者」に該当するものとしている[9]。上記回答によれば、トータル・リターン・スワップには該当しない現金決済型スワップのロング保有者は大量保有報告義務がない

---

7)　現金決済型では、上場株式を交付する請求権を保有するわけではないが、希望する場合にはカウンターパーティーが上場株式での決済に応じる場合が多いとのことである。2008 年以降、英国内の上場株式を原資産とする CFD について大量保有報告義務の対象とされた（太田・前掲注 3）26 頁）。

8)　得津・前掲注 2）17 頁。

9)　三井秀範ほか『詳説　公開買付制度・大量保有報告制度 Q&A』（商事法務、2011年）170 頁、町田行人『詳解　大量保有報告制度』（商事法務、2016 年）222 頁。

と指摘されており[10]、わが国の大量保有報告制度にはあいまいまたは不十分な点が残っているように思われる。

ウ　協調行動と大量保有報告制度等（ウルフ・パック戦術）

　各国の大量保有報告制度は、複数の株主が「共同行為者」またはグループとして行動する場合、当該グループを1つの株主として大量保有に関する情報開示を行うことを要請している場合が多い。しかしながら、複数の株主がグループを形成することを意図的に避けながら、一定の意思疎通を行い、同時並行的な行動を行うことにより、情報開示を遅延させ、株価が高騰する前に多くの株式を取得しつつ、上場会社に対する「キャンペーン」を成功させる手法がとられることが多い（いわゆる「ウルフ・パック戦術」）。

　たとえば、「キャンペーン」を主導するアクティビストAが対象となる上場会社の株式の5％超を取得し、大量保有等の情報開示を行う前に、「キャンペーン」に関する情報を得たアクティビストBおよびCが当該株式の買増しを行い、その後にアクティビストAが大量保有等の情報開示を行うなどの手法がとられる[11]。これにより、アクティビストA、BおよびCは大量保有等の情報開示を行う前に（株価が高騰する前に）株式を取得しており、対象会社が大量保有等の情報に気づいた時点ではすでに相当数の株式が取得されているという状況が生じる。

　わが国においても、「共同保有者」とは、「株券等の保有者が、当該株券等の発行者が発行する株券等の他の保有者と共同して当該株券等を取得し、若しくは譲渡し、又は当該発行者の株主としての議決権その他の権利を行使することを合意している場合における当該他の保有者」（金商27条の23第5項）とされており、「合意」が要件とされている。金融庁の見解によれば、「合意」は、「単なる意見交換とは異なり、相互又は一方の行動を約する（文書によるか口頭によるかを問わず、また、明示的か黙示的かを問わない）性質のものを指す」とし、「『他の投資家』との話合い等において、各々の議決権行使の予定を伝え合い、それがたまたま一致したに過ぎないような状態では、基本的に、当該『他の投資家』は『共同保有者』には該当しない」とされている（金融庁「日本版スチュワードシップ・コードの策定を踏まえた法的論点に係る考え方の整

---

10)　太田洋「米国におけるアクティビスト株主対応との最新動向と我が国への示唆——空売りアクティビストの動向も含めて」商事2128号（2017年）4頁。
11)　太田・前掲注10）7頁。

理」（2014 年 2 月 26 日）11 頁）。結果的に協調行為がとられたことにより、事後的に黙示の合意が認定される場合もありうるとは考えられるが、合意が認定されない場合、わが国においても同様のウルフ・パック戦術がとられる危険性が高い。

(2) 米国における買収防衛策の進化

ア 二層型ライツプランの登場

日本における一般的な実務と異なり、米国においては取締役会限りで買収防衛策を導入することができる。そして、近年では、ウルフ・パック戦術に対応するため、進化した 2 層型ライツプランを導入する動きがみられる。典型例として、Sotheby's 社が、アクティビストである Third Point LLC（「Third Point」）に対抗するために、2013 年 10 月 4 日に導入したライツプランがあげられる。Sotheby's 社が同日 SEC に届け出たライツアグリーメント（Acquiring Person の定義参照）によれば、同社のライツプランには 2 段階の発動基準が存在し、スケジュール 13G[12] を提出した消極的な投資家に対してのみ 20% 発動基準が適用され、それ以外のすべての株主に対しては 10% 発動基準を適用するものであった。すなわち、Sotheby's 社の採用したライツプランは、一定の支配または影響を与えることを目的に取得した株主に対して、10% 発動基準を適用し、買集め行為を早期に、一定期間抑止することを目的とするものであった。

また、当該ライツプランのその他の特徴として、Sotheby's 社の全株式を対象とした現金買付けであって最低 100 日の熟慮期間を付与するものには適用されないこと、株主総会で承認がない場合は 1 年で消滅することが条件として付されていた。

イ デラウェア衡平法裁判所の判断

Sotheby's 社は、Third Point 等と次の株主総会における取締役の地位等をめぐり、交渉を継続してきたが、合意には至らず、Third Point が 20% を上限とする買付けについてライツプラン発動の免除を求めたところ、Sotheby's 社は免除要請を拒否するに至った。

---

12) スケジュール 13G を提出する株主は、提出に際して、発行者に対する支配や影響を与える目的で取得されたものではない旨の宣誓をする必要がある。

そこで、Third Point が、Sotheby's 社取締役会の行為の適法性について判断する緊急トライアルが開催されるまでの間、Sotheby's 社の定時株主総会の開催を禁止する仮処分を求めたのが Third Point LLC v. Ruprecht, 2014 Del. Ch. Lexis 64[13]である。

デラウェア衡平法裁判所は、仮処分を認める要件として、①本案で勝訴する合理的可能性、②仮処分がなければ回復不可能な損害を被ること、および、③仮処分と比較して当事者の損害が重大であることが必要であるとし、本件では、原告である Third Point が本案で勝訴する合理的可能性を立証できていないことを理由に、2014 年 5 月 2 日、申立てを却下した。

本件の争点は、Sotheby's 社の取締役会が 2013 年 10 月にライツプランを導入したこと、または 2014 年 3 月に Third Point の 10% 発動要件の免除要請を拒否したことについて、信認義務に違反したかどうかである。同裁判所は、その判断に際し、ユノカル基準[14]を採用し、①企業方針および効率性に対する危険性が存在したと取締役会が信じたことについて合理的な基礎が存在していたこと（合理性基準）、②直面する脅威に対して取締役会の防衛手段が合理的であったこと（相当性基準）が要件であるとした。

同裁判所は、当該基準のあてはめの場面においてもヘッジファンド間の協調行動によるウルフ・パック形成の可能性を考慮し、以下のとおり、合理性基準、相当性基準を充足する可能性が高いと判断している。

合理性基準
- ライツプランの導入時点において、複数のヘッジファンドが同時に株式を買増ししており、Third Point による買増しが相対的に早く進行していたこと
- 対象会社の株式の大部分を共同で取得する目的で、アクティブなヘッジファンドがグループまたは「ウルフ・パック」を形成することは珍しくない旨、アドバイザーから助言を受けていたこと
➡ 支配プレミアムを支払うことなく、Third Point が他のヘッジファンドとともに Sotheby's 社の支配ブロックを形成する脅威が存在した

---

13) 同決定の解説については、今川嘉文「二段階の株式取得制限を伴うライツプランとポイズン・ピルの効力」商事 2112 号（2016 年）51 頁参照。
14) Unocal Corp. v. Mesa Petroleum Co., 493 A.2d 946（Del. 1985）.

ウ　ウルフ・パック戦術と交渉の進捗

同判決のなかでは、Third Point 以外に、アクティブヘッジファンドである Trian Fund Management（「Trian」）および Marcato Capital Management LLC（「Marcato」）が同時並行的に、Sotheby's 社の株式を買い増し、委任状闘争に関する圧力を強めていく様子が詳細に認定されている。

図表 1-3：Sotheby's 社に対するウルフ・パック戦術

2013 年 5 月 15 日	Third Point が Form 13F を提出し、50 万株を取得したことを開示。
2013 年 6 月 11 日	Trian が 25 万株を取得した事実を把握。
2013 年 7 月 30 日	Marcato がスケジュール 13D を提出。6.61％を取得し、取締役会等と M&A を含むさまざまな代替戦略について協議する可能性を示唆。
2013 年 8 月 14 日	Trian が Form 13F を提出。同年 6 月末日時点で約 3％の株式を取得していた事実を開示。
同日	Third Point が約 3.6％まで買増ししている事実を把握。
2013 年 8 月 26 日	Third Point がスケジュール 13D を提出。5.7％を取得し、取締役会との協議やさらなる買増しの可能性を示唆。
2013 年 8 月 30 日	Marcato が Sotheby's 社の 50％以上の株式を取得することについて FTC のクリアランスを取得。
2013 年 9 月 4 日	Trian、Marcato および Third Point が合算で約 15％の株式を保有し、Third Point が保有するデリバティブが行使されれば 20％を超過することを把握
2013 年 10 月 2 日	Third Point が約 9.4％を取得したことを開示。

Sotheby's 社と Third Point は、裁判所の決定の数日後に和解契約を締結したことを公表し、2014 年定時株主総会の議案に Third Point 提案の 3 名の取締役の指名を受け入れること、Third Point の株式保有上限を 15％とするスタンドスティル合意を締結したこと、ライツプランを早期撤廃し、訴訟を取り下げること等を合意した。

　その後、Sotheby's 社は、2019 年 6 月 16 日、フランスの実業家が保有するグループ会社との間で合併契約を締結し、株主総会の承認を条件に非公開化を行うことに合意した。Third Point が同日 SEC に提出したスケジュール13D によれば、Third Point は Sotheby's 社の株式の 14.3％を保有し、買主との間で合併に賛同する議決権拘束契約を締結したということである。

3　わが国におけるスチュワードシップ・コードの影響

　世界的な「カネ余り」現象によるアクティビズムの活発化、ヘッジファンドによるデリバティブやウルフ・パック戦術の活用等はわが国におけるアクティビストの動向にも影響を与えるが、わが国固有の状況としてスチュワードシップ・コードを中心とした法制度ないし実務運用の変遷をまず押さえておきたい。

　2014 年 2 月 26 日に策定され、2017 年 5 月 29 日に改訂されたスチュワードシップ・コードは、議決権行使基準や行使結果の開示、利益相反の確保等により、機関投資家と投資先企業の透明性を確保し、機関投資家の議決権行使行動に影響を与えている。

　スチュワードシップ・コードの制定以降、会社提案に対する機関投資家の反対比率に増加傾向がみられるほか、2017 年 6 月開催のみずほフィナンシャルグループの定時株主総会において、株主提案の一部（第 3 号議案～第 6 号議案）に、同グループのアセットマネジメント One が賛成票を投じた[15]ことに代表されるように、議決権行使の中立性・透明性に焦点が当てられるようになっている。

⑴　機関投資家によるスチュワードシップ・コードの受入れ
　スチュワードシップ・コードは、機関投資家の顧客・受益者（最終受益者を

---

15)　アセットマネジメント One は、議決権保有比率としてみずほフィナンシャルグループが 51％を保有する会社であり、その個別の議決権行使結果は、http://www.am-one.co.jp/img/company/16/2017.pdf で開示されている。

含む）の中長期的なリターンの拡大を図るために、機関投資家に対して投資先企業との建設的な対話を促し、当該企業の企業価値の向上や持続的成長を促す責任（スチュワードシップ責任）を強調するものであり、当該責任を果たすにあたり有用と考えられる諸原則を定めるものである。

　スチュワードシップ・コードは、法的拘束力を有するものではなく、コーポレートガバナンス・コードと同様に「プリンシプルベース・アプローチ」（原則主義）に基づくものであるが、その検討会は、①コードの趣旨に賛同しこれを受け入れる用意がある機関投資家に対して、(i)コードの受入れ表明、(ii)コードの各原則（指針を含む）に基づく公表項目、(iii)実施しない原則（指針を含む）がある場合にはその理由の説明をウェブサイトで公表すること、②当該公表項目について、毎年、見直し・更新を行うこと（更新を行った場合には、その旨も公表すること）、③当該公表を行ったウェブサイトのアドレスを金融庁に通知することを期待するとしている。

(2) 利益相反の管理

　機関投資家の多くは、その一部の業務またはグループ会社の業務において、投資先上場会社との間で何らかの取引を有しており、当該取引を推進する部門と、上場会社への投資を管理する部門との間で利益相反的構造が存在することが少なくない。

　スチュワードシップ・コードにおいては、「機関投資家は、スチュワードシップ責任を果たす上で管理すべき利益相反について、明確な方針を策定し、これを公表すべきである。」（原則2）とされ、議決権行使や対話に重要な影響を及ぼす利益相反が生じうる局面を具体的に特定し、それぞれの利益相反を回避し、その影響を実効的に排除するなど、顧客・受益者の利益を確保するための措置について具体的な方針を策定し、これを公表すること（指針2-2）、たとえば、独立した取締役会や、議決権行使の意思決定や監督のための第三者委員会等のガバナンス体制を整備すること（指針2-3）等が定められている。

　たとえば、三菱UFJ信託銀行は、信託業務と銀行業務を兼営しており、これらの業務における取引に際して、利害が対立しうるとの前提のもと、チャイニーズ・ウォールによる利益相反管理を行うことに加え、機関投資家としてのガバナンス・利益相反管理の強化のため、構成員の過半数を社外第三者として委員会（スチュワードシップ委員会）を設置し、受託財産部門運用部署への影響遮断のため、人事異動の制限や、受託財産部門運用部署の所属員と

当該運用業務に直接影響のないその他の部署の所属員との会議等を禁じるなどの措置を講じるものとしている[16]。

なお、スチュワードシップ・コードにおける機関投資家は、資産運用等を受託した運用機関と、年金基金等の資産保有者としての機関投資家の両方が含まれる。運用機関が株主として行動することによる損益は資産保有者としての機関投資家を通じてその最終受益者に帰属することとなるが、運用機関としてのインセンティブと最終受益者としてのインセンティブは必ずしも合致するものではないことが指摘されている[17]。スチュワードシップ・コードの指摘する利益相反は、かかる意味でのインセンティブ構造の違いに対応したものではなく、顧客・受益者と運用機関のインセンティブ構造の共有は運用機関の報酬体系に委ねられることとなる。

(3) 議決権行使基準と行使結果の公表

従前は議決権行使基準といえば、主に海外の機関投資家に対する議決権行使を助言する ISS やグラスルイス等の議決権行使助言会社のものが話題になり、参考にされることが多かった。しかしながら、スチュワードシップ・コードが導入されて以降、機関投資家自身が定める議決権行使基準も同様に分析され、対話の材料とされる機会が増加している。

スチュワードシップ・コードにおいては、「機関投資家は、議決権の行使と行使結果の公表について明確な方針を持つとともに、議決権行使の方針については、単に形式的な判断基準にとどまるのではなく、投資先企業の持続的成長に資するものとなるよう工夫すべきである。」(原則 5) とされている。

2017 年 5 月 29 日改訂前のスチュワードシップ・コードにおいては、機関投資家は、議決権の行使結果を、議案の主な種類ごとに整理・集計して公表すべきとしており、他の方法により議決権の行使結果を公表する方が、自らのスチュワードシップ活動全体についてより的確な理解を得られると考えられる場合には、その理由を説明しつつ、当該他の方法により議決権行使結果の公表を行うことも考えられるとし、主な議案別の議決権行使結果以外の方法による公表の余地も残すものであった (指針 5-3)。実際、改訂前指針 5-3への対応について、生損保 22 機関のうち 27% が集計結果を公表せず、32%

---

16) 三菱 UFJ 信託銀行「スチュワードシップ報告書 2018」15 頁。

17) 加藤貴仁「スチュワードシップ・コードの理論的考察——機関投資家のインセンティブ構造の観点から」ジュリ 1515 号 (2018 年) 16 頁。

が議案の主な種類ごとではなく会社提案・株主提案の別についてのみ集計結果を公表するなどの対応がなされていたことが指摘されている[18]。

2017年5月29日に改訂されたスチュワードシップ・コードの指針5-3においては、議決権行使結果の可視性を高める観点で、「機関投資家は、議決権の行使結果を、個別の投資先企業及び議案ごとに公表すべきである。」とし、個別議案ごとの議決権行使結果の開示を求めるとともに、当該機関投資家において個別開示を行うことが適切とはいえない場合にはその理由を積極的に説明することとしている。

また、改訂後指針5-3は、機関投資家に対し、「議決権の行使結果を、少なくとも議案の主な種類ごとに整理・集計して公表すべき」とし、主な議案別の議決権行使結果以外の方法による公表の余地を残す記載を削除していることから、議案別の議決権行使の集計結果を開示することは当該指針を遵守するうえで最低限の要請と考えられる。

他方で、改訂後指針は、機関投資家による議決権行使の賛否の理由の説明については、「可視性を高めることに資する」とするにとどめ、エクスプレインをすることなく、賛否理由の説明をしないことも許容している。

金融庁の公表した「『『責任ある機関投資家の諸原則』《日本版スチュワードシップ・コード》〜投資と対話を通じて企業の持続的公表を促すために〜』の受入れを表明した機関投資家のリスト」（2019年9月30日現在）[19]によれば、同コードの受入れを表明した運用機関である機関投資家（年金基金等を除く）216のうち、個別の議決権行使結果を公表しているものは116であり、そのうち、反対の理由を公表しているものは40である。

なお、個別の議決権行使結果の開示について賛否両論があり、たとえば、日本生命保険は、「活動の透明性の向上や利益相反懸念の払拭の観点から有効な方法の一つ」としつつ、「投資先企業との対話活動に悪影響が生じないか、企業の長期的な成長を阻害しないか、当社が反対した企業の株式を売却するとの憶測から株価が下落しないかなど、個別開示が与える影響を見極める必要がある」として、エクスプレインによる対応を実施している[20]。

---

18) 浜田宰「議決権行使結果の個別開示をめぐる議論と機関投資家の対応状況」商事2145号（2017年）37頁。

19) 金融庁のウェブサイトで入手可能である（https://www.fsa.go.jp/singi/stewardship/list/20191001/list_01.pdf（最終訪問日：2019年11月29日））。

20) 日本生命保険「スチュワードシップ活動報告書（2018年）」34頁。

4　政策保有株式

⑴　コーポレートガバナンス・コードと政策保有株式

　コーポレートガバナンス・コードが2015年6月1日に施行された際、同コードは政策保有株式について以下の原則を置いていた。

> **【(旧) 原則 1-4. いわゆる政策保有株式】**
> 　上場会社がいわゆる政策保有株式として上場株式を保有する場合には、政策保有に関する方針を開示すべきである。また、毎年、取締役会で主要な政策保有についてそのリターンとリスクなどを踏まえた中長期的な経済合理性や将来の見通しを検証し、これを反映した保有のねらい・合理性について具体的な説明を行うべきである。
> 　上場会社は、政策保有株式に係る議決権の行使について、適切な対応を確保するための基準を策定・開示すべきである。

　上記原則は、利益率・資本効率の低下や財務の不安定化のおそれといった経済合理性に関する懸念や、株主権行使を通じた監視機能の形骸化（議決権の空洞化）等議決権行使に関する懸念を背景として置かれたものではあるものの、政策保有株式に関する方針の開示・説明にとどまるものであり、上場会社の政策保有株式に関する方針に特定の方向性を与えるものではなかった。実際、この旧原則1-4に対する対応として、政策保有に関する方針については、取引先との関係・提携強化を図る目的で保有する、利益と投資額等を総合的に勘案して検証する、中長期的な経済合理性等を検証するなど、議決権の行使の基準については、当該企業価値向上につながるかなどと比較的概括的な対応が見受けられたところである[21]。

　これに対し、2018年6月に施行された改訂コーポレートガバナンス・コードにおいては、下記（下線は筆者らによる）のとおり「政策保有株式の縮減に関する方針・考え方」という表現により、縮減させることが望ましいという方向性を示し、個別の政策保有株式についての保有の合理性の検証、議決権の行使基準の具体化等を求めるに至っている。

---

21)　澤口実ほか「コーポレートガバナンス・コードに対応した開示事例（速報）——近時の開示事例を参考に」資料版商事375号（2015年）12頁。

【原則 1-4. 政策保有株式】

　上場会社が政策保有株式として上場株式を保有する場合には、政策保有株式の縮減に関する方針・考え方など、政策保有に関する方針を開示すべきである。また、毎年、取締役会で、個別の政策保有株式について、保有目的が適切か、保有に伴う便益やリスクが資本コストに見合っているか等を具体的に精査し、保有の適否を検証するとともに、そうした検証の内容について開示すべきである。

　上場会社は、政策保有株式に係る議決権の行使について、適切な対応を確保するための具体的な基準を策定・開示し、その基準に沿った対応を行うべきである。

補充原則

1-4①　上場会社は、自社の株式を政策保有株式として保有している会社（政策保有株主）からその株式の売却等の意向が示された場合には、取引の縮減を示唆することなどにより、売却等を妨げるべきではない。

1-4②　上場会社は、政策保有株主との間で、取引の経済合理性を十分に検証しないまま取引を継続するなど、会社や株主共同の利益を害するような取引を行うべきではない。

　株式の持合いに関する批判から、コーポレートガバナンス・コードが政策保有株式の削減に向けた動きを明確化したことも、議決権の状況に重大な影響を与えている。

(2) 政策保有株式に関する開示

　2019 年 1 月 31 日に施行された改正開示府令により、2019 年 3 月 31 日以降に終了する事業年度に係る有価証券報告書から、大要、以下のとおり、政策保有株式に関する開示が強化されることとなった。

① 　純投資目的の投資株式と政策保有株式の区分の基準や考え方
② 　政策保有株式について提出会社の保有方針、保有の合理性を検討する方法（上場株式に限ることができる）
③ 　政策保有株式について個別銘柄の保有の適否に関する取締役会等の検証の内容（上場株式に限ることができる）
④ 　政策保有株式の増減について銘柄数、取得（売却）価額の合計額、増加の理由

⑤　個別銘柄の開示について貸借対照表計上額上位 60 銘柄への拡大
⑥　個別銘柄について経営方針・経営戦略等、事業内容およびセグメント情報と関連づけた定量的な保有効果（定量的な保有効果の記載が困難な場合はその旨および保有の合理性を検証した方法）
⑦　個別銘柄について株式数が増加した理由
⑧　当該個別銘柄の発行者による提出会社の株式の保有の有無

　こうした一連の動きを受け、上場会社が保有する政策保有株式の削減は確実に進んでおり、東京証券取引所「東証上場会社コーポレート・ガバナンス白書 2019」（2019 年 5 月）では、かかる削減状況を客観的に裏づける統計が掲載されている。今後もかかる動きは加速していくものと予想されよう。

図表 1-4：主要企業（TOPIX100）の政策保有株式の保有銘柄数の変化状況

政策保有株式（特定保有目的の上場株）の削減状況（削減数上位20社）

業 種	2017年 保有銘柄数	2018年 保有銘柄数	増減数	増減率
銀行業	2,348	2,247	-101	-4%
保険業	2,887	2,801	-86	-3%
銀行業	2,181	2,119	-62	-3%
銀行業	2,747	2,692	-55	-2%
保険業	2,026	1,977	-49	-2%
保険業	1,946	1,908	-38	-2%
卸売業	505	472	-33	-7%
卸売業	317	288	-29	-9%
保険業	956	931	-25	-3%
電気機器	364	341	-23	-6%
電気機器	309	288	-21	-7%
卸売業	288	267	-21	-7%
食料品	337	318	-19	-6%
機械	226	207	-19	-8%
銀行業	1,401	1,385	-16	-1%
化学	107	93	-14	-13%
輸送用機器	62	49	-13	-21%
鉄鋼	372	361	-11	-3%
電気機器	79	68	-11	-14%
小売業	114	104	-10	-9%

前期比較の状況

前期比	社数
増加	25
変わらず	12
減少	62
-	1
合計	100

保有銘柄の増加企業（2銘柄以上）

業種	保有数 増加数	期末時点
電気機器	2	152
輸送用機器	2	189
電気機器	2	72
電気・ガス業	2	188
電気機器	2	22
輸送用機器	2	125
陸運業	2	43
空運業	3	87
保険業	4	12
陸運業	5	75
電気・ガス業	6	178
輸送用機器	6	123
不動産業	9	210
情報・通信業	9	106
食料品	26	204
化学	141	340
保険業	186	232

（注1）色字は金融業、2銘柄以上増加の化学・保険業は持株会社傘下の子会社保有分の集計範囲が前年と異なっているため、大幅増加となっている。
（注2）「保有目的が純投資目的以外の目的である投資株式」を政策保有株式として集計している。
（出所）各社の有価証券報告書より作成

（東京証券取引所「東証上場会社コーポレート・ガバナンス報告書 2019」（2019 年 5 月）26 頁）

図表 1-5：主要企業（金融等除く）の政策保有株式の削減状況（累計）

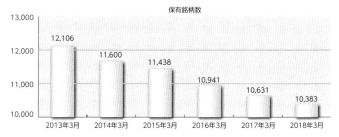

保有銘柄数

	2014年3月	2015年3月	2015年3月	2017年3月	2018年3月
政策保有株式の銘柄数 （金融及び特殊要因1社を除く86社）	11,660	11,438	10,941	10,631	10,383
1社平均保有銘柄数	134	131	126	122	119
削減数	-4%	-2%	-4%	-3%	-2%

（注1）2018年と2017年において集計対象子会社の範囲が異なる化学会社を除き集計。
（注2）「保有目的が純投資目的以外の目的である投資株式」を政策保有株式として集計している。
（出所）各社の有価証券報告書より作成

（東京証券取引所「東証上場会社コーポレート・ガバナンス白書 2019」（2019 年 5
月）27 頁）

5　集団的エンゲージメント

(1)　集団的エンゲージメントとは

　投資先企業への働きかけには労力と費用が伴う一方、その便益は持株数に
応じたかたちでしか得られないから、機関投資家に限らず、持株数の少ない
多くの株主にとっては投資先企業への積極的な働きかけをせず、他の株主に
よる働きかけにフリーライドすることが合理的な選択肢となる場合が少なく
ない。

　スチュワードシップ・コードが、「機関投資家が投資先企業との間で対話を
行うに当たっては、……必要に応じ、他の機関投資家と協働して対話を行う
こと（集団的エンゲージメント）が有益な場合もあり得る。」（指針 4-4）として
いるのはこうした背景があるからである。

(2)　集団的エンゲージメントの法的論点

　集団的エンゲージメントに関しては、金融庁は、機関投資家が投資先企業
と対話等を行う場合に、既存の法制度との関係で疑義が生じないよう、「日本
版スチュワードシップ・コードの策定をふまえた法的論点に係る考え方の整
理」（2014 年 2 月 26 日）のなかで、大量保有報告制度における重要提案行為と

の関連性、同制度における「共同保有者」概念および公開買付制度における「特別関係者」概念との関連性等について一定の整理を図ろうとしている。

　もっとも、かかる整理は一般的な解釈等を示すものにすぎず、個別事案に対する法令適用の有無を回答するものではないし、司法判断を拘束するものではない。

ア　大量保有報告制度における重要提案行為等

　大量保有報告制度は、株券等の大量保有に係る情報を投資者に迅速に提供することにより、市場の透明性・公正性を高め、投資者保護を図ることを目的として、株券等の大量保有者に対し、大量保有者となった場合、5営業日以内に大量保有報告書の提出を義務づけるものであり、その後、重要な変更があった場合も、当該変更があった日から5営業日以内に変更提出書の提出を義務づけるものである。しかし、一定の金融商品取引業者等が保有する株券等については、月2回の基準日において提出義務を判断し、当該基準日から5営業日以内に報告書を提出すれば足りるという特例報告制度が採用されている。特例報告制度の利用要件としては、株券等保有割合が10%以下であることと、重要提案行為等を行うことを保有の目的としないことである。

㈎　重要提案行為等

　重要提案行為等とは、一定の金融商品取引業者等が保有する株券等で当該株券等の発行者の事業活動に重大な変更を加え、または重大な影響を及ぼす行為として政令で定めるものをいう。発行者またはその子会社に係る金商法施行令14条の8の2に掲げる事項を、その株主総会または役員（業務を執行する社員、取締役、執行役、会計参与、監査役またはこれらに準ずる者をいい、相談役、顧問その他いかなる名称を有する者であるかを問わず、法人に対し業務を執行する社員、取締役、執行役、会計参与、監査役またはこれらに準ずる者と同等以上の支配力を有するものと認められる者を含む）に対して提案する行為とされる。

㈏　アクティビストとの対話と重要提案行為等

　金融庁が2006年に公表したパブリック・コメントへの回答（「『証券取引法等の一部改正に伴う証券取引法施行令等の改正（案)』に対するパブリックコメントの結果について」（2006年12月13日））によれば、重要提案行為等の要件は、①提案の客観的内容が金商法施行令14条の8の2第1項各号に列記しているもののいずれかに該当すること、②発行者の事業活動に重大な影響を加える、または重大な影響を及ぼすことを目的とすること、③提案に該当するこ

ととされている。したがって、純粋に発行者から意見を求められた場合や発行者が主体的に設定した株主との対話の場面での意見陳述等は重要提案行為等に該当しない可能性が高い。

　また、金融庁による整理では、①投資先企業の経営方針等の説明を求める行為、②自らの議決権行使の方針や株式保有・処分の方針を説明する行為、③②の説明に対する投資先企業のスタンスの説明を求める行為、④株主総会において質問を行う行為等は「提案」に該当せず、基本的には重要提案行為等に該当しないと整理されている。

イ　大量保有報告制度における「共同保有者」および公開買付制度における「特別関係者」

　大量保有報告制度は、株券等の大量保有に係る情報を投資者に迅速に提供することを目的とするから、株券等の大量保有者の「株券等保有割合」を算出するに際し、共同保有者として、「当該発行者の株主としての議決権その他の権利を行使することを合意している場合における当該他の保有者」の保有分を合算する必要があるとされている（金商27条の23第5項）。

　また、公開買付制度では、株券等の買付者はその「株券等所有割合」を算出する際に、特別関係者として、「株券等の買付け等を行う者との間で、……当該株券等の発行者の株主としての議決権その他の権利を行使すること……を合意している者」の所有分を合算する必要がある（金商27条の2第1項・7項2号）。

　金融庁が公表している「株券等の大量保有報告に関するQ&A」（2010年3月31日（最終改訂：2012年1月23日））においては、共同して株主提案権を行使した場合は共同保有者に該当するものとされているが、集団的エンゲージメントは協働して対話を行うものであるため、どのような行為をした場合に共同保有者に該当するかはとりわけ重要である。

　金融庁の整理によれば、共同保有者といえるためには、「共同して株主としての議決権その他の権利を行使すること」を合意している必要があり、①「株主としての議決権その他の権利」とは、議決権のほか、株主提案権、議事録・帳簿閲覧権、役員等に対する責任追及訴訟の提訴請求権等、株主としての法令上の権利を指し、②「合意」は、「単なる意見交換とは異なり、相互又は一方の行動を約する（文書によるか口頭によるかを問わず、また、明示的か黙示的かを問わない）性質のものを指す」とし、「『他の投資家』との話合い等におい

て、各々の議決権行使の予定を伝え合い、それがたまたま一致したに過ぎないような状態では、基本的に、当該『他の投資家』は『共同保有者』には該当しない」としている（金融庁「日本版スチュワードシップ・コードの策定を踏まえた法的論点に係る考え方の整理」（2014 年 2 月 16 日））。

ウ　大量保有報告不提出等の効果

　意思の伝達と行動結果からみて黙示の合意が成立していたとみるのか、「たまたま」議決権行使結果が一致したとみるのかは事実認定の問題である。保有者 A と保有者 B が意思の伝達にとどまらず、合意が成立していたとされる場合、A および B の双方について、共同保有者として扱うべきであったのにそれを怠った結果として、大量保有報告の不提出または虚偽記載に問われることがありうる。

　大量保有報告書等の不提出、重要な事項について虚偽記載のある大量保有報告書等の提出を行った者については、刑事罰として 5 年以下の懲役もしくは 500 万円以下の罰金または併科（金商 197 条の 2 第 5 号・6 号）が、企業に対しては両罰規定として 5 億円以下の罰金（金商 207 条 1 項 2 号）のほか、課徴金（金商 172 条の 7、172 条の 8）が課される可能性がある。

　委任状勧誘規制違反の場合には、株主総会決議の方法に法令違反または著しく不公正があるかどうかが問題になることがある[22]が、大量保有報告制度の義務違反は株主総会における議決権行使と直結するものではないため、これらに該当すると判断される可能性は低い。なお、金商法上の規制違反（公開買付規制、大量保有報告規制および委任状勧誘規制）に違反した者に対する株主総会における議決権行使を認めないものとする制度について、2014 年会社法改正時の法制審議会会社法制部会で検討されたものの、立法措置は見送られた経緯がある。特に大量保有報告規制については、会社支配の取得について情報開示の義務を超える実体的な制約を課す規制ではないとの指摘がされていた[23]ところであり、今後も立法措置がとられる可能性は高くないと思われる。

---

22)　東京地判平成 17・7・7 判時 1915 号 150 頁。
23)　法制審議会会社法制部会第 12 回会議議事録 54 頁〔内田修平関係官発言〕。

エ　集団的エンゲージメントの例

　集団的エンゲージメントの1つの例として、複数の機関投資家による企業との協働対話の支援を目的に、2017年10月に一般社団法人機関投資家協働対話フォーラムが設立され、2019年4月現在、企業年金連合会、三井住友DSアセットマネジメント、三井住友トラスト・アセットマネジメント、三菱UFJ信託銀行、りそな銀行の5社が参加している。同フォーラムに参加する機関投資家で議論を行い、建設的な対話に資するアジェンダとして、同フォーラムのウェブサイト[24]によれば、「ビジネスモデルの持続性に関する重要な課題（マテリアリティ）の特定化と開示」、「不祥事発生企業への情報開示と社外役員との協働対話のお願い」、「株主総会で相当数の反対票が投じられた議案に関する原因分析と対応」、「資本市場の評価を下げるリスクを踏まえた買収防衛策の必要性の開示」、「政策保有株式に関する方針についての協働対話のお願い」等を設定し、企業にレターを送付しているとのことである。

　なお、同フォーラムでは、協働対話プログラムにおいては、参加する機関投資家に対して、①企業の事業活動に重大な変更を加え、または重大な影響を及ぼす行為（金商27条の26第1項に規定する重要提案行為等）、および、②他の参加機関投資家との間で、共同取得もしくは譲渡の合意または議決権等の行使の合意（金商27条の23第5項に規定する共同保有の合意）やこれに準じる行為（議決権の行使予定に関する情報開示を強制する行為等）を禁止しているとのことであり、議決権を共同で行使する予定はないことが明言されている。

6　買収防衛策を取り巻く状況

　米国においては取締役会限りで導入される買収防衛策であるが、わが国においてはほとんどの場合は平時に株主総会決議を経て導入されている。三井住友信託銀行証券代行コンサルティング部の調査[25]によれば、調査期間（2019年7月末までの1年間）中に買収防衛策を継続した会社のうち株主総会に付議した会社は95.8％となっており、ほとんどの会社が株主総会決議を経て継続しているのが実態である。

　経済産業省・法務省が公表した「企業価値・株主共同の利益の確保又は向上のための買収防衛策に関する指針」（2005年5月27日）では、買収防衛策は

---

24)　https://www.iicef.jp
25)　茂木美樹＝谷野耕司「敵対的買収防衛策の導入状況ともの言う株主の動向——2019年6月総会を踏まえて」商事2212号（2019年）33頁。

株主の合理的意思に依拠すべきであるとのみ記載され、「取締役会で導入する場合、株主の意思で廃止できる措置を採用する」という選択肢も否定はされていないが、買収防衛策を株主総会の承認を得ずに導入した場合、導入を決議した取締役の再任に反対する旨の議決権行使基準を定めている機関投資家も多く、取締役会導入型買収防衛策はごく少数にとどまる。

買収防衛策の導入および継続に対しては原則反対を明示する機関投資家は多く、2018 年に買収防衛策議案への反対率が 100％になっている機関投資家は 30 社を超過しているようである[26]。機関投資家の定める賛成要件を充足する抑制的な買収防衛策にし、十分な説明をしなければ継続することが困難な状況であり、上記調査期間中[27]に 59 社が買収防衛策を廃止し、2019 年 7 月時点で買収防衛策を保有している会社は 329 社（上場会社全体の 8.8％）となっている。

買収防衛策廃止に関する株主提案もあり、2018 年 3 月総会では、オアシス・マネジメントによる GMO インターネットに対する買収防衛策廃止の件が賛成率 44.77％を得たのが特徴的である。

Ⅱ 平時のアクティビスト対応

1 アクティビストに狙われやすい企業

アクティビストからの株主提案に限らず、株主提案自体が年々増加傾向にあることが指摘されている。2019 年 6 月総会までを対象とした「株主提案権の事例分析──2018 年 7 月総会〜2019 年 6 月総会」[28]によれば、調査対象期間において株主提案が付議された上場会社は 65 社と増加傾向にある（前年 53 社、前々年 51 社）。

2016 年 7 月総会以降のアクティビスト[29]による株主提案の一覧は、巻末資料 1 に記載のとおりである。これ以外に、アクティビストと上場会社の交渉の結果、株主提案に至らなかったものや、性質上株主総会の議題にならない

---

26) 松下憲ほか「機関投資家の議決権行使方針及び結果の分析（下）」資料版商事 421 号（2019 年）17 頁。
27) 茂木＝谷野・前掲注 25）33 頁。
28) 牧野達也「株主提案権の事例分析──2018 年 7 月総会〜2019 年 6 月総会」資料版商事 426 号（2019 年）36 頁。

ものもあるが、アクティビストの企業に対する典型的な要求事項を示すものと考えられる。

　以下、アクティビストに狙われやすい企業の特徴を、実際の株主提案事例とともにあげる。

⑴　資本政策・株主還元に関する事項

　資本政策・株主還元に関する事項は、投資に対するリターンを最重要視するアクティビストにおいて最大の関心事項であり、資本効率や株主還元に対する上場会社の姿勢を問うものである。

　たとえば、2019年6月総会では、Fir Tree が九州旅客鉄道に対し、自己株式の取得の件として、1年以内に、普通株式1600万株、取得価額の総額金720億円（ただし、分配可能額を限度とする）を限度として、自己株式を取得する旨の議案等合計6議案を提出した。また、珍しい事例として、2017年3月総会では、オアシス・マネジメントが片倉工業に対して、ROE経営を経営陣に意識させることを目的として、ROEを意識した経営に関する定款変更議案を3議案、株主提案として提案した。

　以下に該当する上場会社は、アクティビストからの資本政策・株主還元に関する株主提案の対象となりやすい。

---

① 　総還元性向（配当金と自己株買いの金額を合計し、当期純利益で除した指標）が低い上場会社
② 　配当性向（配当金の金額を当期純利益で除した指標）が低い上場会社
③ 　内部留保が必要以上に存在する上場会社
④ 　自己資本利益率（ROE）や投下資本利益率（ROIC）等資本効率に関する指標が低い上場会社
⑤ 　資本効率に関する指標を経営の指標として公表していない上場会社

　株主還元に関する典型的な議案である剰余金の処分に関し、2019年2月末日に公表されているデータに基づけば、議決権行使基準を開示している調査対象機関投資家のうち、62社が配当性向、21社が自己資本比率、17社がROE、

29）　アクティビストに特に定義はないため、資料版商事法務において毎年9月に掲載される「株主提案権の事例分析」を参考に、筆者が「物言う株主」であるファンドと分類してよいと思われるものを抽出した。電力会社に対する株主提案に代表されるような社会運動的な株主は除外している。

22 社がネットキャッシュを考慮している。問題とされやすい過少配当については、過大な内部留保、配当性向・総還元性向が低いこと、ROE・自己資本比率等の資本効率が低いこと、投資計画が存在しないこと等の基準が採用されている。ROE 等の資本効率に関する基準は取締役選任議案にも用いられ、たとえば 5 年平均の ROE が 5 ％未満の場合に反対するなどが多い[30]。

(2) ガバナンスに関する事項

　アクティビストは、他の株主から賛同を得られやすいガバナンスに関する事項についても活発に株主提案を行う傾向がみられる。

　定款変更議案として上程される場合が多く、政策保有株式の保有制限・売却に関する条項、任意の指名委員会・報酬委員会設置に関する条項、役員報酬の個別開示に関する条項、相談役・顧問の廃止に関する条項、取締役会議長は社外取締役とする条項等が提案される傾向がある。なかには、以下のような機関設計の変更に関する定款変更議案も提案されている。

定款変更議案（指名委員会等設置会社への移行）
- 九州旅客鉄道：2019 年 6 月定時株主総会（賛成 34.36 ％）
- 日産車体：2019 年 6 月定時株主総会（賛成 35.1 ％）

　そのなかでも役員報酬の個別開示に関する定款変更議案には賛成が集まる傾向がある。特別決議を要する議案であるから可決には至らないものの、武田薬品工業の 2019 年 6 月定時株主総会では株主提案のうち一議案について過半数の賛成が寄せられた。

武田薬品工業 2019 年 6 月定時株主総会の株主提案
- 定款変更議案（取締役報酬の個別開示について）（賛成 49.65 ％）
- 定款変更議案（クローバック条項の採用について）（賛成 52.20 ％）

　以下に該当する上場会社は、アクティビストからのガバナンスに関する株主提案の対象となりやすい。

---

30)　機関投資家の議決権行使方針及び結果の分析 65 頁、120 頁。

　また、定款変更議案に係る株主提案議案について、野村アセットマネジメントは、株主提案が以下のいずれかに該当する定款変更議案であって、かつ、明確で具体性を備えている場合は、原則としてこれに賛成するとしている[31]。

(3) 事業分離・スピンオフに関する事項

　性質上株主提案になじみにくいものの、取締役選任議案等を通じて、上場会社に事業分離・スピンオフを求めるのも典型的なアクティビストの手法である。

　2019年6月には、Third Point LLC がソニーに対して半導体ビジネス、ソニーフィナンシャルホールディングス、M3、オリンパス、スポーティファイ

---

31) 機関投資家の議決権行使及び結果の分析648頁。

の株式を売却するように要求していることが報道された[32]。その後、2019年8月29日、ソニーにより「オリンパス株式会社が実施する自己株式の買付けへの応募に関するお知らせ」により、その保有する普通株式5.03％すべてを応募することが公表されている[33]。

　事業の売却によるコングロマリット・ディスカウントの回避や、遊休資産の売却、資産流動化による総資産利益率（ROA）の向上がアクティビストの要求事項であり、典型的には以下のような上場会社がアクティビストの活動の対象になる。

---

①　本業と関連性が乏しいグループ企業や事業を保有している上場会社
②　総資産利益率（ROA）が低い上場会社
③　一定金額以上の遊休不動産等を保有している上場会社

---

(4)　M&A の阻止・条件変更に関する事項

　アルパインの2018年12月の臨時株主総会において、オアシス・マネジメントがアルプス電気との経営統合に反対したように、M&Aの阻止や条件変更を求めることも多いが、M&Aアクティビズムについては第2章で触れることとする。

2　建設的対話の充実

(1)　建設的対話を促進する体制整備等

　スチュワードシップ・コードが機関投資家に対し、投資先企業との間の建設的な目的を持った対話を行うことを求めると同時に、コーポレートガバナンス・コードが上場会社に対して、株主総会の場以外においても、株主との間の建設的な対話を促している（基本原則5）。そして、原則5-1は、上場会社の取締役会に対し、株主との建設的な対話を促進するための体制整備・取組みに関する方針を検討・承認し、開示すべきものとしている。

　より具体的には、補充原則5-1が、以下のとおり、経営陣幹部または取締役（社外取締役を含む）が面談に臨むことを基本とすべきこと、対話促進に関

---

32)　https://jp.reuters.com/article/us-sony-thirdpoint/hedge-fund-third-point-calls-on-sony-to-spin-off-semiconductor-unit-idUSKCN1TE395（最終閲覧：2019年9月6日）。

33)　ソニー「オリンパス株式会社が実施する自己株式の買付けへの応募に関するお知らせ」（2019年8月29日）。

する方針として、IR担当の経営陣または取締役を指定すること、IR、経営、総務、財務、経理、法務部門等の有機的連携のための方策、投資家説明会等の充実、株主意見の社内フィードバック、インサイダー情報の管理策等を含む方針とすべきことを求めている。

補充原則

5-1① 株主との実際の対話（面談）の対応者については、株主の希望と面談の主な関心事項も踏まえた上で、合理的な範囲で、経営陣幹部または取締役（社外取締役を含む）が面談に臨むことを基本とすべきである。

5-1② 株主との建設的な対話を促進するための方針には、少なくとも以下の点を記載すべきである。

　(i)　株主との対話全般について、下記(ii)～(v)に記載する事項を含めその統括を行い、建設的な対話が実現するように目配りを行う経営陣または取締役の指定

　(ii)　対話を補助する社内のIR担当、経営企画、総務、財務、経理、法務部門等の有機的な連携のための方策

　(iii)　個別面談以外の対話の手段（例えば、投資家説明会やIR活動）の充実に関する取組み

　(iv)　対話において把握された株主の意見・懸念の経営陣幹部や取締役会に対する適切かつ効果的なフィードバックのための方策

　(v)　対話に際してのインサイダー情報の管理に関する方策

---

(2) 資本コストをふまえた経営戦略や経営計画の策定・公表

　建設的な対話の実施に際しては、上場会社の策定した経営戦略や経営計画が対話のベースとなるものである。2017年度の生命保険協会調査[34]においても、企業側がコーポレート・ガバナンスに関して今後取組みを強化する事項として39.8％、投資家側が強化を期待する事項として50.0％となっており、双方の関心事項の最上位にあげられている。投資家側が中期経営計画の内容充実に向けて改善すべきと考えている点は、

- ① 長期的な経営ビジョン・スタンスの説明（57.8％）
- ② 具体的な数値目標の設定（38.8％）

34)　生命保険協会「平成29年度生命保険協会調査　株式価値向上に向けた取り組みについて」（2018年4月20日）図表3、図表7、図表17、図表23、図表26および図表27。

とされている。

採用する経営指標には企業側・投資家側のいずれも関心が非常に高い反面、中期経営計画で公表している指標について、売上・利益の絶対額を重視する企業と、ROE や ROIC 等資本効率に関する指標を重視する投資家側のスタンスの乖離は依然として大きいこと、企業の ROE 水準が資本コストを上回っているかどうかの認識に両者で齟齬があること、資本コストの詳細数値を算出していない企業が過半数にのぼること等が指摘されている。

アクティビストが上場会社に対して何らかの提案行為を行う場合、このような機関投資家の問題意識を分析し、機関投資家の賛同が得られるようにするのが通常である。上場会社としては、突然の提案行為に慌てるのではなく、日常から投資家の期待値とのギャップを認識し、対応策を検討しておくことがきわめて重要といえよう。

コーポレートガバナンス・コードの原則 5-2 が、資本コストを把握したうえで経営戦略や経営計画の策定を行うこと、収益力・資本効率等に関する目標を提示すること、当該目標の実現のために何を実行するのかなどをわかりやすく説明を行うことを求めているのは、上記の問題意識によるものといえよう。

【原則 5-2. 経営戦略や経営計画の策定・公表】

　経営戦略や経営計画の策定・公表に当たっては、自社の資本コストを的確に把握した上で、収益計画や資本政策の基本的な方針を示すとともに、収益力・資本効率等に関する目標を提示し、その実現のために、事業ポートフォリオの見直しや、設備投資・研究開発投資・人材投資等を含む経営資源の配分等に関し具体的に何を実行するのかについて、株主に分かりやすい言葉・論理で明確に説明を行うべきである。

経営指標の 1 つとして ROE・ROIC 等を採用し、その実現のための具体的施策をわかりやすく説明している事例が増えてきている。よくあげられる例であるが、なぜ ROIC を採用し、その実現のために何をするのかを説明するものとして、オムロンの例を紹介しておく（**図表 1-6**）。

図表 1-6

ROIC経営

オムロンはROICを重要な経営指標としています。全社一丸となってこの指標を持続的に向上させるため、「ROIC経営」を社内に広く浸透させています。中期経営計画VG2.0においてもROIC経営を推進し、今後も飛躍的な成長を実現していきます。

なぜROICなのか？

事業特性が異なる複数の事業部門を持つオムロンにとって、ROICは各事業部門を公平に評価できる最適な指標です。営業利益の額や率などを指標とした場合、事業特性の違いや事業規模の大小で評価に差が出ますが、投下資本に対する利益を測るROICであれば、公平に評価することができます。VG2.0で4つの注力ドメインを設定し、引き続き独自の事業ポートフォリオを展開していくオムロンにとって、ROICは欠かせません。

具体的にROIC経営は、「ROIC逆ツリー展開」、「ポートフォリオマネジメント」の2つで構成しています。

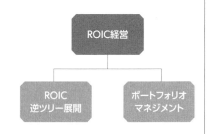

ROIC逆ツリー展開

ROIC逆ツリー展開により、ROICを各部門のKPIに分解して落とし込むことで、現場レベルでのROIC向上を可能にしています。ROICを単純に分解した「ROS」、「投下資本回転率」といった指標では、現場レベルの業務に直接関係しないことから、部門の担当者はROICを向上させるための取り組みをイメージすることができません。例えば、ROICを自動化率や設備回転率といった製造部門のKPIにまで分解していくことで、初めて部門の担当者の目標とROIC向上の取り組みが直接つながります。現場レベルで全社一丸となりROICを向上させているのが、オムロンの強みです。

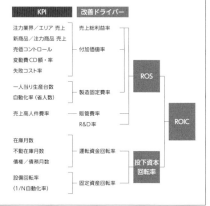

（オムロン「OMRON 統合レポート 2018」24 頁）

3　対話にあたっての具体的な留意点

(1)　対話にあたっての基本方針

　わが国の株式市場の特徴として、株式持合いによる安定株主の存在が長年にわたり指摘されてきたが、コーポレートガバナンス・コードにおいて政策保有株式の縮減が求められ、有価証券報告書による詳細な開示が必要とされるなか、株式の持合い解消は確実に進んでいる。また、政策保有株式について比較的詳細な議決権行使基準を採用する上場会社も徐々にではあるが増加しつつあり、単に取引先であるからというだけの理由で賛成を得ることは困難になりつつある。

　上場会社との間で、自らまたはグループ会社を通じて何らかの取引関係にあることが多い国内機関投資家についても、スチュワードシップ・コードにおいて、利益相反回避の方針が明確に示され、議決権行使基準および個別の議決権行使結果の公表が求められるなか、合理的な理由なく、会社側提案に賛成することは期待しがたい環境が整ってきている。

　アクティビストが分配可能額のほぼ全額を剰余金の配当に充てるような過度に短期指向の提案を求めてきた場合はさておき、「分別のある」提案を求めてきた際には、そのような提案を単に拒否するというのではなく、他の株主の賛同状況や機関投資家の議決権行使基準等をふまえ、会社側提案を採用した理由や背景にある経営計画の説明を行うとともに、場合によっては一定の交渉を行うことが必要とされる。ここで想定しているのは、企業価値向上のための施策を一切説明せずに敵対的買収をしかけるファンドや、企業価値を破壊するようなグリーンメーラーではなく、アクティビストがある程度合理的な提案を前提に対話を求めてきた場合である。

(2)　自社の状況の定期的分析

　アクティビストに限らず、投資家は、ターゲットとなる企業を選定するに際し、有価証券報告書等公開情報をもとに、上場会社のデータについて、定期的に定量的・定性的な分析を行っているのが通常である。これらのデータはデータ調査会社を通じて容易に入手可能であり、簡単な加工作業を通じて、他社との間の経営指標の比較を行うことはさほど難しいことではない。

　アクティビストに狙われやすい企業は、投資家目線からみた場合に何らかの問題点を抱えており、狙われるべくして狙われる場合が多いから、資本効

率（ROE・ROIC 等）、株主還元性向、シナジーの乏しい不採算事業・遊休資産の有無、過度に蓄積された現預金等の流動資産の有無、PBR（株価純資産倍率）、PER（株価／1 株あたりの純利益）等を常に把握し、問題解消措置の検討を進めておくことが必要である。

これらの問題解消措置は、単にアクティビスト対策というものではなく、機関投資家や一般株主からも指摘がなされうる事項であり、実際に株主提案がなされれば他の株主も賛同しやすい事項である。機関投資家との対話やIR・広報活動のなかで指摘され、不満を抱かれている事項については社内でフィードバックし、すみやかな対応を行うことが必要とされよう。

アクティビストも無限の資金やリソースを有するわけではないから、狙われやすいかどうかは相対的な問題でもある。特に比較されがちな同業他社や類似業種に選定される銘柄企業との間の相対比較という観点でも定期的な分析を行うことが肝要といえよう。

(3) 株主判明調査

株主名簿上、外国人や国内の機関投資家の多くはカストディアンの名義で登録され、株主名簿から建設的な対話を進める相手を特定することができない。しかし、対話にあたっては、対話すべき相手の判定、その特性や行動原理の把握が必要である。コーポレートガバナンス・コードの補充原則 5-1 ③はかかる点を指摘するものである。

補充原則

5-1 ③　上場会社は、必要に応じ、自らの株主構造の把握に努めるべきであり、株主も、こうした把握作業にできる限り協力することが望ましい。

大量保有報告書や変更報告書によりアクティビストの株式取得を知る場合もあるが、筆者らの聞くところでは、当該報告書が出される以前にアクティビストファンドから何らかの質問や照会を通じて関心があることを把握できている場合も多い。日々の IR 活動等を通じて得られる情報を共有し、対策を練るとともに、必要に応じて、証券会社・証券代行機関、IR 会社等に実質株主判明調査の実施を依頼しておくことも考えられる。

⑷　アクティビストとの対話
ア　アクティビストの出現

　アクティビストによる株式の取得を把握した場合、そのコンタクトを待つ
ことなく、証券代行機関等に依頼して、当該アクティビストの特性、経営者、
資金力、過去の投資銘柄等の調査を行う必要がある。アクティビストにはそ
れぞれ特性があり、投資手法、得意な業種、訴訟等の法廷戦略、出口戦略等
個性的な特徴があることが少なくなく、過去に成功した手法を繰り返す場合
が多い。

　当該アクティビストが、過去に他社に対してキャンペーンを展開した事項
が自社にもあてはまるのであれば、その問題解消措置を至急進める必要があ
る。

イ　アクティビストとの対話準備

　すでに述べたような持合い解消状況、機関投資家の賛同状況等をふまえる
と、アクティビストが出現した場合、当該アクティビストとの対話を行うこ
とは回避することはできないと考えた方がよい。むしろアクティビストとの
対話を進めるなかで、自社に対するアクティビストの考え方、求める内容、
他の株主との協調状況等を知ることができる場合も多い。

　アクティビストとの対話に先立ち、上場会社の代表者または代表者の指名
に基づき選定された経営陣を筆頭に、IR、経営企画、財務、法務部門等に加え、
フィナンシャルアドバイザー、IR支援会社および法律事務所等の専門家の連
携によりチームを組成する必要がある。

　対話の際の発言内容は、すべて今後の委任状勧誘、株主総会での質疑応答、
法廷闘争のなかで利用されるものと考えておく必要があるため、専門家も含
めた協議により、事前に各論点についての説明内容や、質疑応答においてど
こまで回答するかを決めておく必要がある。

　上場会社としての情報管理上、対話のなかでインサイダー情報に言及する
ことはできず、アクティビストからもインサイダー取引規制にかからないよ
う、インサイダー情報を話すことがないように事前に求められるのが通常で
ある。

　2018年4月以降、フェア・ディスクロージャー・ルールにより、投資者に
対する広報に関する業務に関し、上場会社の株主に「当該上場会社等の運営、
業務又は財産に関する公表されていない重要な情報であって、投資者の投資

判断に重要な影響を及ぼすもの」（「重要情報」。金商 27 条の 36 第 1 項）を伝達した場合、その公表を求められることとなった。アクティビストとの対話が広報に係るものといえるかどうかは必ずしも明確ではないものの、かかる重要情報を開示することがないように留意しなければならない。

ウ　アクティビストとの面談

多くのアクティビストファンドは会社トップとの面談を求めることが多い。米国においては、会社トップがアクティビストと直接対話を行うことが多いとされ、これを拒否した会社トップはアクティビストに対して敵対的であり、建設的である可能性のある意見を聞き入れないと投資家から評価されるリスクがあるとの指摘がある[35]。わが国においては、当該アクティビストを刺激しない観点から会社トップが面談に応じる場合もあるが、日々の企業経営に多忙な会社トップが毎回面談に応じることも現実的ではなく、受命を受けた取締役が主な責任者として面談に応じる場合が多いように思われる。

インサイダー情報・重要情報が開示されていないことを確実にし、対話を記録化する観点から、双方の発言内容は原則として録音のうえ、議事録にしておくことが必要である。

アクティビストによっては、秘密情報の開示を求めているわけではなく、インサイダー情報を開示されると困るので、意見交換には秘密保持契約の締結は不要であるというスタンスをとる場合がある。しかし、アクティビストが求める特定の事項についての意見交換になれば一定の秘密情報を伴う場合が少なくないため、具体的協議が進めば、いずれかの段階では秘密保持契約の締結が必要になる場合がある。

なお、近年ではアクティビストが社外取締役に対する面談を求める場合も多い。一定の施策について会社の意見と株主の意見とに相違がある場合、社外取締役の立場から当該施策に関する意見を求めるものと思われるが、意見を求めるだけであれば株主総会における質問権行使で足りる場合もあり、個別事情をふまえ、面談に応じるか否かを含めて慎重な検討が必要であろう。

---

35)　セオドア・A・パラダイス＝石綿学＝杉山浩司「対話型アクティビスト対応の手法（上）──グローバルなシェアホルダー・アクティビズムの最新動向を踏まえて」商事2057 号（2015 年）4 頁。

エ　アクティビストとの交渉

　面談により、上場会社は、ガバナンス、資本政策等に関する事項について
アクティビストからの意見や提案を聞くこととなる。かかる意見や提案をふ
まえ、再度交渉することなく、上場会社が提案を拒否する場合や、一定の施
策を講じる場合もあるが、株主提案に至る前に一定の合意を形成する場合や、
一定の提案に応じる代わりに株式の買増しの停止（スタンドスティル合意）や
売却を求める場合、アクティビストとの間の協議・交渉という段階に進むこ
とになる。

　アクティビストとの間の意見交換という段階を超え、たとえば、自己株式
の取得等の具体的行為に関する交渉に進む段階では、一定の検討中の重要事
実を含むものと考えられるから、アクティビストとの間で秘密保持契約（場
合によっては検討期間中のスタンドスティル合意を含む場合もある）を締結し、
協議・交渉を進める必要があろう。

　協議・交渉の進捗次第では株主提案による委任状闘争や何らかの法廷闘争
に入る可能性があるため、アクティビストがとりうるあらゆる手段と対応シ
ナリオの検討、アクティビストの提案に対して予測される機関投資家等の反
応の予測、交渉決裂の際に想定されるアクションに備えたプレスリリースや
質疑応答の準備、株主からの支持取付け等の対応を進めておく必要があろう。

Ⅲ　アクティビスト対応と買収防衛策

1　買収防衛策の現状

　アクティビストは、必ずしも敵対的買収を行うものではなく、多くの場合
はその投資を分散させ、支配権取得を目的としないから、アクティビスト対
応と買収防衛策が論理必然的に結びつくわけではない。しかしながら、アク
ティビストがその要求を実現する手法として一定の議決権取得を伴うことは
必然であり、デリバティブの活用やウルフ・パック戦術を通じて、単独でま
たは共同で、急速な買付けおよび「ゆるやかな協調行動」をとる場合があり、
そのような場面では敵対的な買収と委任状勧誘行為の境界は微妙となる。

　買収防衛策の有無や設計によって、アクティビストの買付行為に一定の制
約が生じ、上場会社側で熟慮期間を確保できる場合もある。上記Ⅰ 6 ですで
に述べたとおり、2019 年 7 月時点で買収防衛策を保有している会社は 329 社

（上場会社全体の8.8％）となっており、信託型ライツプランも含まれるものの、その多くは新株予約権を未発行の状態で買収防衛策の内容を事前に開示する事前警告型とみられる。

ブルドックソース事件最高裁決定[36]が、「特定の株主による経営支配権の取得に伴い、会社の存立、発展が阻害されるおそれが生ずるなど、会社の企業価値がき損され、会社の利益ひいては株主の共同の利益が害されることになるような場合には、その防止のために当該株主を差別的に取り扱ったとしても、当該取扱いが衡平の理念に反し、相当性を欠くものでない限り、これを直ちに同原則の趣旨に反するものということはできない。そして、特定の株主による経営支配権の取得に伴い、会社の企業価値がき損され、会社の利益ひいては株主の共同の利益が害されることになるか否かについては、最終的には、会社の利益の帰属主体である株主自身により判断されるべきものであるところ、株主総会の手続が適正を欠くものであったとか、判断の前提とされた事実が実際には存在しなかったり、虚偽であったなど、判断の正当性を失わせるような重大な瑕疵が存在しない限り、当該判断が尊重されるべきである。」と判示したことを受け、買収防衛策の発動の判断について株主総会に付議するしくみを持つ事前警告型買収防衛策が一般的となりつつある。

最近の事前警告型買収防衛策の特徴としては、取締役会や第三者委員会による評価・検討期間を短縮する傾向があること、第三者委員会が社外役員を中心に構成されつつあること、発動要件を限定すること等があげられる。買収防衛策議案に対して国内機関投資家が主に重視する観点として、導入・継続は株主総会に諮ること、有効期間が3年以内であること、第三者委員会の構成メンバーの半数または全員が独立性を有すること、評価・検討期間が最長120日以内であること、買収者に対する現金交付条項を付さないこと等があげられる[37]。

2　ブルドックソース事件以降の残された課題

(1)　買収者の属性
ブルドックソース事件の抗告審決定[38]がスティール・パートナーズ関係者の過去の企業買収行為等や公開買付行為に至る経緯等から濫用的な買収者であ

36)　最決平成19・8・7民集61巻5号2215頁。
37)　茂木＝谷野・前掲注25）37頁。
38)　東京高決平成19・7・9金判1271号17頁。

ると認定し、それを前提に自己防衛手段をとる必要性および許容性を検討するプロセスを経て結論を導いているのに対し、同事件の最高裁決定[39]は新株予約権無償割当てをスティール・パートナーズ関係者以外のほとんどの既存株主が企業価値の毀損を防ぐために必要な措置として是認したこと等を理由に、濫用的買収者にあたるといえるか否かにかかわらず、株主平等原則の趣旨に反せず、法令等に違反しないと判断している。

　アクティビストの行為がそれ自体として濫用的と評価できる場面はほぼ存在しないから、株主意思を確認したプロセスと対抗手段の相当性をもって判断した最高裁の判断のアプローチは正当として理解できる。ただ、最高裁決定が「株主に割り当てられる新株予約権の内容に差別のある新株予約権無償割当てが、会社の企業価値ひいては株主の共同の利益を維持するためではなく、専ら経営を担当している取締役等又はこれを支持する特定の株主の経営支配権を維持するためのものである場合には、その新株予約権無償割当ては原則として著しく不公正な方法によるものと解すべきである」としていることからすれば、経営陣の発動判断の動機の立証にあたってはなお買収者の属性は問題となろう。

　また、ヨロズに関する株主提案議題等記載仮処分命令の原審である横浜地決令和元・5・20日資料版商事424号126頁では、レノの過去の投資手法を比較的詳細に認定し、経営陣にさまざまな圧力をかけることによって、買い集めた大量の株式を高額で売り付け、多額の利益を享受することを目的としていると推認できるとし、レノの被る損害が金銭的な損害に帰結することを、保全の必要性を否定する論拠に用いているように、事案によっては買収者の属性を立証することには十分意味があると思われる。

(2)　経済的価値の補填がない場合の株主平等原則

　ブルドックソース事件における新株予約権の無償割当ての設計は、スティール・パートナーズ関係者に対して買収防衛策を発動した際、経済的価値を補填する設計によるものであった。同事件の最高裁は、「抗告人関係者は、本件取得条項に基づき抗告人関係者の有する本件新株予約権の取得が実行されることにより、その対価として金員の交付を受けることができ、また、これが実行されない場合においても、相手方取締役会の本件支払決議によれば、

---

39)　前掲注36)　最決平成19・8・7。

抗告人関係者は、その有する本件新株予約権の譲渡を相手方に申し入れることにより、対価として金員の支払を受けられることになるところ、上記対価は、抗告人関係者が自ら決定した本件公開買付けの買付価格に基づき算定されたもので、本件新株予約権の価値に見合うものということができる。」とし、かかる事情を防衛策の相当性を認定する1つの判断理由にしているようにみえる。

　しかし、ブルドックソース事件以降、買収者に対する経済的補填に反対する声が高まり、いくつかの機関投資家の議決権行使基準のなかでも現金交付条項を付さないことが買収防衛策導入・継続の条件とされていることからすれば、現時点で同様の経済的補填を伴う買収防衛策の設計は困難である。

　ブルドックソース事件最高裁決定が、「なお、相手方が本件取得条項に基づき抗告人関係者の有する本件新株予約権を取得する場合に、相手方は抗告人関係者に対して多額の金員を交付することになり、それ自体、相手方の企業価値をき損し、株主の共同の利益を害するおそれのあるものということもできないわけではないが、……抗告人関係者以外のほとんどの既存株主は、抗告人による経営支配権の取得に伴う相手方の企業価値のき損を防ぐためには、上記金員の交付もやむを得ないと判断したものといえ、この判断も尊重されるべきである。」と判断していることからも、買収者への経済的補填は買収防衛策発動の許容性を維持するための必須の要件ではなく、手続が明確で、公開買付けの撤回が合理的に可能であるなど、他の点で許容性が担保されていれば買収防衛策の適法性が確保できると考えるべきであろう。

(3)　株主総会意思確認までの間の買収防衛策の有事導入

　平時導入型の買収防衛策が導入されておらず、ブルドックソース事件のように突然に敵対的公開買付けが開始をされた場合、対象会社は株主総会を開催し、株主の意思確認をするまでの間、取締役会限りで有事導入型の買収防衛策を導入することができるか。

　ブルドックソース事件の場合、対象会社が定時株主総会に向けて準備中の5月16日に公開買付けを行う旨の書簡を受領し、定時株主総会に新株予約権無償割当てを上程したという非常にまれなスケジュールで進められたケースであり、通常は臨時株主総会の開催準備に時間を要することとなる。

　最高裁は、同事件において有事導入型の買収防衛策を適法とし、その発動に際しては最終的に株主自身の意思を尊重すべきとしているから、株主総会

に付議するまでの間、取締役会限りで買収防衛策を導入し、買収者による手続違反の場合には発動を認める余地もあるのではあるまいか[40]。

(4) 取締役会または第三者委員会発動型の買収防衛策

買収防衛策の発動の判断について株主総会に付議するしくみを持つ事前警告型買収防衛策が増加していることは上記1ですでに述べたが、発動の判断について第三者委員会の意見を最大限尊重しつつ、取締役会が行う余地を残した買収防衛策の設計も珍しくはない。

会社の支配権につき争いがあり、現経営陣が、支配権を争う特定の株主の持株比率を低下させ、もって自らの支配権を維持・確保すること等を主要な目的として新株発行をするときは不公正発行（会210条2号）にあたるとする判例法理は今も支配的であり、最近の下級審裁判例等はかなり厳格に資金調達の必要性を審査する傾向があるなどと指摘されている。公募増資に関しても出光興産新株発行差止仮処分申立事件東京地裁決定は一般論としては第三者割当増資と比較して支配権を減弱させる効果は弱いとしつつ、かなり詳細に資金調達の必要性を審査している[41]。

ニッポン放送事件東京高裁決定[42]は、「経営支配権の維持・確保を主要な目的とする新株予約権発行が許されないのは、取締役は会社の所有者たる株主の信認に基礎を置くものであるから、株主全体の利益の保護という観点から新株予約権の発行を正当化する特段の事情がある場合には、例外的に、経営支配権の維持・確保を主要な目的とする発行も不公正発行に該当しない」と述べ、主要目的ルールに例外があることを認めている。

同決定は例外にあたる場合として、「例えば、株式の敵対的買収者が、①真に会社経営に参加する意思がないにもかかわらず、ただ株価をつり上げて高値で株式を会社関係者に引き取らせる目的で株式の買収を行っている場合（いわゆるグリーンメイラーである場合）、②会社経営を一時的に支配して当該会社の事業経営上必要な知的財産権、ノウハウ、企業秘密情報、主要取引先

40）　野宮拓「ブルドックソース事件最高裁決定を受けての平時導入の買収防衛策」江頭賢治郎ほか『株主に勝つ・株主が勝つ──プロキシファイトと総会運営』（商事法務、2008年）110頁。

41）　東京地決平成29・7・18金判1532号41頁。抗告審について東京高決平成29・7・19金判1532号57頁。

42）　東京高決平成17・3・23判時1899号56頁。

や顧客等を当該買収者やそのグループ会社等に移譲させるなど、いわゆる焦土化経営を行う目的で株式の買収を行っている場合、③会社経営を支配した後に、当該会社の資産を当該買収者やそのグループ会社等の債務の担保や弁済原資として流用する予定で株式の買収を行っている場合、④会社経営を一時的に支配して当該会社の事業に当面関係していない不動産、有価証券など高額資産等を売却等処分させ、その処分利益をもって一時的な高配当をさせるかあるいは一時的高配当による株価の急上昇の機会を狙って株式の高価売り抜けをする目的で株式買収を行っている場合など、当該会社を食い物にしようとしている場合」と、いわゆる東京高裁決定4類型を例示している。

　被選任者である取締役が選任者である株主の構成を変更することを認めないとする権限分配論を裁判例が繰り返し述べていることからすれば、裁判所の立場は、取締役会による発動に際しては、「会社を食いものにしようとしている場合」であることの立証がなければ取締役会の判断を違法とするのではないかとも指摘されている[43]。もっとも上記ニッポン放送事件東京高裁決定が「例えば」と明記するように、いわゆる東京高裁決定4類型は「会社を食いものにしようとしている場合」の例示にすぎないことも指摘されるべきであろう。

Ⅳ　アクティビスト対応の株主総会

1　委任状勧誘を伴う株主総会のスケジュール

(1)　定時株主総会の場合

　発行会社側、提案株主側の検討すべき事項について、準備に必要な期間を含め、参考となるスケジュールを下記図表1-7にまとめた。より具体的なイメージが共有できるように、日時については原則として「大会社の3月期決算・定時総会日＝6月27日（木）」[44]における設定を記載している。

(2)　臨時株主総会の場合

　上場会社が招集する臨時株主総会は、通常、株主が事前に開催を知ることはできないため、下記2(3)ウの株主提案権の期限までに株主が株主提案をす

---

43)　江頭憲治郎「事前の買収防衛策——発動時の問題」法の支配145号（2007年）21頁。

図表 1-7：株主提案参考スケジュール

	発行会社	提案株主
3 月末日	定時株主総会の基準日	
4 月下旬		株主提案権の行使
		株主名簿閲覧謄写請求
	株主提案の確認	
		委任状勧誘
5 月 10 日（金）	決算取締役会（計算書類等の承認、定時株主総会招集事項および総会付議議案決定）株主提案に対する取締役会意見決定	
5 月 21 日（火）	株主総会招集通知等の最終確定	
6 月 4 日（火）	TDnet 等での招集通知等提出	
6 月 5 日（水）	株主総会招集通知の発送	
	委任状勧誘	
	総会検査役の選任・三者間打合せ等	
	株主総会リハーサル・総会検査役との打合せ	
6 月 27 日（木）	定時株主総会開催	
	臨時報告書提出・決議通知	

ることは事実上不可能である場合が多い。株主は、会社提案について株主総会の目的事項について議案を提出することができ、また、会社提案について反対の委任状勧誘をすることもできる。

44）　別冊商事法務編集部編『平成 31 年版株主総会日程――会社規模・決算別／中間決算（別冊商事 437 号）』（商事法務、2019 年）180 頁。ただし、株主総会招集通知の発送日については、会社法制（企業統治等関係）の見直しに関する改正法で、電子提供措置をとる場合の電子提供措置をとる期限が株主総会の日の 3 週間前の日または株主総会招集通知を発した日のいずれか早い日とされていることから、同様に株主総会の日の 3 週間前の日と設定し、招集通知等の確定の時期も若干早めている。なお、表のまとめ方については、株主提案と委任状勧誘 70 頁を参考にした。

⑶　株主による株主総会招集請求

ア　少数株主による株主総会招集請求

　村上絢氏が代表取締役を務める C & I Holdings が、南青山不動産と共同で、黒田電気の発行済株式総数の 14％強を保有しているとして、2015 年 6 月 26 日、社外取締役 4 名の選任を求め、黒田電気の臨時株主総会招集請求をしたように、アクティビストによる株主提案は定時株主総会に限られるものではない。

　総株主の議決権の 100 分の 3（これを下回る割合を定款で定めた場合にあっては、その割合）以上の議決権を 6 か月（これを下回る期間を定款で定めた場合にあっては、その期間）前から引き続き有する株主は、取締役に対し、株主総会の目的である事項（当該株主が議決権を行使することができる事項に限る）および招集の理由を示して、株主総会の招集を請求することができる。公開会社でない株式会社においては、6 か月要件は不要である（会 297 条 1 項・2 項）。当該株主総会の目的である事項について議決権を行使することができない株主は「総株主の議決権の数」に算入されない（同条 3 項）。

イ　株主総会招集請求の要件の確認

　定款に特段の定めがない上場会社を前提とした場合、株主総会招集請求の要件は、

---

①　総株主の議決権の 100 分の 3 以上の議決権を 6 か月前から引き続き有している株主であること
②　株主総会の目的である事項（当該株主が議決権を行使することができる事項に限る）および招集の理由を示して株主総会の招集請求をしていること
③　個別株主通知をしていること

である。

㊀　一定の議決権の継続保有要件

　総株主の議決権の 100 分の 3 以上の議決権という要件は数人の株主がその有する議決権を合算してこれを充足することも可能であり、6 か月保有要件については請求の日から逆算して 6 か月間を意味する。「総株主の議決権」が変動しうることを前提とし、請求の時における議決権総数の 100 分の 3 以上の議決権を 6 か月前から保有していれば足りるとする少数説があるものの、「総株主の議決権の 100 分の 3 以上の議決権」が 6 か月間のいかなる時期に

おいても継続することを要するというのが通説である。

また、総株主の議決権の100分の3以上の議決権について、当該株主総会終結時まで保有していなければならないとする見解と、株主総会の招集を許可する裁判が確定した時点まででよいとする見解に分かれている[45]。委任状勧誘をする株主が当該株主総会までに株式を売却したら他の賛同を得ることが難しく、実務的には考えにくい法的論点ではあるものの、下記平成18年最高裁決定によれば、特段の事情がない限り、少なくとも株主総会の招集を許可する裁判がなされる時点までは要件を充足しておく必要があろう。

最決平成18・9・28民集60巻7号2634頁は、「総株主ノ議決権ノ100分ノ3以上ヲ有スル株主」が選任請求できるとする検査役選任について、以下のとおり判示した。

「株式会社の株主が商法294条1項に基づき裁判所に当該会社の検査役選任の申請をした時点で、当該株主が当該会社の総株主の議決権の100分の3以上を有していたとしても、その後、当該会社が新株を発行したことにより、当該株主が当該会社の総株主の議決権の100分の3未満しか有しないものとなった場合には、当該会社が当該株主の上記申請を妨害する目的で新株を発行したなどの特段の事情のない限り、上記申請は、申請人の適格を欠くものとして不適法であり却下を免れないと解するのが相当である。

前記事実関係によれば、抗告人の株主である相手方らは、原々審に抗告人の検査役選任の申請をした時点では、合計して総株主の議決権の約3.2%を有していたが、その後、抗告人が新株引受権付社債を有していた者の新株引受権の行使を受けて新株を発行したことにより、合計しても総株主の議決権の約2.97%しか有しないものとなったというのであるから、抗告人が相手方らの上記申請を妨害する目的で上記新株を発行したなどの特段の事情のない限り、上記申請は、申請人の適格を欠くものとして不適法であり却下を免れない」。

(イ) 株主総会目的事項

株主総会の目的である事項は議題であるから、議案を記載することは必要でなく、役員の選任の場合には、役員の選任が議題であることを記載すれば足り、具体的に候補者を記載する必要はないとされている[46]。たしかに会社法297条は「株主総会の目的である事項」と記載していることから考えると一般論としてはそのように解釈できなくもないが、当該請求には株主総会の

---

45) 会社法コンメ(7)60頁〔青竹正一〕。
46) 佐賀義史「少数株主による株主総会招集許可の申請」山口和男編『裁判実務大系21 会社訴訟・会社非訟・会社整理・特別清算』（青林書院、1992年）189頁。

招集を請求された会社側が招集を行うために必要な情報が含まれている必要があり、どの程度の記載が必要かは会社側の機関設計や書面投票の有無等に左右されよう。

　取締役会設置会社が当該請求に応じて株主総会を招集する場合、書面をもって招集通知を発送する必要があり（会299条2項）、招集通知には当該役員選任議案の概要（議案が確定していない場合はその旨。会298条1項5号、施63条7号、会299条4項）を記載する必要がある。

　さらに、会社が書面または電磁的方法による議決権行使を認める場合、当該会社は招集通知には議案や候補者の氏名、生年月日、略歴等（施63条3号イ、73条〜77条、会301条、302条）を記載した株主総会参考書類を交付しなければならない。

　したがって、上場会社に対する株主総会の招集請求に際しては、議案要領通知請求権と同様に議案の内容を示さなければならないものと解されよう。

　　㋔　招集の理由

　招集の理由については、何らかの理由が記載されているだけでは足りず、招集の必要性と許容性に関する合理的理由の記載が必要であり、少数株主が、招集の合理的理由の記載なくして株主総会の招集請求をした場合には、株主総会招集許可申請の前提条件を欠くと指摘する見解がある[47]。この見解は、同じく少数株主権の1つである株主の帳簿閲覧等請求権が閲覧等の請求の理由を具体的に記載することを要求しており、株主総会の招集請求の方が帳簿閲覧等請求権よりはるかに会社や他の株主に与える影響が大きいことを論拠の1つとする。

　しかし、帳簿閲覧等請求権は閲覧目的との関係で必要な範囲に限定し、会計帳簿等の閲覧等を求める権利であり、かつ、当該閲覧等の拒否事由が法定されている（会433条2項）ことを前提として、閲覧を求める理由および閲覧させるべき会計帳簿・資料の範囲を会社が認識・判断できるように、閲覧目的等が具体的に記載されることを求めるのが判例[48]である。株主総会招集許可の際は、会社法297条4項の招集要件を充足する限り、原則として招集の許可を与える運用[49]であるから、請求を受けた株式会社としては一応の招集の必要性に関する記載がある限り、「招集の理由」の記載があるものと扱わざ

47）　淵邊善彦＝荻野敦史＝柴野相雄「少数株主による株主総会招集請求をめぐる諸問題」商事1668号（2003年）23頁。
48）　最判平成2・11・8判時1372号131頁。

るをえない。

　取締役が招集の理由の記載が不十分と考える場合、請求株主にその補正を求めることも可能であり、株主総会の目的として明示されている内容、招集の理由との関連性、当該補正に応じるか否か、その内容等もふまえ、権利濫用等として争うかどうかを検討することとなろう。請求株主としては、株主総会招集許可が得られるよう、また、招集された株主総会において他の株主の賛同が得られるよう、適切な招集の理由を記載しておくべきである。

　　㈡　個別株主通知

　株主総会招集請求は少数株主権の行使であり、上場会社に対してこれを行うためには個別株主通知が必要である（振替154条）。

　判例は、会社法172条1項に基づく価格の決定の申立てや同法116条1項に基づく株式買取請求の事案において、請求をした者が株主であることを株式会社が争った場合には、当該審理終結までの間に個別株主通知がされることを要するとしている[50]。

　しかしながら、株主総会招集請求は、少数株主が取締役に対して招集を請求し、当該取締役が要件の具備、権利濫用の有無等を判断し、当該招集に応じるかどうかを決定し、取締役が招集請求に応じない場合に例外的に裁判所の許可によって少数株主が株主総会を招集するという手続であるから、上記判例の場面とは異なるように思われる。

　この点、株主提案権の行使については、株主提案権の行使期限である株主総会の日の8週間前までに、個別株主通知がされることが必要であるとする裁判例[51]がある。株主総会招集請求にはその性質上行使期限がないものの、当該請求があった日から8週間（これを下回る期間を定款で定めた場合はその期間）以内の日を株主総会の日とする株主総会の招集の通知が発せられない場合には裁判所に対する招集許可の申立てができることとなる（会297条4項）。その意味で行使期限そのものではないにせよ、裁判所に対する許可を求めるための期間の始期を画するものといえよう。

　株主総会招集請求の時点で、個別株主通知がなされず、要件充足性を確認

49）　権利濫用と認められる場合を除き、要件を充足する限り、申立てを許可しなければならないとされる。会社法コンメ⑺63頁〔青竹正一〕。

50）　最決平成22・12・7民集64巻8号2003頁、最決平成24・3・28民集66巻5号2344頁。

51）　大阪地判平成24・2・8判時2146号135頁。

できないため、取締役が招集請求を拒否した場合に、その8週間以内の日を株主総会の日とする株主総会の招集の通知がなされなかったことをもって、裁判所に招集許可の申立てができるとするのは不合理であるから、請求の時点までに個別株主通知がなされていることが必要と解するべきと思われる。なお、請求株主は、個別株主通知の申出を行ってから会社に個別株主通知がされるまでの間にタイムラグがあること、個別株主通知がなされた後4週間が経過する日までの間に請求をする必要がある（振替154条2項、振替令40条）ことに留意が必要である。

　　　(オ)　その他

　株主総会招集請求は取締役に対してなされなければならず、請求株主は、代表取締役または代表執行役がいる場合は、代表取締役または代表執行役を宛先として請求をすることとなる。複数の代表者がいる場合はそのうちの1人に対してなされれば足りる。例外として、代表取締役が自ら少数株主として請求する場合（取締役会設置会社において、取締役間の対立等により株主総会招集のための取締役会決議ができない場合等）や、代表取締役が存在しない場合に、他の取締役全員に対して請求する場合がある[52]。

　指名委員会等設置会社において、代表執行役が取締役を兼任しない場合、会社法は「取締役」に対して請求することを要求しているから、取締役全員に対して請求をすればよいと考えられるが、執行役は取締役会の招集を請求する権限があり、この権限を行使して取締役会の判断を促すことができるから執行役に対する請求を不適法とするまでもないと解されているようである[53]。

　旧商法では書面または電磁的方法によることが請求の方法として明示されていた（旧商237条1項）のに対し、会社法では書面性は明示的には要求されていないので、口頭でもよいとする指摘がある[54]。取締役会設置会社または書面もしくは電磁的方法による議決権行使を認める会社においては、招集通知または株主総会参考書類に議案の概要ないし議案を掲載する必要がある以上、口頭による請求は少なくとも妥当とはいえず、実務的にも内容証明郵便（と普通郵便の併用）によりなされるのが通常である。

---

52)　実務ガイド新・会社非訟365頁。
53)　類型別会社非訟16頁。
54)　酒巻俊雄＝龍田節編代『逐条解説会社法第4巻　機関・1』（中央経済社、2008年）49頁〔潘阿憲〕。

ウ　株主総会招集の許可申立て

　株主総会招集請求をした株主は、請求の後遅滞なく招集の手続が行われない場合、または当該請求があった日から8週間（これを下回る期間を定款で定めた場合はその期間）以内の日を株主総会の日とする株主総会の招集の通知が発せられない場合、裁判所の許可を得て、株主総会を招集することができる（会297条4項）。

　裁判所は、申立人である株主が議決権数要件、保有期間要件を充足し、適法に株主総会の招集請求を行ったうえ、上記期限内に招集手続等がなされていなければ、権限濫用が認められない限り、招集許可を行うものとされている。ただし、実務運用上は、裁判所が招集許可を与える前に、会社側が任意に株主総会を開催することを促すとともに、会社が許可決定前に、株主総会の招集請求をした日から8週間を超える日を株主総会の日とする株主総会の招集の通知を発した場合でも、裁判所が少数株主による株主総会招集を許可したとしても会社の招集した株主総会より前に株主総会を開催できる見込みがないなどの特別の事情が認められる場合には申立ての利益が喪失する[55]との解釈により、会社側が株主総会の招集を行う場合が多い。そのような場合でも、会社が現実に株主総会を開催する保障はないから、実務上、会社が株主総会を開催して決議がなされるまでは手続を留保する扱いが多いとされ、決議がされ、議事録が提出されれば、申立ての利益が失われたとして却下するか、取下げが勧告される[56]。

　権利濫用は、客観的要件として株主総会を招集することに実益がなく、かえって有害であること、主観的要件として申立人に害意があることが必要であると指摘されている[57]。取締役側が株式の過半数を有していることから、決議成立の可能性がないことを理由として、権利濫用にあたるとした裁判例[58]はあるものの、少数株主の期待する決議がなされるかどうかということは招集許可申立ての当否を判断するにあたって考慮に入れる必要がない[59]とする見解が支配的なようである。

---

55)　東京地決昭和63・11・2判時1294号133頁。。
56)　類型別会社非訟20頁、実務ガイド新・会社非訟369頁。
57)　類型別会社非訟19頁。
58)　神戸地尼崎支決昭和61・7・7判タ620号168頁。
59)　類型別会社非訟20頁、前掲注55）東京地決昭和63・11・2。

COLUMN：招集通知の早期発送と 8 週間要件

　黒田電気による「臨時株主総会開催及び株主提案に対する当社取締役会意見に関するお知らせ」(2015 年 7 月 10 日) および「臨時株主総会開催日の変更に関するお知らせ」(同月 24 日) によれば、黒田電気は当初、「従前より、株主の皆様の議決権行使の意思決定に要する期間を十分に確保することが重要と考えており、例年、定時株主総会の招集通知の発送時期について、招集通知の発送日と株主総会の開催日の間に中 3 週間を確保していること」、「特に外国人株主が多い当社の株主構成を踏まえますと、招集通知の発送日から株主総会開催日までの期間を十分確保することは、招集通知の早期発送を推奨するコーポレートガバナンス・コードの趣旨にも合致する」こと、「招集請求の日から 9 週間後の日を株主総会の日とすることについて会社法に抵触するものではない旨の専門家の意見も得て」いることから 8 月 28 日を開催日時としていたものの、C & I Holdings らによる株主総会招集の許可申立ておよび大阪地方裁判所との協議の結果、臨時株主総会の開催日を 2015 年 8 月 21 日に変更する旨の取締役会決議をしたとのことである。

　8 週間という期間については、2002 年の商法改正前は、株主総会招集請求があった日から 6 週間とされていたものが、株主総会の招集を決定する取締役会の招集、基準日の公告および総会招集の通知に要する日数から、1 週間足らずで株主名簿の整理と招集通知の発送手続をしなければならず、時間的余裕に乏しいため、8 週間に改正されたものである[60]。

　環境が変化し、特に海外機関投資家を中心に株主総会招集通知の早期発送という要望があり、早期発送をする場合には 8 週間という期限が非常にタイトとなることからすれば、立法論としては 8 週間という期限の延長も検討してしかるべきであろう。

　2019 年 12 月に成立した会社法制（企業統治等関係）の見直しに関する改正法では、株主総会招集通知等の電子提供期限を株主総会の日の 3 週間前の日とする予定であり（改正会 325 条の 3 第 1 項）、改正法案の審議中に株主提案権の行使期限の前倒しは議論されたものの、株主総会招集許可の 8 週間の変更については特に議論された経緯はみあたらない。

　現在の運用上も 8 週間を経過したから機械的に許可を付与するものではないと考えられるが、立法論としても検討がなされるべきであろう。

---

60)　会社法コンメ(7)63 頁〔青竹正一〕。

エ　少数株主による株主総会招集

㈎　裁判所による許可決定

　裁判所による許可の対象は、株主総会の目的である事項（議題）であり、具体的な議案ではないから、「取締役甲の解任及び後任取締役乙の選任の件」ではなく、「取締役甲の解任及び後任取締役の選任の件」が許可の対象として運用がなされている。主文の例として、下記のとおり、一定の期限が付されることが多いようである[61]。ただし、**主文例1**記載の主文の「招集」は株主総会招集通知の発送を意味するものか、株主総会の開催を意味するものかが不明確であるとの指摘があり[62]、「開催」の意味で用いるとすれば**主文例2**の方がより明確であるように思われる。

主文例1

　申立人に対し、下記事項を会議の目的とする○○株式会社（本店　○○）の株主総会を令和○○年○○月○○日までに招集することを許可する。
記

　取締役 A、同 B、同 C 及び監査役 D の任期満了による後任取締役 3 名及び後任監査役選任の件

主文例2

1　申立人が、○○株式会社（本店　○○）の取締役甲及び同乙の解任及び後任取締役の選任の件を株主総会の目的である事項として、令和○○年○○月○○日までの日を株主総会の日とする同社の株主総会を招集することを許可する。

2　手続費用は各自の負担とする。

　裁判所の許可決定がなされた場合、当該許可の対象となる議題に関しては、会社が株主総会を開催する権限は失われ、会社による招集は無権限者による招集として株主総会不存在となると解されている[63]。

---

61)　類型別会社非訟 26 頁、実務ガイド新・会社非訟 371 頁。

62)　淵邊＝荻野＝柴野・前掲注 47）24 頁は、当該事案における主文および裁判所の解釈は招集通知の発送を指すが、同論稿は別の事件では「招集」は開催の意義であると指摘する。

63)　類型別会社非訟 20 頁。

(イ) 少数株主による株主総会招集

　少数株主による株主総会招集に要する費用は当該少数株主の負担となり、少数株主提案の議題が可決するなど、会社にとって有益な費用となる場合は合理的な範囲で株式会社に求償することができる（民 702 条）。

　定時株主総会は、毎事業年度一定期間内に開催され（会 296 条 1 項）、その基準日より 3 か月以内に開催されるものであるから、その開催時期については取締役会に裁量があり、その期間内は少数株主による定時株主総会招集請求はできないものと解されている。したがって、少数株主による招集がなされるのは臨時株主総会であり、上場会社を想定した場合、臨時株主総会に関する基準日を定めることとなる。

　基準日の定めは取締役会設置会社においては取締役会決議事項と解され、基準日株主が行使することができる権利の内容を定め、公告を行うのは「株式会社」（会 124 条 2 項・3 項）とはされているものの、裁判所の株主総会招集許可決定は、当該株主総会の招集に付随して必要となる権限をも付与するものであるから、少数株主は基準日を設定し、その名のもとで基準日の設定に係る公告をすることができる。そして、この場合、少数株主が定めた基準日に基づいて、振替機関から会社に対して総株主通知が行われ、当該少数株主は株主名簿を閲覧謄写することができるものと解される[64]。

　国際航業事件に関する東京地決昭和 63・11・14 判時 1296 号 146 頁の事案では、少数株主が株主総会招集許可を求め、昭和 63 年 12 月 10 日までの日を会日とする株主総会の招集権限が許可されたので、基準日を設定し、招集手続に入ったが、国際航業が株主名簿の閲覧等を拒否したため、株主名簿、基準日までの名義書換請求書およびこれに対応する株券の閲覧・謄写を求めたところ、「少数株主による株主総会招集が裁判所により許可された場合には、当該少数株主に対し株主総会招集権が付与されるのであるから、その当然の効果として、少数株主は、総会に招集すべき株主を確知する権利を有するというべきであり、右確知のためには、株主名簿を閲覧・謄写することができるのはもちろんのこと、基準日現在の株主を最終的に確定した株主名簿の作成を待っていては裁判所の定めた期限までの総会招集が事実上不可能になるような場合には、株主名簿に代り基準日現在の株主を確知することができる書類の閲覧・謄写をすることもできるものと解するのが相当である。」として

---

64)　塚本英巨「少数株主による株主総会の招集」商事 2189 号（2019 年）36 頁。

いる。珍しい事例であるため、決定主文を掲載しておく。

(ウ)　少数株主による招集された株主総会の運営

　少数株主が招集通知を発する場合、通常の招集通知と異ならず、書面または電磁的方法による投票を採用する場合、招集通知、株主総会参考書類および議決権行使書面を交付する必要がある。

　定款に代表取締役社長等が株主総会の議長となる旨の定めがある場合でも、当該定めは取締役が株主総会を招集する場合を想定して設けられたものと考えるべきであり、少数株主による招集の場合は株主総会において改めて議長を選任する必要がある。そして、議長の選出にあたっては、当該少数株主が仮の議長となり、議長選出に係る議事進行を行うことができるものと解されている[65]。

2　株主提案権

(1)　株主提案権の整理

　会社法は、①一定の事項を株主総会の目的とすることを請求する権利（議題提案権。会 303 条）、②株主総会の目的である事項について議案を提出する権利（議案提案権。会 304 条）、および③議案の要領を株主に通知すること、または招集通知に記載することを請求する権利（議案要領通知請求権。会 305 条）を定めており、これらを総称して株主提案権という。

---

65)　塚本・前掲注 64) 38 頁。

(2) 議案提案権の制約

議案提案権（会 304 条）は、株主総会の目的である事項（当該株主が議決権を行使することができる事項に限る）について議案を提出する単独株主権である。提出される議案は、会社が提出した議案に対する修正動議である場合もあれば、株主が株主総会招集請求または議題提案権により提案した議題に関する議案である場合もある。

議案提案権は、条文上「株主総会において」議案を提出する権利であると明記されているように、株主総会当日に提案することができるが、特定の株主からの自己株式の取得の際に自らを特定の株主に加えたものを株主総会の議案とする場合は株主総会の 5 日前（施行規則 28 条各号に掲げる前は 3 日前）にしなければならず、株主総会において提出することはできない（会 160 条 3 項、施 29 条）。当該議案が法令もしくは定款に違反する場合または実質的に同一の議案につき株主総会において総株主（当該議案について議決権を行使することができない株主を除く）の議決権の 10 分の 1（これを下回る割合を定款で定めた場合にあっては、その割合）以上の賛成を得られなかった日から 3 年を経過していない場合は、かかる提案をすることはできない。

議案提案権は、株主総会の目的である事項（当該株主が議決権を行使することができる事項に限る）に関するものでなければならず、また、株主に対する不意打ちにならないよう、招集通知や株主総会参考書類の記載から一般株主が通常予測しうる範囲に限られるという制約がある。

ほとんどの上場会社は書面投票または電磁的方法による投票を採用しており、多くの株主は招集通知、株主総会参考書類、議決権行使書面のみをみて、事前に投票を終わらせてしまう。株主総会の場で提出された議案提案権（修正動議）に関しては、会社提案（原案）に賛成の株主は修正動議に反対したものと取り扱われ、反対の株主は修正動議に棄権と取り扱われるのが通常である。

したがって、株主総会の場面において他の株主の賛成を取り付けたい株主は、議案提案権（修正動議）ではなく、上記(1)の①の議題提案権と③の議案要領通知請求権を行使するのが通常であり、以下、本書でいう「株主提案権」は上記(1)の①および③を指すものとする。なお、本章は、アクティビスト対応を論じるものであるから、以下、取締役会設置会社である上場会社を前提として述べ、修正動議の取扱いについては下記 7(2)**オ**において後述する。

(3) 株主提案権の要件

ア 議題提案権と議案要領通知請求権

　取締役会設置会社においては、少数株主が株主総会を招集する場合を除き、取締役会決議により、株主総会の目的事項（議題）を定めなければならず、株主総会では当該目的事項（議題）以外の事項を決議することができない（会298条1項2号、309条5項）。したがって、取締役が招集する株主総会において、取締役会が議題としない事項を審議し、決議する場合、株主は議題提案権を行使し、株主の求める議題を株主総会の目的事項とする必要がある。議題提案権を行使することができるのは、当該株主が議決権を行使することができる事項に限られる。

　議案要領通知請求権は、株主が株主総会の目的である事項につき当該株主が提出しようとする議案の要領を株主に通知すること、招集通知を書面または電磁的方法によりする場合は当該通知に記載し、または記録することを請求する権利である（会305条）。議案の要領は議案そのものではなく、その要約であり、株主総会の議題に関し、株主が提案する解決案の基本的内容について、会社および一般株主が理解できる程度の記載をいう。

　議案要領通知請求権は、当該議案が法令もしくは定款に違反する場合または実質的に同一の議案につき株主総会において総株主（当該議案について議決権を行使することができない株主を除く）の議決権の10分の1（これを下回る割合を定款で定めた場合にあっては、その割合）以上の賛成を得られなかった日から3年を経過していない場合には、発行会社はこれを拒絶することができる（会305条4項）。

　書面または電磁的方法による議決権行使を定めている会社の場合、取締役は招集通知に際し、株主総会参考書類および議決権行使書面を交付しなければならず（会301条、302条）、株主提案の議案について参考書類に議案が株主の提出であること、議案に関する取締役会意見および議案要領通知請求権により通知した提案理由等を記載しなければならないので、かかる議決権行使方法を採用している上場会社に関しては、議題提案権を行使する株主は同時に議案要領通知請求権を行使しなければならない[66]。したがって、上場会社に関しては、議題提案権と議案要領通知請求権は実質的に一体のものである。

---

66)　会社法コンメ(7)101頁〔青竹正一〕。

イ　一定の議決権の継続保有要件

　取締役会設置会社において、株主提案権を行使することができるのは、総株主の議決権の100分の1（これを下回る割合を定款で定めた場合にあっては、その割合）以上の議決権または300個（これを下回る数を定款で定めた場合にあっては、その個数）以上の議決権を6か月（これを下回る期間を定款で定めた場合にあっては、その期間）前から引き続き有する株主である（会303条2項、305条1項）。当該株主総会の目的である事項について議決権を行使することができない株主は「総株主の議決権の数」に算入されない（会303条4項、305条3項）。

　総株主の議決権の100分の1以上の議決権または300個以上の議決権という要件は数人の株主がその有する議決権を合算してこれを充足することも可能であり、6か月保有要件については請求の日から逆算して6か月間を意味する。「総株主の議決権」が変動しうることを前提とし、請求の時における議決権総数の100分の3以上の議決権を6か月前から保有していれば足りるとする少数説があるものの、「総株主の議決権の100分の3以上の議決権」が6か月間のいかなる時期においても継続することを要するというのが通説である。

　かかる議決権要件は請求の時点で充足している必要があるが、株主総会終結時までとする見解、株主名簿の基準日までとする見解、株主提案権の行使日と基準日とのいずれか遅い日までとする見解とに分かれるが、実務的には行使日と基準日のいずれか遅い日までとする考え方が採用されている[67]。

ウ　請求時期と請求方法

　株主提案権は、株主総会の日の8週間（これを下回る期間を定款で定めた場合にあっては、その期間）前までにしなければならない。臨時株主総会の場合、通常、株主は臨時株主総会が招集されるまでその日を知りえないから、株主提案権が行使されるのは通常定時株主総会であることが多い。

　「株主総会の日」については株主側で正確な開催日を知りえないことも多いため、客観的に会日と予測される日を基準として、8週間前に行使されていれば適法にすべきとの見解もあるが、文言どおり、実際の会日と請求日との間に丸8週間を要するとするのが通説である[68]。ただし、株主提案権が行

---

67)　全株懇モデルⅡ 84頁。

使されてから、合理的理由なく、株主総会の会日を前倒しして、株主提案権を拒絶することは権利の濫用とみられる余地があるため、避けるべきであろう。

　株主提案権の行使期限が休日にあたる場合、当該期限を翌営業日に延長する措置がとられることがありうるが、法定期限をすぎていることを理由として株主提案を断念する他の株主が存在する以上、株主平等の原則から問題視されることもある[69]。

　株主提案権の請求の相手方は取締役（会303条1項、305条1項）である。請求株主は、代表取締役または代表執行役がいる場合は、代表取締役または代表執行役を宛先として請求をすることとなる。複数の代表者がいる場合はそのうちの1人に対してなされれば足りる。例外として、代表取締役が自ら少数株主として株主提案権を行使する場合や、代表取締役が存在しない場合に、他の取締役全員に対して請求する場合がある。指名委員会等設置会社において、代表執行役が取締役を兼任しない場合、会社法は「取締役」に対して請求することを要求しているから、取締役全員に対して請求をすればよいと考えられる。

　旧商法では株主提案について書面性が明文をもって要求されていた（旧商232条の2）のに対し、会社法では書面性は明示的には要求されていない。

　また、旧商法施行規則17条1項1号においてはいわゆる400字制限が明記されていたのに対し、会社法施行規則93条では提案理由等が「株主総会参考書類にその全部を記載することが適切でない程度の多数の文字、記号その他のものをもって構成されている場合（株式会社がその全部を記載することが適切であるものとして定めた分量を超える場合を含む。）にあっては、当該事項の概要」を株主総会参考書類に記載するとされているのみである。

　しかしながら、株主総会参考書類に記載をすることを求められる発行会社にとって口頭での株主提案権の行使はトラブルを招くだけであるし、提案株主も通常は正確に自らの提案を他の株主に伝達することを希望するから、定款・株式取扱規程等により、株主提案の方式を定め、書面によることを求めることは認められている。実務的にも株主提案権の行使は内容証明郵便（および普通郵便の併用）によりなされることがほとんどである。

68）　株主総会ハンドブック558頁。
69）　全株懇モデルⅡ85頁。

エ 個別株主通知

　株主提案権は少数株主権の行使であり、上場会社に対してこれを行うためには個別株主通知が必要である（振替154条）。判例は、会社法172条1項に基づく価格の決定の申立てや同法116条1項に基づく株式買取請求の事案において、請求をした者が株主であることを株式会社が争った場合には、当該審理終結までの間に個別株主通知がされることを要するとしている[70]が、株主提案権は裁判により実現するものではないから場面が異なる。この点、裁判例は、株主提案権の行使期限である株主総会の日の8週間前までに、個別株主通知がされることが必要であるが、株主提案権の行使までに個別株主通知がなされることは不要であるとしている[71]。なお、請求株主は、個別株主通知の申出を行ってから会社に個別株主通知がされるまでの間にタイムラグがあること、個別株主がなされた後4週間が経過する日までの間に請求をする必要がある（振替154条2項、振替令40条）ことに留意が必要である。

　全国株懇連合会の定款モデルおよび株式取扱規程モデルは、以下のとおり定めている。また、これに加え、提案理由の分量に関し、「株式会社がその全部を記載することが適切であるものとして定めた分量」（施93条1項）を株式取扱規程に定める場合も多く、その場合、旧商法の例に従って400字とするのが通常である。

全国株懇連合会の定款モデル

（株式取扱規程）

第11条　当会社の株式に関する取扱いおよび手数料は、法令または本定款のほか、取締役会において定める株式取扱規程による。

全国株懇連合会の株式取扱規程モデル

（少数株主権等）

第11条　振替法第147条第4項に規定された少数株主権等を当会社に対して直接行使するときは、個別株主通知の申出をしたうえ、署名または記名押印した書面により行うものとする。

---

70)　前掲注50）最決平成22・12・7、前掲注50）最決平成24・3・28。
71)　前掲注51）大阪地判平成24・2・8。

⑷　株主提案権の行使に伴う実務対応

ア　形式的要件の確認

株主提案権が行使された場合、会社は実質的検討の前に以下の点を確認することとなる。

---

① 定款・株式取扱規程に関連する定めがある場合、当該条文に従って書面等によりなされているか（書面性等の要件）
② 提案者が株主本人であるか（本人確認資料）
③ 代理人により権利行使がなされた場合は当該代理人の本人確認および委任権限の確認（代理人の本人確認資料および委任状）
④ 個別株主通知がなされた後4週間以内の権利行使であるか
⑤ 株主提案権行使期限までに個別株主通知がなされているか

議決権の代理行使をする代理人を株主に限定する定款の定めが置かれていても、当該定めは株主提案権の行使には適用がないので代理人による株主提案権の行使は有効であり、株主提案権が代理人弁護士からの内容証明郵便により行使される場合も少なくない。複数の株主による権利行使の場合は株主ごとに上記形式的要件の充足を確認する必要がある。

国外の機関投資家がカストディアンの名義で株式を保有し、カストディアンが常任代理人を選任している場合に、当該機関投資家が名義人であるカストディアンまたは常任代理人のいずれから委任状を取得するかについては、実務的には名義人からの委任状の方が多い[72]。

イ　実質的要件の確認

会社は、株主提案の実質的検討にあたり、上記⑶の株主提案権の要件の充足に関し、以下の点を確認することとなる。

---

① 提案株主が議決権の継続保有要件を充足すること（個別株主通知との照合）
② 株主総会の日の8週間前までに行使されていること
③ 議題・議案が株主総会において決議することができる事項であること
④ 当該議案が法令もしくは定款に違反する場合でないこと
⑤ 実質的に同一の議案につき株主総会において総株主（当該議案について

72）　株主総会ハンドブック559頁、敵対的株主提案とプロキシーファイト21頁。

　上記⑤の要件については、「実質的に同一の議案」かどうかの判断は難しく、
たとえば同一金額の剰余金処分議案であっても、前年の定時株主総会におけ
る議案とは、業績、事業環境等が異なるので、実質的に同一かどうか疑問が
あると指摘がなされている[73]。

ウ　勧告的議案
㈦　株主総会決議事項との関係

　取締役会設置会社においては、制度的に所有と経営が分離されているため、
法定事項および定款で定めた事項に限り、決議することができる（会 295 条 2
項）。この関係では、会社法所定の株主総会決議事項でもなく、定款において
株主総会決議事項として留保されていない事項についての勧告的決議を求め
る議案が問題となる。

　勧告的決議の典型的な例としては定款変更によらない買収防衛策導入等の
決議がある。経済産業省＝法務省「企業価値・株主共同の利益の確保又は向
上のための買収防衛策に関する指針」（2005 年 5 月 27 日）では株主意思の原則
を定めており、株主総会において「定款変更その他の方法により買収防衛策を
導入することができる」こと、「法律上特別決議が必要な事項よりも株主に与
える影響が小さい事項であれば、株主総会の普通決議等により買収防衛策を
採ることも株主による自治の一環として許容される。」としており、実際にそ
のような勧告的決議により買収防衛策の導入等の決議を行う上場会社は多い。

　有事対応としては、セゾン情報システムズが、2012 年 6 月定時株主総会に
おいて、エフィッシモ・キャピタル・マネージメントから提案を受けていた
大規模買付行為に反対し、これを中止することを求める議案を上程し、エ
フィッシモ・キャピタル・マネージメントおよびクレディセゾンを除く出席
株主の賛成を得た事例がある。同社の 2012 年 6 月 12 日付プレスリリースで
は、「当社株主総会における株主意思確認の結果及び大規模買付行為の中止
要請について」との題名どおり、あくまでも株主意思確認にすぎず、クレディ

---

73)　敵対的株主提案とプロキシーファイト 29 頁。

セゾンの発行済株式総数の約47％を保有するクレディセゾンを除く方式とした結果、「可決」とは表現していない。

　また、上場規程432条は、一定の第三者割当てによる募集株式等の割当てを行う場合等に、①経営者から一定程度独立した者による当該割当ての必要性および相当性に関する意見の入手、または②当該割当てに係る株主総会決議等による株主の意思確認のいずれかを求めている。有利発行等一定の場合に株主総会決議を要する場合はあるが、そうでない場合、上場規程に対応するための株主総会決議は、会社法上要求されておらず、定款にも通常は記載されていない勧告的決議にあたる。

　このような勧告的決議に係る議案については、法定事項および定款で定めた事項（会295条2項）ではないから、株主提案がなされた場合はこれを拒絶してよいと考えられる。このことは、買収防衛策の導入時等や上場規程により求められる第三者割当てに関する株主の意思確認等に際し、会社側が任意に勧告的決議を上程し、一定の決議を取得する行為が禁止されていることを意味するものではない。

COLUMN：勧告的決議と株主総会決議無効確認

　エフィッシモ・キャピタル・マネージメントが、大規模買付行為の中止要請を承認する株主総会決議の無効確認の訴えを提起したのに対し、裁判例（東京地判平成26・11・20判時2266号115頁）は以下のとおり判示している。

① 　株主総会の権限外の事項について決議がされた場合であっても、意思決定機関としての株主総会の決議が効力を生じたかどうかを確定することを求める訴えを許容する実益が存する場合があることは否定しがたく、この点について、株主総会の決議が上記の事項についてされたか否かのみをもって、確認の訴えの利益の有無を判断することは相当とは解されない。

② 　株主総会決議無効確認の訴えに関し、確認の利益が求められるためには、当該決議を前提として紛争が発生する可能性があり、法律関係の画一的確定を求める利益があるというだけでは足りないというべきであって、決議の法的効力を確定することが、当該決議から派生した現在の法律上の紛争を解決し、当事者の法律上の地位ないし利益が害される危険を除去するために必要かつ適切であることが必要であると解するのが相当である。

③ 　仮に、本件決議によってＹ社による対抗措置の発動が何らかの意味で容易になっているとみる余地があるとしても、それは、多数のＹ社

上記判決は、この勧告的決議について、本件中止要請をすることについて多数の株主が賛同したという客観的事実を示したものととらえるものであり、興味深い。ブルドックソース事件最高裁決定が示すように、勧告的決議は買収防衛策の発動の差止めの判断に重要な影響を及ぼすものである。しかし、これを争う場合、勧告的決議の無効確認ではなく、当該買収防衛策の発動の差止めによるべきということであろう。

　(イ)　買収防衛策についての定款の定めがある場合

　ヨロズに対して、レノより事前警告型買収防衛策の廃止に関する株主提案がされた件においては、ヨロズが当該提案を株主総会の議案としないことができるかどうかが問題とされた。事案の概要は以下のとおりである。

①　ヨロズは、2007年6月開催の定時株主総会において、事前警告型買収防衛策を導入するに際し、定款変更議案を上程し、その後の定款変更による条数繰上げを経て、以下の定款（「本定款」）の定めを有していた。

ヨロズの定款の定め

第15条（株主総会決議事項）

1．株主総会においては、法令又は本定款に別段の定めのある事項を決議するほか、当会社の株式等（金融商品取引法27条の23第1項に定めるものをいう。）の大規模買付行為への対応方針を決議することができる。

2．当会社は、取締役会の決議によるほか、株主総会の決議又は株主総会の決議による委任に基づく取締役会の決議により、新株予約権無償割当てに関する事項を決定することができる。

---

②　ヨロズは、買収防衛策の改定を経ながら、2018年6月開催の定時株主総会における承認を経て、買収防衛策（「本買収防衛策」）を継続した。

③　本買収防衛策の有効期間は、「本定時株主総会において本プランによる買収防衛策の継続に関する承認議案が承認可決された時点から本定時株主総会終了後3年以内に終了する事業年度のうち最終のものに関する定時株主総会後最初に開催される取締役会の終結時まで」とし、「有効期間の満了前であっても、①当社株主総会において本プランを廃止する旨の議案が承認された場合、または、②当社取締役会において本プランを

廃止する旨の決議が行われた場合、本プランはその時点で廃止される」
ものとされていた（ヨロズ「当社株式等の大規模買付行為に関する対応方針
（買収防衛策）の一部変更および継続に関するお知らせ」（2018年5月10日）
より）。

④　レノは、2019年4月9日、会社法303条2項および305条1項に基づ
き、買収防衛策の廃止の件をヨロズの2019年6月開催予定の定時株主
総会の会議の目的とすること、および当該議案の要領を招集通知・株主
総会参考書類に記載することを求めたところ、ヨロズは適法性に疑義が
あるとしてその要求を拒絶した。

⑤　レノは、議題提案権および議案要領通知請求権を被保全権利として、
当該定時株主総会の招集通知・株主総会参考書類に当該議題および当該
議案の要領および提案理由の全文を記載することを命じる旨の満足的仮
処分を申し立てた。

抗告審である東京高決令和元・5・27資料版商事424号120頁は、本定款
15条1項は本買収防衛策の廃止に関する権限を株主総会に付与したもので
はないとして、申立てを却下した。この抗告審決定は、定款の定めとして買
収防衛策の廃止を明記する会社もあるところ、本定款15条1項には廃止が
明記されていないことを理由の1つとするが、それだけでは単なる事例判断
にとどまる。本抗告審決定はそのような事例判断にとどまらない重要な先例
的価値があるので、以下、その重要箇所について指摘しておきたい[74]。

まず、本抗告審決定は、前提事項として、①取締役会設置会社においては、
株主総会は、会社法の規定する事項および定款で定めた事項に限り、決議す
ることができる（会295条2項）こと、②本対応方針の廃止はいわゆる事前警
告型買収防衛策の廃止であり、会社法において株主総会で決議すべきものと
定められた事項ではないことを確認している。

次に、本抗告審決定は、解釈指針として、「取締役会設置会社において、業
務執行の決定を株主総会決議事項とする旨の定款の定めは経営を担う取締役
会の判断権限を例外的に制約するものであることからすると、その範囲は厳
格に解するのが相当である」とする。

---

74)　本抗告審決定に関する優れた評釈として、松井秀征「ヨロズ株主提案東京高裁決定
の意義──株主提案議題等記載仮処分命令申立事件」商事2206号（2019年）42頁が
ある。この評釈においても決定の文言解釈として本対応方針の導入と廃止とで扱い
を分けていると理解するのは難しいと指摘されている。

そして、本抗告審決定は、結論に至った理由として、大要、以下の3つの理由をあげている。

1点目の理由として、①本定款15条1項の文言解釈として本対応方針の廃止が明記されていないこと、②本対応方針は敵対的な買収に対する防衛策であるから、その導入についてはともかく、その廃止については株主総会の決議に係らしめないこと自体は合理性があること、③本対応方針には1年ないし3年の有効期間が定められていたからその廃止については本件定款15条1項の決議事項とはされていないと解することにも相応の合理性があること等を根拠に、本件定款15条1項は本対応方針の廃止を含まないとする。

2点目の理由として、①仮に本定款15条1項に「廃止」が含まれるとしても、定款の定めをした背景として、株主の意思確認（勧告的決議）をする場合であっても当該決議自体が無効になるという見解があったため、勧告的決議が無効になることを回避するために定款の定めを置く必要があったこと、②本定款が「決議することができる。」と記載していること等を根拠に、本定款は株主総会に本対応方針等の導入等の権限を付与するものではないとする。

3点目の理由として、仮に本定款15条1項が本対応方針等の導入等の権限を株主総会に付与するものであったとしても、取締役会も当該決定権限を併存的に有しているから、その権限は株主総会に専属するものではないこと、買収防衛策の導入等は高度な経営上の裁量事項であること等を根拠に、株主総会に提案する否かの判断権限を取締役会に留保しているものと解するのが相当としている。

本定款の文言解釈だけであれば事例的判断にとどまるものであるが、本抗告審決定の評釈が指摘するとおり、定款規定が置かれた事情等をふまえた解釈がなされるべきであるとする点、株主総会の専属的権限とした趣旨でなければ当該事項を上程するかどうかは取締役会の権限であるとする点を考慮すれば、この決定の射程は相当広いように思われる[75]。

エ　反対提案

会社提案に対して単純に反対する株主提案が認められるかについては積極

---

75)　松井・前掲注74) 51頁は、「重要なのは、文言もさることながら、定款に株主総会の決議事項とされている事項の性質に従って判断し、また当該定款規定が置かれた事情なども踏まえて判断すべき」とする。

説と消極説とがある[76]ようであるが、一方が成立すれば他方は当然に否決となり、実質的に同一の決議に関するものであるから、反対提案を議案として取り上げる必要はない。

オ　株主権の濫用

2012年6月開催の野村ホールディングスの定時株主総会において、商号を「野菜ホールディングス」に変更することを求める件を含め、1人の株主から100個の株主提案がなされ、同社が株主総会に付議するための要件を充たすと判断した第2号議案から第19号議案が上程された件のように、株主権の濫用と評価される株主提案がありうる。

株主名簿の閲覧等に関する判例では、最高裁は、「株主名簿の閲覧又は謄写の請求が、不当な意図・目的によるものであるなど、その権利を濫用するものと認められる場合には、会社は株主の請求を拒絶することができると解するのが相当である。」と判断している（最判平成2・4・17判時1380号136頁）。裁判例においても、株主提案権の行使が主として当該株主の私怨を晴らし、特定の個人や会社を困惑させるなど、正当な株主提案権の行使とは認められない目的である場合等、株主提案権の行使が権利の濫用として認められない場合があることについて特段争いはない[77]。

施行規則93条1項3号は、株主提案の理由が明らかに虚偽である場合またはもっぱら人の名誉を侵害し、もしくは侮辱する目的によるものと認められる場合には提案の理由を記載する必要がないとしているが、株主権の濫用と評価できる議案については議案そのものを上程する必要はなく、議案そのものを記載する必要はない。

HOYAに対する株主提案権の侵害による損害賠償が問題とされた事案で、東京地裁は、施行規則93条のかかる文言は議案に関するものではないとして、提案理由に個人の名誉を侵害するような表現が含まれているとしても議案自体を招集通知に記載しないことは許されないと判断したが、控訴審ではこれらの議案を含む提案自体が権利の濫用であると判断している[78]。提案理由に

---

76)　株主提案と委任状勧誘15頁。
77)　HOYAに対する議案要領の招集通知等への記載を要求した仮処分事件に関する東京高決平成24・5・31資料版商事340号30頁、東京地決平成24・5・28資料版商事340号33頁。
78)　東京地判平成26・9・30金判1455号8頁、東京高判平成27・5・19金判1473号26頁。

個人の名誉を侵害するような表現が含まれているとしてもただちに株主提案が濫用になるものではないにせよ、そのような表現は特定の目的を示唆する場合が多いから、提案理由を含む全体を総合的に考慮した結果、濫用になる場合はありえよう。問題はどのような場合に濫用とされるかであり、提案株主の主観面に着目するのか、提案議案の個数等に着目するのか[79]、裁判所の判断を事前に予測することが困難であり、それがゆえに否決することを前提としてある程度保守的な実務運用がなされている。

　会社側が株主権の濫用と判断した場合のリスクとしては、取締役に対する100万円以下の過料（会976条19号・2号）、会社・取締役に対する損害賠償請求のほか、招集通知に議案の要領を記載しなかったことが「招集の手続又は決議の方法が法令若しくは定款に違反」する（会831条1項1号）として株主総会決議の取消しになるかどうかも論点となりうる。

　議題提案権（会303条）違反について、裁判例[80]は「可決された上記議案とは別に、株主が同法303条所定の要件を備えて一定の事項を株主総会の目的とすることを請求したが株主総会において取り上げられなかったものがあっても、そのことは、原則として当該決議の取消しの事由には当たらず、例外的に、①当該事項が株主総会の目的である事項と密接な関連性があり、株主総会の目的である事項に関し可決された議案を審議する上で株主が請求した事項についても株主総会において検討、考慮することが必要、かつ、有益であったと認められるときであって、②上記の関連性のある事項を株主総会の目的として取り上げると現経営陣に不都合なため、会社が現経営陣に都合のよいように議事を進行させることを企図して当該事項を株主総会において取り上げなかったときに当たるなど、特段の事情が存在する場合に限り、同法831条1項1号に掲げる場合に該当すると解するのが相当である。」と判示している。

　上記裁判例の原審[81]は、議案要領通知請求権（会305条）の違反に関し、「招集通知における議案の記載に漏れや誤りがあったとしても、そのことは、

---

79)　裁判所は個別の議案の内容より前に株主提案権の行使が権利の濫用になるかについて判断を示す傾向があると指摘するものとして、小林史治「株主提案権とその権利の濫用——東京高判平成27年5月19日の検討」商事2079号（2015年）43頁。

80)　東京高判平成23・9・27資料版商事333号39頁。

81)　東京地判平成23・4・14資料版商事328号68頁。なお、控訴審の判断（前掲注80）東京高判平成23・9・27）では当該判示箇所は改められているようにみえるが、控訴審が当該判示を結論に至る理由として不要と判断しただけで、当該判示に反対したわけではないだろう。

当該議案と目的である事項を異にする他の議案に係る決議の取消原因を構成しない」と判示しているが、その意味するところは、同一議題について議案要領通知請求権違反があった場合については、会社提案に係る決議の取消原因がありうる、と理解するのが正当であろう。

したがって、株主提案に係る議案を株主権の濫用として処理するかどうかを判断するに際しては、会社提案として同一の目的である事項があるか、または提案議案と密接に関連するかをも考慮して決定する必要がある。

COLUMN：株主提案濫用と会社法制の見直し

　近年の株主提案の濫用事案を受け、2019年12月に成立した会社法制（企業統治等関係）の見直しに関する改正法では、これらを制限するために株主提案の議案の数の制限が定められている。

　株主による議案要領通知請求権の行使については議案の数を10個までに制限することができるとされている。会社は10を超える数に相当する議案を取り上げないことができ、株主がいずれの議案を優先するかを指定しない場合、取締役会がいずれの議案を議案要領通知請求権の行使として取り扱うかを定める。なお、議案の数の数え方については、以下のとおり整理されている。

① 役員等の選任に関する議案　当該議案の数にかかわらず、これを一の議案とみなす。
② 役員等の解任に関する議案　当該議案の数にかかわらず、これを一の議案とみなす。
③ 会計監査人を再任しないことに関する議案　当該議案の数にかかわらず、これを一の議案とみなす。
④ 定款の変更に関する二以上の議案　当該二以上の議案について異なる議決がされたとすれば当該議決の内容が相互に矛盾する可能性がある場合には、これらを一の議案とみなす。

　なお、改正法案では、会社は、次のいずれかに該当する場合には議案提案権および議案要領通知請求権を取り上げる必要はないものと整理されていたが、審議の過程で修正され、改正法からは削除されることとなった。

① 株主が、もっぱら人の名誉を侵害し、人を侮辱し、もしくは困惑させ、または自己もしくは第三者の不正な利益を図る目的で、第304条の規定による議案の提出または第305条第1項の規定による請求をする場合
② 第304条の規定による議案の提出または第305条第1項の規定による請求により株主総会の適切な運営が著しく妨げられ、株主の共同の

(5)　議案ごとの検討

　ア　剰余金の処分

　旧商法時代は剰余金の処分は利益（期間損益）の処分という位置づけであったために当該期間の利益に対する剰余金の処分は1つしか観念しえなかったが、会社法のもとでは、貸借対照表における分配可能額の範囲内であれば株主総会決議で剰余金の配当をすることができる（会453条）ため、会社提案に加えて、株主提案による剰余金の処分をするという両立の関係になりうる。

　したがって、株主提案のなかで、会社提案と両立する趣旨なのか、非両立なのかが判然としない場合、会社は当該提案株主に対して提案の趣旨を確認する必要がある。

　会社提案と株主提案が相反し非両立の場合、両議案は1つの議題に関する相反する議案として付議し、いずれか一方の議案にのみ賛成票を投じるという方法で採決をすることとなる。このような議案の双方に賛成をすることはできないから、両方の議案に対する賛成の場合の議決権行使は無効と取り扱うこととなる。かかる場合、招集通知のなかの目立つ箇所に注意文言を記載するのが一般的であり、記載例は以下のとおりである。

議決権行使にあたってのご注意

　会社提案である第1号議案と株主提案である第5号議案は相反する関係にあります。したがいまして、双方に賛成された場合は、第1号議案および第5号議案への議決権の行使は無効とさせていただきますので、ご注意ください。

　また、以下のように、株主提案の記載内容から明らかに両立であることがわかる場合もある（**図表1-8**）。

図表 1-8

<株主提案（第3号議案）>

第3号議案は、株主様からのご提案によるものであります。

以下、議案の要領（脚注を含む）及び提案の理由は、提案株主様から提案された原文をそのまま記載しております。

第3号議案　剰余金追加配当の件

(1) 議案の要領

第94期（自 平成28年4月1日 至 平成29年3月31日）の期末配当として、以下の剰余金を追加で配当するものとする（ただし、第94期の期末配当に関する当社取締役会提案議案が存在せず、または可決されない場合には、以下の剰余金を第94期の期末配当とする）。

① 配当財産の種類

金銭

② 配当財産の割当てに関する事項及び総額

当社普通株式1株につき、金43.5円[1]とする。

ただし、第94期定時株主総会において、第94期の期末配当に関する当社取締役会提案議案が上程され可決された場合には、当社普通株式1株につき、金43.5円から当該取締役会提案議案に係る当社普通株式1株当たり剰余金配当額を控除した金額とする。

本議案に係る期末配当総額は、上記の一株当たりの追加配当額に基準日である平成29年3月末日現在の当社発行済普通株式総数（自己株式を除く。）を乗じて算出した金額である。

③ 剰余金の配当が効力を生じる日

当社取締役会提案に係る第94期の期末配当が効力を生じる日と同一の日とする。ただし、第94期の期末配当に関する当社取締役会提案議案が存在せず、または可決されない場合には、第94期定時株主総会の翌日とする。

---

[1] 第94期の配当性向を約100%とするため、当社の第94期の1株当たり当期純利益の予想額（49.35円）から同期第2四半期末に行われた中間配当の配当額（5.5円）を控除した金額（43.85円）を参考に設定した。

(2) 提案の理由

以下は提案理由の要約です。原文はhttp://日産車体提案.comをご覧ください。

提案株主は、10年以上にわたり当社株式を保有しており、経営陣と継続的に対話を重ねる中で、多額の余剰資金を保有する必要性についても説明を求めてきました。しかし、経営陣からは、設備投資や不測の事態に備えるといった抽象的な説明しかなされず、定量的な中期経営計画や多額の設備投資を行う具体的な計画も示されておりません。この間、余剰資金は約137億円（平成18年3月末）から約1,270億円（平成28年12月末）へと増加しています。

当社において、自己資本利益率（ROE）が低迷していること、設備投資のための資金はすでに十分であること、及びリスク対応のための資金もすでに十分であることに鑑みれば、これ以上漫然と余剰資金を積み増すことについては反対せざるを得ません。そこで、この度、配当性向を約100％とする株主提案を行いました。

○取締役会の意見

当社取締役会は、以下の理由により本議案に反対いたします。

（意見の理由）

当社は、適切な株主還元、持続的成長の為の投資、不測の事態への備えを総合的に勘案し、中長期的視点で健全な経営に努めております。

この考えの下、第93期は2円の増配を実施し、第94期も2円の増配を提案しております。今後も、安定配当の継続を含め、適切な株主還元を検討してまいります。

次に、持続的成長の為の投資につきましては、2000年代後半に投入した車種のモデルサイクルから、2017-22中計期間半ばから次期型車生産の為の設備や工場建屋の準備に着手する予定であり、フレーム車を中心とした開発費や生産準備費の支出など、前中計期間に比して多額の投資を見込んでおります。

更に、災害による長期の操業停止等に備える為健全な財務体質の維持が必要であり、昨今の震災の被災状況等から当社の損害規模を想定し、ネットキャッシュの現状と今後の予測水準は適切と判断しております。

以上より、当社取締役会は、本株主提案は適切ではないと考えております。

以 上

（日産車体の 2017 年 6 月定時株主総会招集通知 7 頁、8 頁）

　定款の定めにより剰余金の処分について取締役会のみの権限としている会社の場合（会 459 条、460 条）、剰余金の処分を株主提案とすることはできないが、以下の例（**図表 1-9**）のように、当該定めに関して定款変更がなされることを条件に、剰余金の処分議案を株主提案とすることは可能である。

図表 1-9

第6号議案 剰余金の処分の件

1．株主提案の内容

（1）配当財産の種類

金銭

（2）配当財産の割り当てに関する事項及びその総額

上記2の議案（剰余金の処分に係る定款変更の件）が承認可決されることを条件に、第70期の期末剰余金の配当として、普通株式1株当たり、平成29年3月期の連結上の1株当たり当期純利益の金額から金18円を控除した金額（ただし、小数点第一位以下を切り捨てた金額）を配当する。

なお、この場合の配当総額は、上記の1株当たりの配当金額に平成29年3月31日現在の配当の対象となる株式数を乗じた額となる。

（3）剰余金の配当が効力を生じる日

平成29年6月に開催される当社定時株主総会の開催日の翌日

2．株主提案の理由

当社の平成２９年３月期第３四半期決算短信によれば、平成２８年１２月３１日現在の四半期連結貸借対照表上、有利子負債は約３３億円に過ぎません。一方、保有する現預金は約１０１億円、関係会社預け金は５億円です。さらに、当社は、平成２８年３月末現在で、政策保有株式を含む投資有価証券約７０億円を保有していましたので、当社は既に十分な現金及び現金類似資産を保有していることになります。

平成２８年１２月３１日現在で、当社の純資産（連結）は約４４３億円（１株当たり約１８０８円）、予想当期純利益（連結）は４７億円（１株当たり１９１．７１円）です。この場合、自己資本利益率（ＲＯＥ）は約１０．６％であり、一方、当社が平成２９年１月２６日に公表した１株当たり年間配当３８円を前提とすると、配当性向は１９．８％です。自己資本の大きさおよび予想当期純利益に鑑み、この予定配当金の額では、株主からみてその水準は十分なものではありません。

当社は、これ以上会社内に資金を留保する必要はなく、また、これ以上純資産を増加させてもＲＯＥは減少するだけです。余剰資金を株主に還元することが、株主価値を高め、ひいては株価を向上させることにつながりますので、剰余金の配当を大幅に増額すべきです。

なお、今回提案する剰余金の処分案を実行しても、その配当総額は当期純利益の範囲内であることから、前期末の当社の純資産及び現預金水準を大きく変えるものではなく、当社の財務状態は良好なままです。

（会社注）以上は、提案株主から提出された株主提案書の提案内容および提案理由をそのまま記載したものです。なお、「上記２の議案」とは、第５号議案を指しております。

（蝶理の 2017 年 6 月定時株主総会招集通知 14 頁）

当然ながら、会社提案と株主提案が両立する場合、あわせて分配可能額を超える株主提案をすることはできない。ただし、別途積立金の取崩し等の剰余金の処分とともに提案し、分配可能額の範囲内にとどめるような株主提案は可能である[82]。

イ　定款変更

定款変更は、剰余金の処分と並び株主提案がなされることが多い議題である。伝統的には、電力会社に対する原子力発電の禁止等運動家による政策的な目的で利用される場合も多いが、近年では政策保有株式の売却、ROE 経営等、アクティビストによる経営上の要求として提案される場合も増えている。

82）　株主総会ハンドブック 563 頁。

定款規定は役員にとっての法的義務を規律する規範である以上、規範としての明確性が求められるなどの指摘[83]もあるところであり、たとえば「ストック・オプションや株式を保有する取締役や執行役が、プットオプションを保有しコールを売却するなどの手段によるヘッジを行うことを原則として禁止する。報酬委員会は、そのためのガイドラインを作成し、株主に開示しなければならない。」という条項を定款に記載することを議案の要領とする株主提案について明確性を欠くとして適法な株主提案権の行使とは評価できないとした裁判例[84]もある。

　双方から定款一部変更議案が提出された場合、①条文が異なり、内容がお互いに関連しないものである場合は両立の関係にある、②条文が異なっていても変更内容が両立しない場合（相反する場合）、または変更箇所が同一で、変更後の内容が異なる場合には非両立の関係にあることとなる[85]。もっとも、株主提案は、会社提案が不明の段階でなされるものであり、条ずれ等形式的な面を含め、合理的調整がなされれば両立の関係になることもあるわけであるから、提案株主との間の協議により提案内容の修正を求める場合もあろう。

　他の定款変更議案との調整に関し、GMO インターネットの 2018 年 3 月定時株主総会の株主提案（第 6 号議案）では、議案の要領として以下の読替えに関する定めが置かれている。

　　現行定款第 8 章の次に下記の 1 章を加えるものとします。なお、本株主総会における他の議案（会社提案に係る議案を含みます。）の可決により、本議案として記載した条文に形式的な調整（条文番号のずれの修正、肩書きの呼称の変更などを含みますが、これらに限られません。）が必要となる場合は、本議案に係る条文を、必要な調整を行った後の条文に読み替えるものとします（以下の定款一部変更議案についても同様の読み替えを行うものとします。）。

ウ　取締役選任

取締役選任については候補者ごとに 1 議案であり、会社提案として「取締役 4 名選任の件」、株主提案として「取締役 4 名選任の件」が提案されたとしても、会社側チームと株主側チームとの間で投票されるわけではなく、あく

---

83)　武井一浩「株主提案権の重要性と適正行使」商事 1973 号（2012 年）52 頁。
84)　東京地決平成 25・5・10 資料版商事 352 号 36 頁。
85)　敵対的な株主提案とプロキシーファイト 32 頁。

までも個別の取締役候補者が選任の対象である。

　取締役の選任については、定款上の員数上限や、株主提案の趣旨が代替選任議案なのか、追加選任議案なのかによって取扱いが異なるため、提案株主に対して株主提案の趣旨を確認する必要がある。以下、事例を設定して検討する。

(ア)　ケース1-1（定員なし・代替選任提案）

　取締役の員数上限がない場合で、会社側から4名（ABCD）、提案株主から3名（EFG）が提案された場合、①株主提案の趣旨が「ABCDに代えてEFG」という代替選任提案なのか、②「ABCDに加えてEFG」という追加選任提案なのかが問題となる。株主提案の趣旨によって、議案の付議方法や投票方法が変わることがあるからである。

　代替選任提案である場合、会社提案の議題は取締役4名選任の件、株主提案の議題は取締役3名選任の件で、代替選任提案である以上、株主提案の議題の数は会社提案の議題の数に包含されるから、4名を限度として選任されることになる[86]。

　この場合、取締役候補者7名のうち、4名を限度として選任する投票方法が問題となる。第1の投票方法としては、各株主が合計7名に投票し、過半数の賛成を得た取締役候補者のうち、上位4名が選任されたとする方法が考えられる。第2の投票方法としては、各株主が合計4名に投票し、過半数の賛成を得た取締役候補者を選任する方法が考えられる。いずれが正しいということではないが、第2の投票方法の場合、4名を超えて投票した場合は当該議決権の行使は無効になるため、賛成票を投じられる数が議題の数である4名に限定される旨を招集通知等に記載しておく必要がある。

(イ)　ケース1-2（定員なし・追加選任提案）

　これに対し、追加選任提案の場合、「ABCDに加えてEFG」であり、定款に員数上限がない以上、7名を限度として選任される。通常どおり、各取締役候補者について賛否を問えばよい。

(ウ)　ケース2（定員あり、追加選任議案）

　取締役の員数上限が4名で、会社側から4名（ABCD）、提案株主から3名（EFG）が提案された場合、「ABCDに加えてEFG」という追加選任議案の趣

---

86)　員数の記載も議題の内容を構成し、株主総会の決議により議題に記載された員数を超えて取締役を選任することはできない。新・株主総会ガイドライン244頁。

旨であれば、全員選任された場合、定款の員数を超えてしまう。取締役候補者7名のうち、4名を限度として選任することになるから、投票方法は上記㋐ケース1-1に準じる。

　㋑　ケース3（一部候補者重複）

　取締役の員数上限がない場合で、会社側から5名（ABCDE）、提案株主から5名（ABCFG）がそれぞれ提案された場合、候補者のうちABCが重複することとなる。この場合は、共通するABC、会社側のDE、提案株主のFGの3議案に分けて上程し、会社法341条に定める可決要件を充足している取締役候補者は全員選任されると考えればよい。

　この場合の対応としては、株主の同意を得て議案を分割するのが最も望ましいが、仮に同意が得られないとしても、会社提案を取締役3名選任の件（ABC）と取締役2名選任の件（DE）に分割し、前者について株主提案の内容と重複する議案であることを明示し、株主提案として取締役2名選任の件（FG）を付議することは取締役会の裁量として問題ないと考えられる[87]。

　LIXILグループの2019年6月定時株主総会においては、重複候補者についてのみ、会社提案・株主提案であると表示し、会社提案としての提案理由に加え、提案株主における提案理由もあわせて記載をしている。当該議案の抜粋は以下のとおりである（**図表1-10**）。

87）　石井裕介＝浜口厚子「会社提案と対立する株主提案に係る実務上の諸問題」商事1890号（2010年）23頁。なお、石井＝浜口・前掲は、重複する候補者を修正せずに、会社提案と株主提案とで2度投票することも許容されるとするが、仮に矛盾する結果が生じたときの処理に困ることとなるように思われる。

図表 1-10

【会社提案・株主提案】
第2号議案　取締役2名選任の件

1．議案の要領

　　当社指名委員会は、第1号議案において提案する取締役候補者8名と共に、株主から提案された取締役候補者のうち社外取締役候補者2名を当社が提案する社外取締役候補者とすることを決定したため、かかる決定に基づき、その選任をお願いするものであります。

　　上記のとおり、当該社外取締役候補者2名につきましては、株主提案における社外取締役候補者でもあります。

2．提案の理由

　　当社指名委員会は、株主から提案された取締役候補者のうち社外取締役候補者全員と面談した結果、前記の当社指名委員会による「取締役候補者の決定・指名理由及び提言」（6頁から9頁）の「1．当社の取締役会体制に関する基本的な考え方」を踏まえて、株主から提案された社外取締役候補者のうち、本議案において提案する2名について社外取締役候補者とすることを決定しました。当該社外取締役候補者2名につきましても、第1号議案で提案した取締役候補者と共に、当社取締役会に新たな視点をもたらすだけでなく、当社の経営を実効的にかつ独立した立場から監督すると共に、株主価値を創造する中長期的な戦略を実行することができるものと期待しております。

　　なお、当該社外取締役候補者2名に関する株主提案における提案理由については、後記の各取締役候補者に関する「提案株主が社外取締役候補者とした理由」に加えて、第3号議案「2．全候補者についての提案理由」をご参照ください。

候補者番号	氏　名	現職・旧職等			
1	鬼丸 かおる （おに まる）	最高裁判所 判事（旧職）	新任	社外	独立
2	鈴木 輝夫 （すず き てる お）	あずさ監査法人 副理事長（旧職） 公認会計士	新任	社外	独立

（注）社外取締役候補者は50音順で記載しております。

社外　会社法施行規則第2条第3項第7号に定める社外取締役候補者。

独立　選任後、当社が上場している国内の各証券取引所に独立役員として届け出る予定の取締役候補者。

（注）上記社外取締役候補者2名からは、2019年5月28日時点において、会社提案の取締役候補者としての就任については承諾を得ておりません。当社といたしましては、本定時株主総会の開催日までの間、当社および当社指名委員会等との協議を重ねて頂くこと等を通じて、ご承諾を得られるべく引き続き努力を重ねて参る所存です。

（略）

（注）1．各候補者と当社の間には、いずれも特別の利害関係はありません。

　　　2．当社は、現行定款第30条第2項において、社外取締役との間で、当社への損害賠償責任を一定の範囲に限定する契約を締結できる旨を定めております。本総会において、鬼丸かおるおよび鈴木輝夫の各氏の選任が承認され、各氏との協議の結果、合意に至った場合、当社は各氏との間で、当該責任限定契約を締結する予定であります。それらの契約内容の概要は、次のとおりであります。

　　　・当該社外取締役が任務を怠ったことによって当社に損害賠償責任を負う場合は、1,000万円または法令が規定する額のいずれか高い額を限度として、その責任を負う。

　　　・上記の責任限定が認められるのは、当該社外取締役が責任の原因となった職務の遂行について善意かつ重大な過失がないときに限るものとする。

　　　3．当社は、本総会において鬼丸かおるおよび鈴木輝夫の各氏の選任が承認され、各氏との協議の結果、合意に至った場合、当社は、各氏を当社が上場している国内の各証券取引所に対して独立役員として届け出る予定であります。

（LIXIL グループの2019年6月定時株主総会招集通知21頁、24頁）

　　エ　取締役解任

　定時株主総会において、会社提案として取締役Aを選任（再任）する議案が上程され、株主提案として取締役Aを解任する議案が提案されている場合、当該株主提案を議案として取り扱う必要はなく、提案株主の同意を得て、会社提案に対する反対の意向表明と整理すれば足りるように思われる。厳密に

いえば、定時株主総会終結時までの任期途中の解任議案と、定時株主総会終結後の取締役の退任後の後任を再任する再任議案とが両立しうるため、両議案を別議案として審議・採決することもできるが、無意味な別議案になるからである[88]。

　定時株主総会において任期満了で退任予定の取締役 A を解任する議案も同様に無意味であり、提案株主に取下げを求めるのが実務的であろう。

　ただ、いずれの場合も違法な株主提案として取り扱うかどうかは難しいところであり、保守的に考えて付議せざるをえない場合もあろう。武田薬品工業の 2017 年 6 月定時株主総会において、すでに退任が公表されている取締役の解任の件が株主提案として提案され、同社はこれを株主総会に付議している。提案の理由として「同氏の取締役退任が公表されているが、あくまでも解任を求める」と記載されていることから提案株主の意思は強固であることから、取締役会意見として、解任すべき理由がないことと、本株主総会終結の時をもって取締役を退任することが予定されている取締役解任をあえて本株主総会で決議する必要性および合理性自体、まったくないとして反対したうえで、付議したものと推察される。

オ　合併等

　合併等の組織再編行為は、抽象的には株主総会決議事項に該当するとしても、株主が具体的な議案を作成することは不可能であり、提案権者の勧告となるにすぎない。このような事項については株主提案ができるとする考え方、合併契約がない以上無意味であるから株主提案ができないとする考え方、可決されても勧告的決議にすぎないとする考え方がある[89]。

　株主総会の承認の対象となるのは、「吸収合併契約等」（会 783 条 1 項、795 条 1 項）、「新設合併契約等」（会 804 条 1 項）の承認であり、取締役会決議およびこれらの契約等がなければ無意味である。仮に決議したとしても勧告的決議の効果しかなく、株主提案ができないものと考えるべきであろう。

カ　買収防衛策の廃止

　買収防衛策については株主総会決議により廃止が決議されたときには効力

---

88)　敵対的株主提案とプロキシーファイト 34 頁。
89)　上柳克郎＝鴻常夫＝竹内昭夫編代『新版注釈会社法(5)』（有斐閣、1986 年）71 頁〔前田重行〕。

を失うという設計がなされるのが一般的であり、その設計上、廃止に関する決議がなされることがある。たとえば、GMO インターネットの 2018 年 3 月定時株主総会においては、オアシス・マネジメントによる株主提案として、買収防衛策の廃止の件（第 5 号議案）、定款一部変更の件（第 6 号議案）が付議されている。なお、第 5 号議案によれば、同社の買収防衛策は取締役会導入・発動型のようである。

　しかし、上記(4)ウ(イ)のヨロズに関する東京高決令和元・5・27 を前提とすれば、定款に買収防衛策に関する定めがない限り、株主提案を拒否することができ、定款の定めがある場合でも当該定款の合理的解釈により、勧告的決議の有効性を担保するためのものにすぎない、または、取締役会の権限と併存すると解釈できる場合には株主提案を拒否する余地もある。

　なお、会社提案として買収防衛策の継続、株主提案として廃止が提案されている場合、上記エの場合と同様、当該株主提案を議案として取り扱う必要はなく、提案株主の同意を得て、会社提案に対する反対の意向表明と整理すれば足りるように思われる。

(6)　適時開示

　株主提案を受けたことにより、会社が適時開示をしなければならないとする明確な根拠はなく、株主提案を受けた事実がバスケット条項に該当する場合もあまり考えにくい。適時開示をするかどうかは、基本的には会社の任意の選択であると考えられるが、適示開示をする場合には株主提案を受けた事実を単純に開示する場合と、取締役会の反対意見をあわせて開示する場合とが考えられる。

　会社側が株主提案を容易に否決できる場合はさておき、議決権行使の促進や委任状勧誘をしなければならないと考える場合は早期に説得的な反対理由を開示しておくことは重要な戦略と考えられる。委任状勧誘規制との関係は後述する。

(7)　株主提案の撤回

　株主が株主提案権を行使した場合、その請求が会社に到達した時に効力を生じ、提案権を行使した株主は、以降会社の同意なく提案権の行使を撤回することはできない。会社は、提案株主より撤回の通知を受領しても株主総会においてその提案を付議し、株主総会において総株主（当該議案について議決

権を行使することができない株主を除く）の議決権の 10 分の 1 以上の賛成を得られなかった場合、3 年間、実質的に同一の議案を拒絶することができる（会305 条 4 項）。

　株主提案に関する議案が招集通知に記載されて発送された後、株主が撤回し、会社が同意した場合、会日の前日までに撤回された旨を株主に通知することで撤回できるとする見解[90]と、議案の撤回も議題・議案の変更と同様、法定要件を充たした再招集通知を発送しない限り、原則として撤回できないとする見解[91]が分かれており、後者の見解では株主総会の承認を得て撤回することとなる。

　ただ、株主総会当日に議長が議題の撤回を宣言して審議・採決をしなければ、取り消すべき決議も存在しないため、実務的には撤回可能である[92]。会社側が否決を見込んで決議通知を準備している場合には、審議・採決をしてしまえばよい。

3　招集通知・株主総会参考書類・議決権行使書面

(1)　招集通知の作成

　株主総会の日の 8 週間前までに株主提案を受領したとしても、会社はその間に、印刷等の時間的制約を考慮したうえ、株主提案の適法性確認、場合により提案株主との協議や、出席者の増加を見込んで開催場所の変更等も検討し、株主提案に対する取締役会意見を決議したうえで、招集通知や株主総会参考書類を作成しなければならず、かなりタイトななかでの準備作業を求められる。

　招集通知には、株主総会の目的事項を記載しなければならず、その前提として審議の順序を定めなければならない。会社提案を先にし、株主提案を後にするのが一般的であるが、定款変更議案が可決されることを条件とする議案等条件関係に留意して審議の順序を定める必要がある。

　会社提案の議案と株主提案の議案とが非両立の関係にある場合、同一の議題として両方の議案を並べて付議することも可能であるが、実務においては非両立の議案も並列的に記載する場合が多い。その場合は両方の議案に賛成

---

90)　新・株主総会ガイドライン 286 頁。
91)　久保利英明＝中西敏和『新しい株主総会のすべて〔改訂 2 版〕』（商事法務、2010年）339 頁。
92)　株主総会ハンドブック 396 頁。

票を投じると無効票になるため、無効票が増えないように議決権行使に関する留意事項を明記しなければならない。

　九州旅客鉄道の2019年6月定時株主総会では会社提案として第1号議案から第6号議案、株主提案として第7号議案から第12号議案までがあり、第8号議案・定款一部変更（指名委員会等設置会社への移行）が可決されることを条件として第9号議案・取締役3名選任の件、第8号議案が否決されることを条件として第10号議案・取締役3名選任の件が提案されるなど、条件関係がきわめて複雑なものとなった。このため、招集通知には、以下のような「各議案の関連性と賛否記入にあたってのご留意事項」の欄が設けられている（**図表1-11**）。

図表1-11

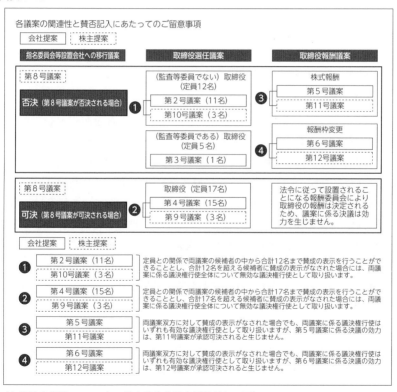

（九州旅客鉄道の2019年6月定時株主総会招集通知6頁）

(2) 株主総会参考書類

　株主提案に係る議案については、株主総会参考書類に以下の事項を記載する必要がある（施93条1項）。

---

① 議案が株主提案である旨
② 取締役会意見があるときはその意見の内容
③ 株主が議案要領通知請求に際して提案理由を通知したときはその理由（当該提案の理由が明らかに虚偽である場合またはもっぱら人の名誉を侵害し、もしくは侮辱する目的によるものと認められる場合における当該提案の理由を除く）
④ 議案が取締役等の選任に関するものである場合において、株主が議案要領通知請求に際して施行規則74条ないし77条に定める事項を通知したときはその内容（当該事項が明らかに虚偽である場合における当該事項を除く）
⑤ 議案が全部取得条項付種類株式の取得または株式の併合に関するものである場合において、株主が議案要領通知請求に際して施行規則85条の2、85条の3に定める事項を通知したときはその内容（当該事項が明らかに虚偽である場合における当該事項を除く）

　上記③ないし⑤の事項が株主総会参考書類にその全部を記載することが適切でない程度の多数の文字、記号その他のものをもって構成されている場合（株式会社がその全部を記載することが適切であるものとして定めた分量を超える場合を含む）にあっては、当該事項の概要を記載することとされている。

　会社が株式取扱規程で400字という字数制限を規定している場合は、当該字数制限に従えばよいし、そうでない場合でも合理的な範囲で要約とすることができる。ただし、株主提案に係る議案を会社が要約することは、株主総会決議取消し等のリスクを伴うから、字数制限内に要約する作業は提案株主にさせるべきであり、また全文を掲載し、その旨注記している事例が多く見受けられる。

　株主提案に係る議案について会社側が反対意見を述べる場合、当該反対意見への賛同を求めるため、取締役会意見の分量が株主提案の分量を相当程度超過してしまう場合が多いが、合理的な範囲であれば問題ない。

(3) 議決権行使書面の作成

　議決権行使書面に記載すべき事項は以下のとおりである（施66条）。

①　各議案についての賛否（棄権の欄を設ける場合にあっては、棄権を含む）を記載する欄

役員等の選解任に関する議案である場合は候補者ごとに賛否を記載する欄を設けなければならない。会計監査人の不再任に関する議案である場合も会計監査人ごとに賛否を記載する欄が必要である。ただし、多くの会社では各役員等について個別に賛否の欄を設ける代わりに、役員選任議案の賛否の欄に「候補者のうち、＿＿＿＿＿＿＿を除く」と記載できるスペースを設けている。

②　賛否の欄に記載がない議決権行使書面が株式会社に提出された場合における各議案についての賛成、反対または棄権のいずれかの意思の表示があったものとする取扱いを定めたときはその内容

株主総会招集の決定事項として、賛否の欄に記載がない場合には賛成、反対または棄権のいずれかの意思の表示があったものとする取扱いをすることを定めることができ（会298条1項、施63条3号ニ）、下記の記載例のように会社提案について賛成、株主提案について反対と取り扱うことも認められている。

> 議決権行使書における各議案に賛否の記載のない場合の取扱いにつきましては、会社提案については賛成、株主提案については反対の表示として取扱いいたします。

③　書面投票・電子投票の重複行使についての取扱い

書面投票・電子投票を併用した場合、一の株主が同一議案につき書面投票・電子投票により重複して議決権行使した場合、その内容が異なっているときの取扱いについて定めることができる。

④　議決権の行使の期限

⑤　議決権を行使すべき株主の氏名または名称および行使することができる議決権の数

なお、上記の②ないし④に関し、招集通知に記載している事項については議決権行使書面に記載する必要はなく、招集通知に記載する場合が多い。

株主提案が適法に提出された場合は当該議案についても賛否を記載する欄を設ける必要がある。以下のとおり、非両立の会社提案と株主提案がある場合に関連するものを一括表示する場合と分別表示する場合とがある（**図表1-12**）。

図表 1-12

【一括表示の例】

第1号議案	会社提出	賛	否	第4号議案	会社提出	賛	否
	株主提出	賛	否	第5号議案	会社提出	賛	否
第2号議案	会社提出	賛	否	第6号議案	株主提出	賛	否
第3号議案	会社提出	賛	否	第7号議案	株主提出	賛	否
	（次の候補者を除く）						
	株主提出	賛	否				
	（次の候補者を除く）						

【分別表示の例】

（会社提出）

第1号議案		賛	否	第4号議案		賛	否
第2号議案		賛	否	（次の候補者を除く）			
第3号議案		賛	否	第5号議案		賛	否
（次の候補者を除く）				第6号議案		賛	否

（株主提出）

第7号議案	賛	否
第8号議案	賛	否
（次の候補者を除く）		
第9号議案	賛	否

(3)　棄権の意思表示をすることは、実質上議案に反対することであり、あえて棄
　権の意思を問う意味はないので、棄権欄は設けない。

（全国株懇連合会編『全株懇株式実務総覧』（商事法務、2011 年）212 頁、213 頁よ
り抜粋）

(4)　株主提案を拒絶する場合

　株主提案を拒絶することはリスクを伴うから、実務的には、濫用的な提案
がなされた場合でも、可能な限り提案株主を説得し、議案数の圧縮や取下げ
等を求めるのが実務的に望ましい対応であり、利益供与を伴わない限り、交
渉を行うことには問題はない。

　また、ヨロズに対する買収防衛策廃止の株主提案の事例のように、「適法性
について疑義がある」として株主提案を取り上げないことにより、仮処分が
申し立てられることが予測される場合、早期に書面により通知をし、裁判所
の判断を経た方が会社にとってリスクが少ない場合はありうる。そのような

場合、通知直後に仮処分が申し立てられ、ごく短期間に決着がつくのが通常であるから、事前準備がきわめて重要となろう。

4　委任状勧誘の際の留意点

(1)　株主総会における議決権の代理行使

ア　議決権の代理行使とその制約

株主は、株主総会ごとに代理権を証明する書面を株式会社に提出して、代理人により議決権を行使することができる（会310条1項）。株式会社は株主総会の適法・円滑な運営のために合理的な範囲で制限を設けることができ、上場会社の場合、定款に以下のような議決権の代理行使に関する規定を置いているのが通常である。

全国株懇連合会の定款モデル
（議決権の代理行使）
第17条　株主は、当会社の議決権を有する他の株主1名を代理人として、その議決権を行使することができる。
2　株主または代理人は、株主総会ごとに代理権を証明する書面を当会社に提出しなければならない。

また、株式会社は、株主総会の招集決定にあたり、議決権の行使について、代理人資格、代理権を証明する方法、代理人の数その他代理人による議決権の行使に関する事項を定めることができる（会298条1項5号、施63条5号）。

定款等により、代理人資格を株主1名に限定することは有効と解されている（最判昭和43・11・1民集22巻12号2402頁）が、かかる定款規定は株主以外の者によって株主総会がかく乱されることを防止し、会社の利益を保護する趣旨であるから、そのようなおそれがない場合には定款による制限は及ばない。

---

①　制限行為能力者（未成年者等）の法定代理人がその権限に基づいて議決権行使する場合は、本人による議決権行使と異ならないから定款の規定は適用されない。
②　法人である株主がその代表者の指示を受けた従業員を代理人として派遣する場合（最判昭和51・12・24民集30巻11号1076頁）も定款の規定は適

用されない。当該従業員の名刺・身分証明書等や職務代行通知書の提示を受けて株主総会に出席させる実務は定着しているところである。

③　外国株主等が常任代理人を選任している場合、当該常任代理人にも定款の規定は適用されない。常任代理人が選任され、定款・株式取扱規程等に基づいて会社に届け出られると、常任代理人は株主としての権利義務について包括的代理権を有しているものと理解されている。

④　信託銀行等の名義で株式を保有している機関投資家が株主総会に出席できるのかは問題となるが、投資信託及び投資法人に関する法律10条2項等を根拠に、投資信託財産としての株式について委託者が株主名簿上の株主である受託者の代理人として株主総会に出席することは定款規定に違反するものではないと理解されている[93]。

COLUMN：入院中の株主に代わり、株主ではない親族が委任状を持参した場合

代理人資格制限に関してよくあげられるものとして、閉鎖会社において病気入院中の親に代わって子が議決権を行使する裁判例（大阪高判昭和41・8・8判タ196号126頁）がある。この裁判例は、「具体的場合に非株主による議決権の代理行使を認めても、定款により代理人資格を限定した趣旨に反せず、何ら支障がないことが明らかであり、却ってこれを認めないことが当該株主の議決権行使の機会を事実上奪うに等しく、不当な結果となるような特段の事情がある場合」には、定款規定の拘束力はないとし、親族関係や本人の病状を認定したうえで、有効な資格を有する代理人と認めた議長の判断を適法としている。

書面投票等による議決権行使を認めている上場会社の株主総会において、株主総会当日に委任状を持参されたとしても入場を認めるかどうかは難しい判断であるが、上場会社においては、株主の健康状態や親族関係は通常会社が知りえない情報であり、どのような場合に入場を認めるかどうかは事前に取り決めておくべきであろう。

COLUMN：株主ではない弁護士が委任状を持参した場合

定款による代理人資格の制限が株主ではない弁護士に及ぶかどうかにも争いがある。

神戸地尼崎支判平成12・3・28判タ1028号288頁では、「本件総会へ出席を委任された者が弁護士であることからすれば、受任者である弁護士が本人た

---

93)　野村修也＝三浦亮太＝石井裕介「会社法下の株主総会における実務上の諸問題」商事法務1807号（2007年）67頁。

る株主の意図に反する行動をとることは通常考えられないから、株主総会を混乱させるおそれがあるとは一般的には認め難い」とし、「申出を拒絶することは、本件総会がこの者の出席によって攪乱されるおそれがあるなどの特段の事由がない限り、合理的な理由による相当程度の制限ということはできず、被告定款13条の規定の解釈運用を誤ったもの」としている。

しかし、仮に株主総会をかく乱するおそれの有無を弁護士等の職種により個別具体的に検討するとすれば、受付事務等を混乱させ円滑な株主総会の運営が阻害されるとともに、判断基準が不明確となって恣意的判断を招来するおそれがあるとして、弁護士の出席を拒絶することを認める裁判例が支配的であり[94]、原則として会社は株主ではない弁護士の出席を拒絶することができると考えられる。

ただ、保守的に考えた場合、前掲神戸地尼崎支判の事案のように、株主総会に先立ち、株主が自己の選任した代理人弁護士の氏名および職業を明らかにし、出席を希望する旨連絡をしてきた場合には、会社側弁護士と相談のうえ、異なる対応を検討することはありえよう。

イ　本人確認

代理権を証明する書面を株式会社に提出して議決権の代理行使をする場合でも、株主および代理人の本人確認の問題は残る。上場会社の多くは以下のような株式取扱規程により、代理権を証明する方法（施63条5号）を定めている。

全国株懇連合会の株式取扱規程モデル

（株主確認）

第10条　株主（個別株主通知を行った株主を含む。）が請求その他株主権行使（以下「請求等」という。）をする場合、当該請求等を本人が行ったことを証するもの（以下「証明資料等」という。）を添付し、または提供するものとする。ただし、当会社において本人からの請求等であることが確認できる場合はこの限りでない。

2　当会社に対する株主からの請求等が、証券会社等および機構を通じてなされた場合は、株主本人からの請求等とみなし、証明資料等は要しない。

3　代理人により請求等をする場合は、前2項の手続きのほか、株主が署名または記名押印した委任状を添付するものとする。委任状には、受任者の氏名

---

94)　東京高判平成22・11・24資料版商事322号180頁、宮崎地判平成14・4・25金判1159号43頁。

または名称および住所の記載を要するものとする。
　4　代理人についても第1項および第2項を準用する。

　株券電子化後の株主本人確認方法として、全国株懇連合会の「株主本人確認指針」[95]は、以下の書類を株主本人確認資料としており、「証明書類等」として何を求めるかの参考となる。「株主本人確認指針」が集団的権利行使の場合の株主本人確認書類として認める議決権行使書の提出をもって株主本人確認資料とする場合が多い。

　3．株主本人確認資料
(1)　少数株主権等の請求書への印鑑の押印と当該印鑑にかかる印鑑登録証明書
(2)　対象株主が個人の場合（(4)の外国人を除く）
　①　運転免許証（運転経歴証明書を含む）、各種健康保険証、国民年金手帳、身体障害者手帳、母子健康手帳、在留カード、特別永住者証明書、個人番号カード、住民基本台帳カード、旅券　等
　　　（非対面の場合は、写しでも可）
　②　①のほか、官公庁発行書類等で氏名、住所の記載があり、顔写真が貼付されているもの
(3)　対象株主が法人の場合（(4)の外国法人を除く）
　①　登記事項証明書
　②　①のほか、官公庁発行書類等で法人の名称および本店または主たる事務所の記載があるもの
(4)　本邦に在留していない外国人および外国に本店または主たる事務所を有する法人
　　上記(1)、(2)、(3)のほか、日本国政府の承認した外国政府または国際機関の発行した書類等であって、本人特定事項の記載のあるもの
(5)　上記の他、株主本人であることが確認できる他の書類を用いることができる。

　大盛工業株主総会決議取消請求事件控訴審判決においては、会社が全国株懇連合会のモデル定款や株式取扱規程に依拠した定款および株式取扱規程を

95)　全国株懇連合会編『全株懇モデルⅠ——定款・株式取扱規程モデルの解説、自己株式の理論と実践』（商事法務、2016年）353頁。

制定しており、全株懇が議決権行使書の提出をもって本人確認を行うことを推奨しており、議決権行使書またはこれに匹敵する代理権授与の証明資料を欠くものについて委任を無効とした会社の扱いに不合理な点はなく、違法ではないとされている[96]。

ウ　議決権行使書面と委任状の関係

委任状は株主が議決権の代理行使を行うためのものであるから、代理人が株主総会を欠席したときは議決権行使の効力が生じない。また、代理人が株主の賛否の指示に違反した議決権行使をした場合の効果については、単なる委任契約上の義務違反があるにすぎず議決権行使は有効とする見解と無権代理になるとする見解と争いがある[97]。他方で、議決権行使書面は、株主がこれを会社に提出することによって議決権行使の効力が生じる。

議案の賛否に関する株主の意思を直接的に反映する観点からは議決権行使書面の方が優れており、会社法は議決権を行使することができる株主の数が1000人以上である場合は書面投票制度を義務づけている（会298条2項）。ただし、上場会社における取締役が株主の全部に対して委任状勧誘を行う場合はこの限りではない（同項ただし書、施64条）。

委任状と議決権行使書面の重要な差異は以下の3点である。

㋐　修正動議

議決権行使書面の場合、原案に対して株主総会において修正動議がなされた場合、原案に賛成の議決権行使書面は修正動議に反対とし、原案に反対の議決権行使書面は修正動議に対しては棄権として取り扱うのが合理的意思であるとされている。

これに対して委任状の場合、「議案に対し修正案が提出された場合および議事進行等に関連する動議が提出された場合は、いずれも白紙委任いたします。」との文言が記載されることがあり、代理人は委任者の合理的意思に反しない範囲で修正動議に対して賛否の議決権行使をすることができる。

㋑　手続的動議

議決権行使書面は議案について株主総会に先立った議決権行使をするものであり、当該株主は株主総会に出席しないため、議長不信任動議等の手続的

---

96)　前掲注 94）東京高判平成 22・11・24。
97)　今井宏『議決権代理行使の勧誘——株主総会の委任状制度に関する法的規制の研究』（商事法務研究会、1971 年）308 頁。

動議について議決権を行使することはできない。

　これに対し、「議案に対し修正案が提出された場合及び議事進行等に関連する動議が提出された場合は、いずれも白紙委任いたします。」などの文言が記載された委任状をもって出席することにより、代理人は手続的動議について議決権を行使することができる。この点は会社側にとって重要な差異であり、以下の例のように書面投票制度を採用しつつ、委任状による議決権行使を依頼する場合もある（図表1-13）。

図表 1-13

（九州旅客鉄道の 2019 年 6 月定時株主総会招集通知 5 頁）

　　⑺　委任状と議決権行使書面の優先関係
　議決権行使書面は株主総会に先立ち、議案に対する賛否の意思表示をするものであり、議決権行使書面を事前に提出した株主が株主総会当日に出席した場合、当該議決権行使書面による意思表示は無効とされる。有効な委任状を有する代理人の出席の場合も同様であるから、その場合は委任状による出席が優先され、議決権行使書面による意思表示は無効になる。

もっとも、アドバネクス株主総会決議取消請求事件控訴審判決[98]は、株主である銀行が事前に議決権行使書面を送付し、議決権行使の権限を授与されていなかった銀行担当者が、「傍聴のために本件総会に入場しており、議決権の行使は事前に送付した議決権行使書面によりされているから、投票することはできないこと」を説明し、投票用紙を返還した場合において、議決権行使書面による投票を有効とし、当日出席については欠席と取り扱うべきとしている。会社において、当日は傍聴のみを行う意思表示を明らかにしている株主の入場を認める場合には、混乱を回避するため、株主席とは別途傍聴席を準備し、発言または投票を認めないことが明らかな株主総会運営をすべきである。

　　(エ)　委任状と本人出席の優先関係

　委任状は、委任状は株主が議決権の代理行使を行うためのものであり、委任状を提出した株主が、株主総会当日に、本人として出席した場合、通常は委任行為の撤回と考えられるから、事前に提出された委任状を無効とし、株主本人出席を有効とすべきこととなる。ただ、アドバネクス株主総会決議取消請求事件控訴審判決[99]によれば、当日は傍聴のみを行う意思表示を明らかにしている株主の入場を認める場合には、当該株主を欠席者（傍聴者）として取り扱うべきこととなるので、本人確認に際して入場の趣旨を確認すべきであろう。

　議決権行使書面は、株主総会当日出席の際に本人確認資料として求められる書類であり、委任状勧誘者が委任状の本人確認資料として求めることが多い。したがって、委任状をすでに提出した株主は議決権行使書面を持たずに当日出席を求めることとなるから、別の本人確認資料による確認を行うとともに、委任状を撤回して本人として出席する趣旨かどうかを受付において確認することとなろう。

(2)　株主名簿の閲覧等

　株主は、株主提案を行う場合、または会社提案に反対する場合、委任状勧誘を行う前に株主名簿の閲覧または謄写を行うのが通常である。

　株式会社は、株主名簿をその本店（株主名簿管理人がある場合にあっては、その営業所）に備え置かなければならず、株主は、株式会社の営業時間内は、請

---

　98)　東京高判令和元・10・17 資料商事 429 号 78 頁。
　99)　前掲注 98）東京高判令和元・10・17。

求の理由を明らかにしたうえで、いつでも株主名簿の閲覧または謄写の請求をすることができる。株式会社は、次のいずれかに該当する場合を除き、これを拒むことができない。

①　請求者がその権利の確保または行使に関する調査以外の目的で請求を行ったとき
②　請求者が当該株式会社の業務の遂行を妨げ、または株主の共同の利益を害する目的で請求を行ったとき
③　請求者が株主名簿の閲覧または謄写によって知りえた事実を利益を得て第三者に通報するため請求を行ったとき
④　請求者が、過去2年以内において、株主名簿の閲覧または謄写によって知りえた事実を利益を得て第三者に通報したことがあるものであるとき

　株主名簿の閲覧・謄写請求権は振替法154条の少数株主権等に該当し、個別株主通知が必要である。アクティビストからの株主名簿の閲覧・謄写請求が上記拒絶事由に該当する場合はさほど多くないと考えられるが、株主が記載した請求の理由（たとえば、第○回定時株主総会における委任状勧誘等）の目的以外で使用しないなど、一定の誓約書を提出させたうえで閲覧・謄写に応じることは考えられよう。

(3)　委任状勧誘規制の概要

ア　委任状勧誘規制の規制対象

　金商法194条（議決権の代理行使の勧誘の禁止）は、「何人も、政令で定めるところに違反して、金融商品取引所に上場されている株式の発行会社の株式につき、自己又は第三者に議決権の行使を代理させることを勧誘してはならない。」と定め、金商法施行令および委任状勧誘府令は委任状の記載事項等の委任状勧誘に関する詳細なルールを定めている。委任状勧誘規制の対象は「金融商品取引所に上場されている株式の発行会社の株式」であり、上場会社の株式であれば未上場の種類株式等にも及ぶ。

　規制の対象主体は「何人も」とあるように、上場会社、その役職員、株主、それ以外の者も含まれる。規制の対象行為は「自己又は第三者に議決権の行使を代理させることを勧誘」であるから、議決権行使書面の提出を勧誘することは含まれない。

イ　委任状用紙および委任状参考書類

　議決権の代理行使の勧誘を行おうとする者は、当該勧誘に際し、その相手方に対し、委任状の用紙および代理権の授与に関し参考となるべき事項記載した書類（「委任状参考書類」）を交付しなければならない。勧誘の相手方の承諾を得た場合は、電磁的方法による提供も可能である（金商令36条の2第1項）。「当該勧誘に際し」とは、勧誘と同時にまたはこれに先立って交付または提供されることが必要であると解されており、その関連で「勧誘」の意味が問題とされることが多い。

　勧誘者は、委任状用紙および委任状参考書類を交付したときは、ただちにこれらの書類の写しを金融庁長官の委任を受けた管轄財務局長（居住者の場合は本店または主たる事務所を管轄する財務局長、非居住者については関東財務局長）に提出しなければならない。実務的には、委任状用紙および委任状参考書類に限らず、勧誘に際して提供した書類や委任状用紙の記載例等被勧誘者に交付されるすべての書類を提出している。管轄財務局長に提出する書類の例は巻末資料2のとおりである。

　そのほか、勧誘者は、重要な事項についての虚偽記載等、記載すべき重要な事項等が欠けている委任状用紙、委任状参考書類等を用いて議決権の代理行使の勧誘を行ってはならない（金商令36条の4）。

ウ　「勧誘」の意義

　「勧誘」について委任状勧誘府令は定義を置いていない。「『上場株式の議決権の代理行使の勧誘に関する規則の一部を改正する規則』について」（昭和25年6月15日証総第173号）が、株主総会の招集にあたり単に委任状の用紙を提供する行為が「勧誘」に該当すると明記している以外に公権的な解釈指針はみあたらない。

　金商法194条の規制対象は「自己又は第三者に議決権の行使を代理させることを勧誘」することであるから、単純に会社が株主提案に反対する意見を表明したり、株主が会社提案に反対する意見を表明するだけであれば「勧誘」にあたらない。

　また、委任状勧誘制度は、株主に対して行われる議決権の代理行使の勧誘が適切に行われるよう、委任状参考書類の記載事項を定め、委任状の用紙の様式を定め、その交付義務や書類の写しの提出義務を定めるものであるから、委任状の勧誘を伴わない場合には適用されないものと解される。かかる観点

から以下の2点をまず指摘しておきたい。

(ア) 書面投票の「勧誘」行為

会社法上、書面投票と議決権の代理行使は異なるしくみであり、併存的に利用することも認められている。会社側が会社意見に賛成する書面投票を促し、株主側が株主意見に賛成する書面投票を促すことはいずれも委任状の勧誘を伴うものではなく、原則として委任状勧誘府令でいうところの「勧誘」には該当しない。ただし、第三者が委任状勧誘を実施している場合や、後日委任状勧誘を開始する予定がある場合、書面投票の勧誘行為がそれらの委任状勧誘と一連の行為とみられる可能性があることには留意を要する。

(イ) 委任状の撤回の「勧誘」行為

相手方が委任状の勧誘を行っている場合に、自らは書面投票による議決権行使を依頼しつつ、株主に対して相手方に交付した委任状の撤回を依頼する場合がある。委任状の撤回を促す行為は委任状勧誘府令の勧誘行為に該当するという見解[100]もあるが、自らまたは第三者が議決権の代理行使を依頼しない場合に委任状勧誘規制を及ぼすことには意味がないから、単に委任状の撤回を促す行為は委任状勧誘府令の勧誘行為に該当しないものと解されよう。

エ　違法な委任状勧誘の効果

委任状勧誘規制（金商194条）違反に対しては30万円以下の罰金が科される（金商205条の2の3第2号）。また、法令違反として緊急の必要があり、かつ、公益および投資家保護のため必要かつ適当であるときは、内閣総理大臣または内閣総理大臣および財務大臣の申立てにより、裁判所が禁止・停止命令を出すことがありうる（金商192条1項1号）。

委任状勧誘規制はあくまでも取締規定であり効力規定ではないと解されているから、これに違反する委任状勧誘によって授与された代理権は有効であり、それに基づく株主総会決議についても会社法上の決議の効力に影響はないとするのが伝統的な考え方である[101]。議決権の代理行使の勧誘は、株主総会の決議の前段階の事実行為であって、株主総会の決議の方法ということはできないとして、委任状勧誘府令違反は旧商法247条1項1号の法令違反に

---

100)　龍田節「株式会社の委任状制度——投資者保護の視点から」インベストメント21巻1号（1968年）18頁。

101)　寺田昌宏＝寺崎大介＝松田洋志「委任状争奪戦に向けての委任状勧誘規制の問題点」商事1802号（2007年）35頁。

は該当しないとした裁判例（東京地判平成17・7・7判時1915号150頁）もある。

　しかし、書面投票制度が義務づけられた会社がこれに代えて全株主に対して委任状勧誘を行った場合には委任状勧誘規制違反は招集の手続に関する法令違反であり、仮に法令違反でないとしても決議の方法が著しく不公正であるとして株主総会決議取消事由に該当しうると指摘する見解もある[102]。

⑷　株主が委任状勧誘を行う場合の留意点

　ア　一部議案に関する委任状勧誘

　㈠　一部議案に関する委任状勧誘の可否

　株主が株主提案に賛成を求める場合、または会社提案の一部についてのみ反対を求める場合等、株主が一部の議案についてのみ委任状勧誘を行うことがありうるが、認められると解されている。株主が会社提案を把握する前に委任状勧誘を行うことがありうるし、会社提案の一部についてしか反対するつもりがない場合にすべての議案についての委任状勧誘を強制する合理的な理由はない。

　㈡　会社提案に対する賛否の欄の記載がない委任状の取扱い

　問題は、株主が株主提案の議案についてのみ賛否の欄が記載された委任状により勧誘を行った場合に、株主提案と同一議題の会社提案の議案について白紙委任とする取扱いが認められるかどうかである。モリテックス株主総会決議取消請求事件（東京地判平成19・12・6判タ1258号69頁）では、株主側が勧誘した委任状に下記の文言がある場合に、当該委任状による会社提案に対する議決権行使がなされていないとした会社側の取扱いが問題とされた（当該委任状に会社提案に対する賛否の欄は設けられていない）。

モリテックス株主総会決議取消請求事件における株主側委任状（下線は筆者による）

1．平成19年6月に開催予定の株式会社モリテックス第35期定時株主総会および継続会または延会に出席し、下記のIDEC株式会社および森戸祐幸による株主提案の議案（以下、原案という。）につき私の指示（○印で表示）に従って議決権を行使すること。ただし、賛否の指示をしていない場合、<u>原案に対し修正案が提出された場合（株式会社モリテックスから原案と同一の議題について議案が提出された場合等を含む。）</u>および原案の取り扱いその

102）　敵対的株主提案とプロキシーファイト260頁以下。

他の株主総会の運営（株式会社モリテックスから原案と同一の議題について議案が提出された場合等に関する原案の議決の諮り方等を含む。）に関する動議はいずれも<u>白紙委任</u>とします。
2．復代理人を選任すること。

この件では、モリテックスの定款上、取締役の定員が8名、監査役の定員が3名とされ、双方から「取締役8名選任の件」および「監査役3名選任の件」が提案されており、株主提案に賛成して提案株主に委任状を交付した株主は会社提案に係る候補者については賛成の議決権行使をする余地がないことから、委任状の趣旨は会社提案に賛成しない趣旨で議決権行使の代理権を授与したものであると判断された。

大多数の株主が委任状を提出した時点では会社提案の内容を認識していないとの会社側の主張に対しては、委任状を提出した株主が会社提案に賛成する場合は委任状撤回通知書を送付して委任状を撤回することも可能であったことから、撤回をしていない以上、会社提案に賛成しない意思であったと解することを妨げないとされている。

提案株主が会社提案を把握する前に委任状勧誘を開始する場合、モリテックス株主総会決議取消請求事件のように、株主提案に対する賛成が会社提案に対する反対を明らかに意味する事案である場合はむしろまれであろう。定款に定員の定めがない場合や定員に余裕がある場合に、提案株主が内容を把握していない会社提案についても反対をする趣旨で委任状勧誘をするとすれば、委任状の記載に工夫が必要である。

イ　委任状参考書類・委任状

(ア)　委任状参考書類

株主が勧誘を行う場合の参考書類には、議案と勧誘者の氏名・名称・住所（委任状令1条1項2号）、会社提案に関する記載事項（委任状令21条〜38条）、株主提案に関する記載事項（委任状令40条）が記載されなければならず、その他、議決権の行使に係る代理権の授与について参考となる事項を記載することができる。

株主が勧誘を行う場合、議案に関して入手しうる情報が限定されていることから、会社が勧誘を行う場合と比較して記載事項が限定されており、株主閲覧・交付請求権等を行使して入手しうる情報を記載すれば足りうるように

合理化が図られている[103]。

　しかしながら、株式移転計画の承認議案等においては、新たに設立される会社の取締役の候補者等の氏名等、組織再編の適時開示には必ずしも含まれない事項があり、株主がこれらについて招集通知受領前に委任状勧誘を開始する場合にはこれらの事項の記載を求めるのは不合理であるから、実務上は入手しうる範囲で記載すれば足りるとの指摘もある[104]。

　　(イ)　委任状

　委任状には、議案ごとに被勧誘者が賛否を記載する欄を設ける必要があり、別に棄権の欄を設けることができる（委任状令43条）。役員等の選任・解任に関する議案は候補者ごとに一議案を構成すると考えられるので、議決権行使書面と同様、候補者ごとに賛否を表示できるようにしなければならない。

　委任状には、「ただし、賛否を明示しない場合、議案に対し修正案が提出された場合および議事進行等に関連する動議が提出された場合は、いずれも白紙委任いたします。」といった定めや、復代理人の選任に関する定めが置かれるのが通常である。

　賛否の欄を設ける必要があるとされていることから、委任状の賛否をあらかじめ記載することは当然ながら許されないが、株主が記載ミスをしないように委任状の記載方法を説明したサンプルを同封することは許される。

　2007年2月の東京鋼鐵の臨時株主総会においては、株主名が「イチゴジャパンファンドエー」であるところ、「いちごアセットマネジメント」と記載する株主が続出し、これは無効と取り扱われたようである[105]。株主側が委任状勧誘をする場合は代理人名を印刷しておくことも検討すべきである。代理人名称の記載ミスを防止する措置にすぎず、かかる代理人に委任する意思のある株主のみが委任状を返送してくるのであるから、何ら問題はない。

　　(ウ)　白紙委任の有効性

　議案に対して修正案が提出された場合の白紙委任が委任状に記載された場合、被勧誘者の合理的意思と整合しないかたちで議決権の代理行使が行われることとなるから、委任の限界を超えるものとして私法上無効とする見解もある[106]。

---

103)　一松旬「委任状勧誘制度の整備の概要」商事1662号（2003年）54頁。
104)　寺田＝寺崎＝松田・前掲注101) 37頁。
105)　寺田昌弘「〔インタビュー〕いちごアセットマネジメント vs 東京鋼鐵——委任状争奪戦の現場」ビジネス法務2007年7月号14頁。

しかし、委任状についても議決権行使書面と同様、原案に賛成と記載されたものは修正動議に反対として、原案に反対と記載されたものは修正動議に対して棄権と扱うのが株主の合理的な意思解釈であり、代理人はかかる合理的意思に従って議決権を行使できると解すべきであり、これを私法上無効と解する必要はない[107]。実際に、すでに述べたモリテックス株主総会決議取消請求事件における株主側委任状も同様の白紙委任文言を含むところ、合理的意思解釈として会社側提案に対する反対の委任状として有効なものと判断されている。

ウ　勧誘行為への該当性

　株主が、株主提案への賛同または会社提案への反対に向けて、他の株主から委任状を送付し、返送を求める行為が勧誘に該当することは当然であるが、これらに先立つ、会社提案への反対意見の表明等一連の行為が「勧誘」に該当するかどうかが問題となる。

　アクティビストによる行動は、主に会社の経営方針や会社提案に反対する行為、または株主提案に賛同を求める行為であって、その手法としては、ウェブサイトにおいて意見を表明し、委任状勧誘をすることなく、株主自ら議決権行使をすることを促すことが多い。

　株主が会社の経営方針に反対する、または株主提案に賛同を求めるプレスリリース等を公表する場合、原則として勧誘行為に該当せず、自らまたは第三者の委任状勧誘の準備行為とみられる場合に「勧誘行為」に該当する可能性が出てくる[108]。実務的な観点からすれば、株主が委任状勧誘をする予定があるかどうかがきわめて重要であり、その点に関する意思決定を迅速にしつつ、委任状勧誘をする予定があるのであれば早急に委任状勧誘規制に従った届出等を経ておくことが肝要と思われる。また、すでに第三者が委任状勧誘を実施している場合、プレスリリースの内容やディスクレーマーを工夫することにより、当該第三者の委任状勧誘と一体であるとみられないようにする必要がある。

---

106)　太田洋「株主提案と委任状勧誘に関する実務上の諸問題」商事1801号（2007年）25頁。

107)　敵対的株主提案とプロキシーファイト57頁、株主提案と委任状勧誘117頁、寺田＝寺崎・松田・前掲注101）40頁。

108)　株主提案と委任状勧誘140頁。

エ　会社が違法な勧誘行為を行った場合の対抗手段

会社が違法な勧誘行為を行った場合、会社法 360 条に定める取締役の違法行為差止請求権を行使し、委任状勧誘行為、委任状勧誘に係る議題・議案を扱う株主総会の開催、株主総会における当該議題・議案の上程、当該委任状による議決権の代理行使等の差止めを求めることが考えられる。

差止めを求めることができるのは、6 か月前から引き続き株式を有する株主であり、その要件として、①取締役が株式会社の目的の範囲外の行為その他法令もしくは定款に違反する行為をし、またはこれらの行為をするおそれがある場合において、②当該行為によって当該株式会社に回復することができない損害が生ずるおそれがあるときである。

また、時間的制約により、民事保全法 23 条 2 項に基づき、仮の地位を定める仮処分を求めることになるため、申立人に生ずる著しい損害または急迫の危険を避けるために必要があることが必要とされる。

⑸　株式会社が委任状勧誘を行う場合の留意点
ア　書面投票と委任状勧誘の併用

株主提案権が行使された場合や株主による委任状勧誘が行われる場合、書面投票が義務づけられる会社が対抗する手段としては、以下の選択肢がある[109]。

---

① 全株主について書面投票制度のみを採用する
② 全株主について委任状勧誘制度のみを採用する
③ 全株主について書面投票制度を採用し、委任状勧誘規制を受けない方法で一部株主から委任状を取得する
④ 全株主について書面投票制度を採用し、委任状勧誘規制に従って一部株主のみに委任状勧誘を行う
⑤ 全株主について書面投票制度を採用し、委任状勧誘規制に従って全株主に委任状勧誘を行う

会社側が委任状勧誘を行わず、書面投票制度において会社意見に賛同を求める場合は委任状勧誘規制は適用されない（選択肢①③）から、そのような進め方も可能であるが、手続的動議に対応するために広く委任状を勧誘したい

---

109)　株主提案と委任状勧誘 127 頁。太田・前掲注 106) 34 頁。

場合もある（選択肢②④⑤）。

　一部の株主に対してのみ委任状勧誘を行うことが株主平等原則との関係で認められるかは一応論点とはされているものの、委任状参考書類と株主総会参考書類の情報提供の量に実質的な差異はなく、実務上問題なく認められている。

イ　委任状の行使期限の定め

　議決権行使書面および電磁的方法による投票の行使期限は原則として株主総会の日時の直前の営業時間の終了時（施69条、70条）であり、会社が別途特定の時を定めたときはその時点（施63条3号ロ・ハ）となる。

　委任状争奪戦の場面においては株主総会の円滑な運営のために事前に議決権行使書面および委任状の有効性を確認して集計作業を行っておく必要性が高く、委任状のみ行使期限を定めないと不平等が生じるから、委任状についても議決権行使書と同じタイミングで行使期限を定めることが許されるべき（施63条5号）との指摘がなされている[110]。ただ、議決権行使書面が株主総会に先立って議決権を行使するものであるのに対し、委任状は株主総会当日の代理人による議決権行使を認めるものであるから、事前に会社に提出されなかったから議決権行使を制限できるかは疑問がないわけではない。

ウ　一部議案に関する委任状勧誘

　書面投票制度を義務づけられる会社がその代わりに委任状勧誘を行う場合に、議案の一部についてのみ委任状勧誘を行うことは認められないが、それ以外の場面で（必要性があれば）議案の一部についてのみ委任状勧誘を行うことを否定する理由はないと考えられる。

エ　包括委任状・手続的動議のみの委任状

　書面投票制度を採用している会社においては、手続的動議に対応するため、大株主より包括委任状を取得するのが一般的である。この場合、一般的には当該株式の発行会社またはその役員のいずれでもない者が行う議決権の代理行使の勧誘であって、被勧誘者が10人未満である場合（金商令36条の6第1

---

110)　敵対的株主提案とプロキシーファイト94頁。厳密には「提出期限」ということになろうか。

項1号）の例外規定によっていることが多い。ただ、実態としては会社または役員からの依頼による委任状の提出とみられる場合も多く、そのような場合には例外規定によることは難しいから、委任状争奪戦になった場合には委任状勧誘規制に従った届出等を実施することも検討すべきであろう。

　また、機関投資家が会社提案に賛同している場合であっても、議決権行使書による行使を行い、委任状を会社に交付することを拒絶する場合も多い。そのような場合、議案に対する議決権行使は議決権行使書によるとしても、手続的動議に対する委任状のみを提出することを求めることも検討に値しよう。手続的動議に対する委任状の取得については、委任状勧誘府令でいう「議案」に関するものではないから、委任状勧誘規制の適用がないと考えるべきとの見解[111]もあり、これに賛成したい。

オ　勧誘行為への該当性

　アクティビストから株主提案がなされる場合、その行使期限との関係からその時点では会社提案に係る議案が確定していない場合も多い。株主側が委任状勧誘を開始した場合であっても、会社側としては会社提案に係る議案が含まれていない委任状による勧誘行為を行うことは考えにくく、株主提案に反対する場合、株主提案に関する取締役会意見（反対意見）を適示開示し、他の株主の理解を得られるように動くこととなる。

　会社が株主提案に反対するプレスリリース等を公表する場合、委任状勧誘を伴うものではない限り、勧誘行為に該当することはない。後日、会社提案が確定した段階で委任状勧誘を行う可能性がある場合は、取締役会意見を公表するに際して委任状勧誘を行うものではない旨のディスクレーマーを記載することを検討すべきである。

記載例：取締役会意見を公表する際のディスクレーマー
　本書面は、株主提案に対する当社取締役会意見を一般的に公表するための文書であり、株主の皆様に対し、当社の定時株主総会における株主提案に係る議案または当社提案に係る議案につき、当社または第三者にその議決権を代理行使させることを勧誘するものではありません。

---

111)　太田・前掲注106) 35頁。

カ　株主が違法な勧誘行為を行った場合の対抗手段

株主が違法な勧誘行為を行った場合、会社法360条に定める取締役の違法行為差止請求権を根拠とすることはできない。その根拠としてはさまざまな法的根拠が議論されている[112]が、違法な勧誘に基づく代理権授与行為が無効であることを前提として代理権不存在確認の訴えを本案とする議決権行使禁止の仮処分等が考えられよう。また、民事保全法23条2項に基づき、仮の地位を定める仮処分を求めることになるため、申立人に生ずる著しい損害または急迫の危険を避けるために必要があることが必要とされる。

5　総会検査役

(1)　総会検査役の選任

株主提案がなされた場合、後日の紛争に備え、株主総会の公正さを担保する目的で、「株主総会に係る招集の手続及び決議の方法を調査させるため」、裁判所に対して、総会検査役の選任の申立てをする（会306条1項）場合が多い。

株式会社は総会検査役の選任申立てをすることができるとともに、少数株主から申立てがなされた場合であっても「当事者となる資格を有する者」として当事者参加（非訟20条）することができる。また選任決定がなされた場合は総会検査役との間で準委任関係が生じることとなるため、「裁判の結果により直接の影響を受ける」者として利害関係参加許可の申立て（非訟21条2項）をすることができる。

公開会社である取締役会設置会社において、総株主（会298条1項2号に掲げる事項の全部について議決権を行使することができない株主を除く）の議決権の1%以上の議決権を6か月（6か月を下回る期間を定款で定めた場合にあってはその期間）前から引き続き有する株主は、総会検査役の選任申立てをすることができる（会306条1項・2項）。かかる要件を充足する株主は、株式会社から申立てがなされた場合であっても「当事者となる資格を有する者」として当事者参加（非訟20条）することができる。

総会検査役選任を必要とする実質的要件は不要である[113]から、申立てを受理した裁判所は総会検査役選任の必要性を考慮することなく、総会検査役を選任することとなる。

---

112)　法的根拠に関する議論については株主提案と委任状勧誘158頁以下参照。
113)　東京高決昭和59・7・20判タ540号317頁。

総会検査役と株式会社との関係は準委任関係にあり、総会検査役の検査に要する費用は株式会社の負担（会306条4項）となるが、実務上は申立人が納めた予納金から総会検査役の報酬を支弁し、少数株主が申立人の場合は申立人から会社に求償を求める取扱いとされている[114]。

(2)　総会検査役の検査対象

　総会検査役は、「株主総会に係る招集の手続及び決議の方法を調査」することとなる。総会検査役は招集手続および決議方法に違法性がないかどうかを判断するための基礎となる事実について調査を行い、報告書に事実の経過を記載するものであって、それが適法か違法かの法的判断をすることは求められていない。

　具体的な調査対象事項としては、①招集手続については、株主総会招集を決定する取締役会決議、招集通知および添付書類の記載内容・書式、招集通知の全株主への発送、株主の提案権行使がある場合の株主提案の処理等、②決議方法については、出席株主の資格・株式数、委任状・議決権行使書の内容・株式数、定足数、議事運営の状況、行使された議決権の内容およびその計算等である[115]。

　総会検査役は、①一連の招集手続および決議方法のうち、申立人が調査を求めた点に限って調査をするのか、②申立人が調査を求めた点にかかわらず、招集手続および決議方法の両方を調査するのかについて、②の見解が相当であるとされている[116]。他方で、当事者が招集手続を問題としない場合、検査の範囲を合理的なものに限定することで、費用の節約等を図る運用をしている裁判所もあるようである[117]。管轄裁判所の見解を事前に確認したうえで、場合によっては当事者として調査を求める範囲を限定して選任申立てを行うことは考えられよう。

　審問および打合せ期日において、総会検査役、株式会社代理人、提案株主代理人の間で、各議案に関する当事者の意向、各当事者の委任状勧誘規制に基づく委任状勧誘の意向の有無等を確認することが多い。そのなかで、当事

---

114)　類型別会社非訟160頁、実務ガイド新・会社非訟158頁。
115)　類型別会社非訟160頁、阿部信一郎「総会検査役の任務と実務対応」商事1973号（2012年）59頁。
116)　実務ガイド新・会社非訟154頁。
117)　類型別会社非訟156頁。

者間に争いがない論点については簡潔な調査方法をとられることもある。

　総会検査役は、決議方法の詳細を記録化するため、特に通常株主総会を運営する株式会社との間で、リハーサルの立会い等も含め、予定されている株主総会の運営方法を事前に確認しておくことを求めることとなる。総会検査役に対して提出することとなる資料等の一覧は以下のとおりである。

総会検査役宛提出資料一覧
① 会社側事前提出資料
  ・ 定款および株式取扱規程
  ・ 取締役会規程
  ・ 基準日設定公告（臨時株主総会の場合）
  ・ 株主総会招集通知・参考書類・議決権行使書面
  ・ 委任状
  ・ 当日出席票
  ・ 株主総会招集決定に係る取締役会議事録の写し
  ・ 議長の順序を決定する取締役会議事録の写し（もしあれば）
  ・ 株主名簿
  ・ 招集通知の発送状況を確認する資料
  ・ 委任状勧誘規制に基づく提出書面
② 株主総会運営に係る事項
  ・ 株主総会会場（受付場所・第2会場等含む）のレイアウト図面
  ・ 録音・ビデオ撮影の予定の有無・方法
  ・ 株主総会シナリオ（株主提案についての発言順序、提案株主の発言予定場所）
  ・ 株主ではない役員等候補者の入場可否
  ・ 過去の株主総会における出席株主数・所要時間・発言時間推移
  ・ 出席を希望する機関投資家の取扱い
  ・ マスコミ関係者等の入場を認めるか否か
  ・ 出席株主数・議決権数の確認時間・その後の会場の出入りの取扱い
  ・ 委任状勧誘規制による委任状勧誘を行う予定の有無
  ・ 受付事務（株主確認方法、事前投票者の特定方法）
  ・ 採決方法
  ・ インターネット投票議決権行使結果
  ・ 議決権行使書（事前分・当日持参分）
  ・ 当日議決権行使結果を証する書面（採決方法による）
  ・ 受付記録（当日出席株主リスト）・職務代行通知書
③ 株主提出資料
  ・ 資格証明書

- ・ 株主提案に係る請求書
- ・ 個別株主通知申出受付票
- ・ 委任状
- ・ 委任状勧誘規制に基づく提出書面

(3) 総会検査役による報告

　総会検査役は、必要な調査を行い、株主総会終了後、調査報告書を裁判所に提供して報告を行い、株式会社（選任申立者が少数株主の場合は株式会社および少数株主）に対し、当該報告書の写しを交付する（会306条5項・6項）。

　裁判所は、必要があると認めるときは、調査結果を株主に通知することを株式会社の取締役に対し、命じることができる（会307条）。これによって、株主が調査結果から株主総会決議取消しの訴えの提起等の手段で株主総会決議の効力を争うことができることとされている。

6　株主総会の準備

(1) 議決権行使の促進策

ア　株主が出席しやすい日時・会場の選定

　票読みや個人株主等の状況によっては、出席株主増加のための措置を講じる必要がある場合もあろう。通常は、株主総会集中日に開催をしている場合であっても、株主が出席しやすい日時、場所で実施することも考えられる。また、注目を浴びる株主総会になることが予測されるため、出席株主数の予測がしにくい場合が多い。通常の株主総会よりも収容能力が多い会場や、第2会場等の設置が可能な場所を選択することも検討しなければならない。株主提案の8週間前要件が充足しないように、株主総会の日時を極端に前倒しする行為は濫用とみられる余地があるが、そうでない限り、開催日時・会場の変更は利益供与にも該当しないから問題ない。

　たとえば、ブルドックソースは、例年埼玉県所在の鳩ケ谷工場で株主総会を開催していたところ、スティール・パートナーズの敵対的買収に対する対抗策を決議した定時株主総会においては、より多数の株主の来場を促すため、開催日を日曜日とし、開催場所を本店所在地である東京都内のホテルにて株主総会を開催したようである[118]。

　普段の株主総会の開催場所と異なる会場を選択する場合、株主が誤った場

所に行かないように、狭義の招集通知にその旨を強調する文言を掲載するのが一般的な取扱いとなっている。間違って例年どおりの開催場所に行こうとした株主を正しい会場に案内することができるように、普段の株主総会の開催場所の周辺にも案内係を置くことも検討しなければならない。

イ　お土産の配布

　モリテックス株主総会決議取消請求事件（東京地判平成 19・12・6 判タ 1258号 69 頁）においては、「株主の権利行使に影響を及ぼすおそれのない正当な目的に基づき供与される場合であって、かつ、個々の株主に供与される額が社会通念上許容される範囲のものであり、株主全体に供与される総額も会社の財産的基礎に影響を及ぼすものでないときには、例外的に違法性を有しないものとして許容される場合がある」としつつ、「被告が議決権を有する全株主に送付した本件はがきには、『議決権を行使（委任状による行使を含む）』した株主には、Quo カードを贈呈する旨を記載しつつも、『【重要】』とした上で、『是非とも、会社提案にご賛同のうえ、議決権を行使して頂きたくお願い申し上げます。』と記載し、Quo カードの贈呈の記載と重要事項の記載に、それぞれ下線と傍点を施して、相互の関連を印象付ける記載がされていることが認められる。」とし、会社提案に賛成する議決権行使の獲得をも目的としたものであり、利益供与に該当すると判断されている。

　株主と会社との間で議決権をめぐる抗争が生じている段階でお土産等を通じて議決権行使の促進を図るのは、その取扱いが中立的であっても危険であり、回避すべきと考えられる。他方で、従前より定時株主総会において出席株主に対してお土産を配布する上場会社において株主提案等がなされたことをもってその取扱いを中止する必要性はないから、招集通知の記載ぶり等に注意をしたうえで、従前と同等のお土産を配布することは許容されよう。

ウ　株主総会招集通知の早期発送・英訳

　海外機関投資家からの賛同を広く集める必要がある場合、株主総会招集通知の早期発送や英訳、議案に関する補足説明およびその英訳等を行うことに加え、IR コンサルタント等を通じた IR 活動を強化することが考えられる。

---

118)　岩倉正和＝佐々木秀「ブルドックソースによる敵対的買収に対する対抗措置（上）」
　　商事 1816 号（2007 年）15 頁注 19 参照）。

(2)　株主総会リハーサル

　議決権行使について意見の対立が顕在化した株主総会においては、多数の株主の来場が予想され、提案株主に賛同または反対する他の株主の発言も多い。通常の株主総会の場面と比較し、会場の設定、受付事務、株主総会シナリオ、投票方法、議場の運営管理等多くの面でイレギュラーな対応が予想されるところである。通常の株主総会では挙手等により採決されることが多いが、賛否が拮抗することが予想される場合、採決は投票によることとなる。出席が予想される株主数にもよるが、証券代行会社が有するシステム等を利用して投票を行う場合も多い。

　早い段階で会社側代理人および証券代行会社と協議のうえ、例年の株主総会の運営を確認し、通常とは異なる対応をとる必要がある点を念入りにチェックしなければならない。株主総会リハーサルは、議長および株主総会事務局にとって、イレギュラーな対応を迫られる株主総会の運営確認の場であり、問題点の有無を最終確認する場面でもあるから、複数回のリハーサルは必須である。

　また、株主総会当日、総会検査役に株主総会の運営および決議方法等を調査し、記録化してもらう必要があるから、正確な記録化に資するように、株主総会リハーサルへの立会いを依頼し、あらかじめ株主総会の運営や審議方法等について十分な打合せをしておくことが必要である。

(3)　委任状等の事前確認

　委任状勧誘がなされる場合、その有効性の審査が事前になされないと株主総会当日の運営に支障をきたすため、事前に提案株主より提出を受け、委任状提出株主のリスト化（氏名・名称、委任状の日付、議決権数、賛否等を記載したもの）作業を終了しておくことが必要である。委任状の有効性の審査に問題があると株主総会決議の瑕疵につながるため、その取扱いは慎重になされる必要があり、株主の代理人や総会検査役の立会いのもとで行うこともある。

ア　代理人欄に誤りのある委任状

　提案株主がファンドである場合、ファンドの通称名と実際の法人名が異なる場合が多く、代理人欄に誤りが生じる場合が多い。2007年2月東京鋼鐵の臨時株主総会において、「イチゴジャパンファンドエー」が株主であるところ、代理人欄に「いちごアセットマネジメント」と記載した委任状は無効と取り

扱われたことは上記4(4)イ(イ)で前述した。委任状の合理的意思解釈の問題であるから、代理人欄に誤りがあったとしても合理的に提案株主への委任であると読み取れるのであれば有効と取り扱うべきであるが、実務的には提案株主側で代理人欄を印刷したうえで委任状勧誘をしている場合が多い。

イ　株主の住所が株主名簿と異なる場合

　委任状を提出した株主の特定は氏名・名称と住所により行われ、住所が異なることにより、本人確認ができない場合は委任状を無効とせざるをえないが、単なる住所変更手続の遅れや、市町村合併等による住所変更等の場合もあるから、本人確認書類等により特定が可能な場合には有効なものと取り扱うべきである。

ウ　議決権数が異なる場合

　基準日において実際に保有している議決権数よりも多い議決権数が記載されている場合は実際に保有している議決権数の限度での委任がなされたとみるべきである。

　他方で、実際の議決権数よりも少ない議決権数が記載された委任状の取扱いについては、記載された議決権数の限度で委任がなされたとみる余地がある。ただ、他人のために株式を保有する者でないときは、議決権の不統一行使を拒絶することができること、取締役会設置会社においては株主総会の日の3日前までに不統一行使をする旨とその理由を通知しなければならないこと（会313条）を勘案すれば、一般株主が一部のみの議決権行使を委任することは考えにくく、単なる誤記として保有する議決権数の全体について委任がなされたとみる余地もあろう。

エ　署名または記名押印がない場合

　株券電子化により届出印制度が廃止され、株主確認は、株式取扱規程等に定める方法によりなされることとなった。全国株懇連合会の株式取扱規程モデルでは、株主確認の方法として、「株主が署名または記名押印した委任状を添付するものとする。」としており、このような定めを置いている場合は、署名または記名押印が必要とされる。届出印は廃止されているため、押印がなされていればその種類は問わない。署名または記名押印のいずれも欠く委任状は無効と解するほかない。

オ　本人確認書類

本人確認書類については上記4(1)イですでに述べたとおりである。議決権行使書面を添付することで本人確認書類とする取扱いが多いが、株主側が委任状勧誘を行う場合は、その時点で株主らのもとに議決権行使書面が届いていない場合も多く、議決権行使書面がない場合は他の本人確認書類を求めることとなろう。

カ　委任状の日付

同一の株主から、同一議案について重複して委任状が提出された場合には後の委任状が有効となり、先後関係が不明で行使内容に相互に矛盾がある場合はいずれもが無効となるため、双方で委任状勧誘がなされている場合は委任状の日付も確認しておく必要がある。

キ　委任状の撤回

一方当事者において委任状を勧誘している場合、他方当事者において委任状の撤回を依頼することがありうる。かかる撤回がなされた場合にはその委任状を集計から取り除かなければならない。委任状の撤回については、委任者たる者から受任者たる者に対してなされ、受任者たる者から提出されるのが原則であるが、受任者から提出がなされなければ集計から除かれないこととなってしまうため、たとえば株主が集めた委任状について、会社に対して委任状の撤回がなされた場合も有効な委任状の撤回と取り扱うべきである。

7　株主総会当日

(1)　受付事務

通常の株主総会においても、株主の入場を拒否し、または株主ではない者の入場を許可して議決権を行使させた場合、株主総会決議の取消しにつながるため、入場資格の審査は適切に行わなければならないが、議決権行使について対立が生じている場面では紛争の発生が予想されるため、受付事務はより厳格になされなければならない。

株主総会事務局において、受付事務を行うこととなるが、かかる意味で通常の株主総会における事務処理とは異なるため、マニュアル等を事前に作成し、受付事務の手順を事前に確認しておくことは非常に重要である。

ア 出席票・投票用紙の交付

事前に議決権行使結果を集計した結果、賛否が拮抗することが予想される場合、採決は投票によることとなり、集計作業に多くの時間を要することが予想される。株主総会の途中で一部の株主が退場し、再入場することも想定しておく必要がある。実務上の工夫として、出席票と一体となった再入場確認票を作成し、一時退出する際に再入場確認票を切り離し、受付で預かり、再入場時に出席票を照らし合わせて確認する方法が提案されている[119]。

出席票とともに、バーコードを印刷した投票用紙を交付し、出席番号により株主名と議決権数を管理し、投票に用いることもある。その際には受付事務において投票方法の説明を行うことも必要である。

イ 株主資格の確認

株主資格の確認方法として、通常議決権行使書面（法人の場合はそれに加えて名刺や職務代行通知書）を持参した場合は、株主としての入場を認めているのが通常である。議決権行使書面の持参をしていない場合でも、運転免許証等の本人確認書類、法人の場合は登記事項証明書等の提示を受けるなど適宜の方法で本人確認をし、入場を認めることとなる。

株主が代理人として出席した場合、代理人資格の確認方法（上記4(1)イ参照）に従って、本人確認のための証明資料等のほか、署名または記名押印された委任状を提出することが必要である。

株主が当日出席をした場合（委任状による代理出席を含む）、事前に提出された議決権行使書面による議決権行使、委任状は無効なものとして取り扱うこととなるため、受付においては議決権行使書リストおよび委任状リストを配置し、照らし合わせてチェックできるようにしなければならない。

ウ 通訳・補助者

外国人株主の増加に伴い、通訳を同行させる場合が増えており、会社に入場を認める義務はないものの、入場を認めるのが妥当である。障害がある株主の補助者についても同様である。

---

119) 敵対的株主提案とプロキシーファイト 127 頁。

エ　所持品検査

　会社は、議長の総会秩序維持権・議事整理権（会315条）に基づき、ハンドマイク、ビデオカメラ、カメラ、のぼり、ゼッケン、スピーカー、武器類、危険物等の持込みを禁止することができる。

　最近の現象として、注目を集める株主総会に出席し、写真や動画の撮影をしてインターネット上に投稿しようとする事例が散見されている。スマートフォンの持込みを禁止することは難しいが、株主総会開始前に会場内での写真やビデオ撮影、録音の禁止を周知徹底しておくことが必要であろう。

　先例として、株主総会の議事を適正かつ円滑に運営する権利を被保全権利として、株主総会にビデオカメラ、カメラ、マイクおよびスピーカーの持込みを禁止した仮処分決定がある（東京地決平成20・6・25判時2024号45頁）。また、珍しい事例として、株主総会への出席禁止の仮処分として、所持品検査を受け、武器類を所持しないことを証明しない限り、株主総会への出席を認めないとした事例も存在する（岡山地決平成20・6・10金法1843号50頁）。

(2)　議事進行

ア　株主総会シナリオの見直し

　多くの上場会社において、事前の議決権行使や大株主による委任状により、会社提案に係る議案の可決は株主総会開始前に確定していることが一般的であり、株主総会シナリオは可決を前提に作成されていることが多い。会社提案に関する反対意見や株主提案がなされた場合も可決を前提に議事進行を進めることが多いが、議案の審議の順序、提案株主の発言の機会の確保、提案株主に対する他の株主の質疑応答の機会の付与等、見直しを要する項目はいくつか存在する。

イ　審議方法・議案の付議順序

　株主提案がなされた場合、個別上程によるか、一括上程によるかは改めて再考することもありえよう。たとえば、議案が条件つきになっており、第1号議案が承認されることを条件として、第2号議案が上程される場合、第1号議案が否決されれば第2号議案の審議に時間を使う必要はないから、個別上程方式が親和的である。他方、賛否が拮抗するなか、投票により厳密に賛否を集計する場合には、時間の関係上、一括上程方式により、まとめて投票し、集計するのが合理的であろう。

議案の付議は必ずしも株主総会招集通知記載の順序で行う必要はない。特に会社提案と株主提案が非両立の関係にある場合、いずれかの議案にしか賛成できず、両方の議案に賛成の投票をした場合はいずれも無効となるから、株主にわかりやすいよう非両立の議案を一括して審議することも考えられる。

ウ　株主総会当日の議案の撤回

　上記2⑺のとおり、招集通知に株主提案が記載されて発送された後に、提案株主が撤回を希望し、会社が同意をした場合、株主総会の承認を得て撤回する必要があるとの見解が有力であるが、株主総会当日に議長が議題の撤回を宣言して審議・採決をしなければ取り消すべき決議も存在しないため、実務的には撤回可能である。

　会社提案についても同様に、否決されることが確実と見込まれるため、撤回をする場合には株主総会の承認を得て撤回する必要があると考えられるが、株主総会当日に議長が議題の撤回を宣言して審議・採決をしなければ取り消すべき決議も存在しないと割り切って考えることは可能である。なお、いずれの場合も議案の撤回には取締役会の決議が必要と解される。

　もっとも、株主提案については、株主総会において総株主の議決権の10分の1以上の賛成を得られなかった日から3年を経過していない場合は実質的に同一の議案を提案できない（会304条、305条4項）という効果を得るためにそのまま議案を審議し、厳密に投票を行うことも考えられよう。

エ　株主提案議案
㋐　提案株主の発言の機会

　株主提案がなされた場合、議長は提案株主に提案理由等の説明の機会を与えるべきとした裁判例[120]がある。少なくとも、株主提案に係る議案について、提案株主が株主総会に出席し、補足説明を求めた場合、会社側がこれを拒否すべきではない。ただ、提案株主に自由に発言をさせなければいけないわけではなく、議長の議事整理権の一環として長時間にわたる発言を整理することはできる。提案株主と事前に協議のうえ、発言場所、発言時間等を合意しておくのが実務処理として望ましい。

　他の株主から提案株主に対する質問がある場合、議長がかかる質問を取り

---

120)　山形地判平成元・4・18判時1330号124頁。

上げ、提案株主に発言の機会を与える義務はなく、また、提案株主に回答義務はないと考えられる。議長としては議事整理権の行使により、当該質問を取り上げるか否か、提案株主を指名するか否かを含め、合理的に判断すればよい。

提案株主が欠席した場合、当然ながら発言機会を付与する必要はないが、議案の審議はしなければならない。

(イ) 株主提案議案に関する説明義務

取締役は、株主提案議案であっても、株主提案に関する取締役会意見の内容・根拠、株主提案に関連する会社の情報等、株主から質問があった場合には、平均的な株主が議案に対する合理的な理解および判断を行うことができる程度の説明義務は負うものと解される。ただし、提案理由や提案内容の詳細等は取締役において知りえないことであるから、適宜提案株主に回答を促すなどの対応をとることになろう。

オ 修正動議への対応

(ア) 修正動議の適法性判断

議案提案権（修正動議）は、株主総会の目的である事項（当該株主が議決権を行使することができる事項に限る）について議案を提出する権利であり、単独株主権である。議案要領通知請求権と同様、当該議案が法令もしくは定款に違反する場合または実質的に同一の議案につき株主総会において総株主（当該議案について議決権を行使することができない株主を除く）の議決権の10分の1（これを下回る割合を定款で定めた場合にあっては、その割合）以上の賛成を得られなかった日から3年を経過していない場合は、かかる提案をすることはできない。

取締役会設置会社においては、招集通知に記載された議題以外の事項について決議することはできない（会309条5項）ので、議案提案権は記載された議題から合理的に予測できる範囲のものに限定される。

たとえば、取締役の報酬額の改定が議題である場合、会社側の提案額を減額する修正は認められるが、増額する修正は株主に不利になるので認められないとする見解[121]がある。

同様に形式的な意味での株主にとっての有利不利を判断するのであれば、剰余金の配当についての増額は許容されるが、減額は許されないということ

---

121) 会社法コンメ(7)108頁〔青竹正一〕、新・株主総会ガイドライン244頁。

になると思われるが、減額修正が認められるかどうかは実際には意見が分かれている[122]。

何をもって合理的に予測できる範囲のものかという点について、株主総会参考書類の記載事項を元に判断するしかないが、修正提案を否決できる場合には保守的に採決に進むことを選択する場合が多い。

(イ) 修正動議の採決方法

会社提案に対する修正動議がなされた場合に、原案を先に審議し、原案が可決された場合には修正動議が否決されたものとみなすとする取扱いが一般的である。

審議の順序について、株主総会の議事を進行する議事整理権は議長が有しているのであり（会315条）、原案と動議のいずれを先に採決するかについては、出席株主に諮らずに議長において決定することができるとする裁判例（東京地判平成19・10・31金判1281号64頁）があるが、議場に諮るのが望ましいとされている。

株主提案に対する修正動議がなされた場合、いずれを先に審議するかという確立した実務慣行はないが、株主提案に係る原案が可決する見込みがない場合は原案と修正動議との両方を審議しなければならないため、いずれが先でもよい。

カ 手続的動議への対応

手続的動議としては議長不信任動議が問題となる。大盛工業株主総会決議取消請求事件控訴審判決（東京高判平成22・11・24資料版商事322号180頁）では、「議長不信任の動議については、議長としてのその適格性を問うという動議の性質上、権利の濫用に当たるなどの合理性を欠いたものであることが、一見して明白なものであるといった事情のない限り、これを議場に諮る必要があるというべきであり、仮に合理性を欠くものであることが一見して明白であっても、一度はこれを議場に諮ることが望ましいことはいうまでもない。」とされている。

手続的動議については議決権行使書面や電磁的方法による議決権行使は算入できないため、会社提案が賛成多数で可決し、株主提案が賛成手数で否決

---

122) 減額修正を認めない見解として会社法コンメ(7)108頁〔青竹正一〕、認める見解として新・株主総会ガイドライン247頁。

されることが容易に予測される場合であっても、議長不信任の動議が提出され、議場過半数を確保できないという状況は存在しうる。そうした事態にならないように議場過半数が得られるよう委任状を取得しておくべきであろう。

(3) 採決

ア 採決方法

株主総会の決議は、定款に別段の定めがないかぎり、その議案に対する賛成の議決権数が決議に必要な数に達したことが明白になった時に成立するものと解すべきであって、必ずしも、挙手・起立・投票等の採決の手続をとることを要しない（最判昭和42・7・25民集21巻6号1669頁）。したがって、事前の議決権行使分および委任状によって必要な賛成票が得られている場合、出席株主の拍手等によって賛成を得たとすることも可能である。

株主提案に係る議案を否決する場合、賛成票を集計する場合、事前集計分に加え、当該議案に賛成の株主に挙手・起立等を求め、必要な議決権数に達していないことを確認する必要がある。拍手等で進めたい場合は、反対票を集計するため、事前集計分や会社が集めた委任状の数に加え、当該議案に反対の株主に拍手等を求めるというシナリオになる。

賛否が拮抗している場合は投票を行うこととなるが、必ずしもすべての議案について投票を実施する必要はなく、事前集計および委任状をもって賛否が明らかにならないものについてのみ、投票を行うことで足りる。

イ 投票

投票を行う場合は受付において投票用紙等を配布することになる。近年はバーコードが記載された投票用紙や、マークシート方式による投票用紙等、証券代行会社が提供する投票システムによる場合も少なくない。

投票を行う場合、その間退場ができないように議場の閉鎖を行うことが一般的である。また実際に投票を行う場合、事前に総会検査役と協議し、株主に対し、不正がないことを示すための協力を求めることがある。たとえば、総会検査役において、投票開始前の投票箱の事前確認、投票作業の記録化、投票箱を集計場所に移動し、集計完了までの立会いを求めるなどである。

なお、大阪地判平成16・2・4金判1191号38頁は、「議長が投票という表決方法を選択した以上、投票によって意思を表明しない者の議決権を、その者の内心を推測して当該議案に賛成する旨投票したものとして扱うことは許

されないと解するのが相当である。」としているから、株主総会に役員または株主総会事務局として出席する職員は、事前に委任状を交付するなど議決権が行使できるようにしておかなければならない。

ウ　集計結果の報告・株主総会の終了

集計作業中、いったん休憩をとることも多いが、休憩を宣言するに際しては株主が株主総会会場に戻ってくる目安としての時間を案内し、休憩終了に際しては株主総会会場周辺における案内等を行う必要がある。

議長が議事の再開を宣言した後、会社提案および株主提案の各議案について採決結果を報告し、株主総会の目的事項の終了を宣言した後、閉会宣言に至ることとなる。

8　株主総会後の対応

(1)　マスコミ対応

アクティビストからの株主提案等がなされた場合、マスコミから株主総会の取材を申し込まれることが多いが、株主総会会場への立入りは拒否することが一般的である。取材を拒否しても株主総会会場外で、株主総会終了前後に株主に対する取材が行われるのが通常であるから、むしろ会社としては会社の姿勢を説明するために株主総会直後に記者会見や取材を受けることを検討すべきである。

アクティビストからの株主提案は否決されてもその翌年の定時株主総会において再度株主提案がなされる傾向があり、その点を意識したうえで翌年以降の株主総会で再度支持が得られるように記者会見や取材に応じるべきである。

(2)　臨時報告書

上場会社は、株主総会終了後、遅滞なく、議決権行使結果を臨時報告書により開示しなければならない。記載内容は以下のとおりである（開示令19条2項9号の2）。

----

①　当該株主総会が開催された年月日
②　当該決議事項の内容
③　当該決議事項（役員の選任または解任に関する決議事項である場合は、当

該選任または解任の対象とする者ごとの決議事項）に対する賛成、反対および棄権の意思の表示に係る議決権の数、当該決議事項が可決されるための要件ならびに当該決議の結果

④ ③の議決権の数に株主総会に出席した株主の議決権の数（株主の代理人による代理行使に係る議決権の数ならびに会311条2項および312条3項の規定により出席した株主の議決権の数に算入する議決権の数を含む）の一部を加算しなかった場合には、その理由

臨時報告書においては、上記④記載のとおり、当日出席の株主の議決権の数の一部を加算しなかった場合にはその理由を記載することとされており、実際にはそのような例が多い。

株主提案を否決する場合、賛成票を集計し、賛成票が足りないとする場合と、反対票を集計し、否決するに十分と判断する場合がありうる。後者の場合、臨時報告書においては、

当日出席の一部の株主のうち各議案の賛否に関して確認できたものに係る反対数の確認により、会社法上、否決されることが明らかになったため、賛成および棄権の議決権数は集計しておりません。

などと記載したうえ、反対割合を開示することとなる。

(3) 議決権行使書面・委任状の備置

会社は、株主総会の日から3か月、提出された議決権行使書面をその本店に備え置かなければならず、株主は、会社の営業時間内は、いつでも、議決権行使書面の閲覧または謄写の請求をすることができる（会311条、312条）。委任状についても同様である（会310条）。

(4) 株主総会議事録の作成

会社は、株主総会終了後、株主総会の議事録を作成し、その議事録を10年間その本店に備え置き、議事録の写しを5年間その支店に備え置かなければならない。株主および債権者は、会社の営業時間内は、いつでも議事録の閲覧等の請求をすることができる（会318条）。

(5) 決議通知・剰余金の配当

　会社提案が可決され、株主提案が否決される見込みである場合、決議通知や剰余金の配当についての取扱いは通常の株主総会と異なるところはない。問題は賛否が拮抗することが見込まれる場合の処理である。

　上場会社では振込み等の準備に相当程度の時間が必要なため、会社提案に係る剰余金の処分議案が原案どおり可決される前提で株主総会の前から準備がなされている。決議通知は法令上必要なものではないから割愛または遅延が許されるとしても、仮に賛否が不明との理由で株主総会終了後に振込み等の準備をする前提で日程を組むとすれば多くの上場会社において、配当基準日から3か月以上経過後に配当金の支払いがなされることとなるがそのような扱いが可能かどうかである。

　この点、下記の全国株懇連合会の定款モデルの条項にあるように上場会社のほとんどは決算期末を期末配当の基準日と定めており、会社法124条2項が「基準日株主が行使することができる権利（基準日から3箇月以内に行使するものに限る。）」と定めていることから、配当基準日から3か月以内に配当金の支払いまで可能にするように実務スケジュールが組まれているのが実務であるが、配当基準日までに配当決議がなされていれば（または効力が発生していれば）、配当金の支払いが配当基準日から3か月以内になされなくても問題なく、遅延損害金の支払いも要しないと解するべきであろう[123]。

全国株懇連合会の定款モデル
（剰余金の配当の基準日）
第38条　当会社の期末配当の基準日は、毎年3月31日とする。
2　当会社の中間配当の基準日は、毎年9月30日とする。
3　前2項のほか、基準日を定めて剰余金の配当をすることができる。

　全国株懇連合会の「株主から剰余金の配当に関する提案行われた場合の標準モデル」（2016年2月8日）は、配当に関する株主提案を受領した旨等の通知を株主総会招集決定後および株主総会終了後に、証券保管振替機構に対し

---

123)　辰巳郁「剰余金配当に関する株主提案への実務対応と会社法上の論点」商事2087号（2015年）26頁。

て TARGET ほふりサイトを用いて通知するとともに、標準モデルとして一定の対応を定めている。標準モデルによれば、その対応は以下のとおりであり、「発行者は原則として本モデルに基づく対応することが望ましいものの、個社事情により本モデルとは異なる対応をすることも想定される。」とされている。

① 配当金支払事務を行うために必要な期間を確保する趣旨で、配当金支払開始日を、株主総会の日の翌営業日から起算して7営業日後の日以降の日とする。

② 配当金支払開始日が配当基準日から3か月を超えない場合：「配当の効力発生日として配当金支払開始日を定める

③ 配当金支払開始日が配当基準日から3か月を超える場合：「配当の効力発生日」として株主総会の日を設定し、それとは別に「配当金支払開始日」を決議事項として定める。配当金支払開始日は、株主総会後3週間以内の日を設定する。

④ 同一の配当基準日に係る会社提案と株主提案が両立する関係にあるときは、双方の議案に係る配当金支払開始日を同一日とする。

⑤ 発行者は、株主提案について、上記の対応が適用されるよう配当議案を提案した株主と調整を行う。

第 2 章

M&A における取締役会・株主総会

I　M&Aにおいて取締役会・株主総会決議が必要となる場面──本章で取り上げる「特殊状況」

　M&Aの手法には、株式譲渡、公開買付け、合併、会社分割のほかさまざまなものがあり、これらの手法が組み合わされることも多い。たとえば、公開買付けによって、対象会社の株式を議決権ベースで3分の2以上取得したうえで、対象会社に株式併合を実施させ、対象会社を完全子会社化したり、あるいは、吸収分割または新設分割によって、対象会社から対象事業を別会社に切り出したうえで、当該別会社の株式を取得したりすること等がある。

　これらの場面においては、通常取締役会決議および、または株主総会決議が、必要になる。

　これらの場合に取締役会または株主総会においてどのような対応が必要かについては、類書にゆだねたい。「特殊状況」を取り扱う本書において取り上げる、M&Aの「特殊状況」は次のとおりである。

---

① 　MBOまたは支配株主による従属会社の買収における対象会社の取締役会および株主総会
② 　M&Aの過程において反対株主等が登場した場合の対象会社の取締役会および株主総会
③ 　敵対的または対抗的な公開買付けが開始された場合の対象会社の取締役会

---

　①の場面では、買収者と一般株主との間に構造的な利益相反関係および情報格差があるため、対象会社の取締役会における意思決定に至る手続の公正さがきわめて重要となる。この手続の公正さが損なわれる場合には、取締役個人が損害賠償責任を負うこともある。

　②買収会社と対象会社が実施しようとするM&A（①の場面を含む）について、すべての株主（特にスクイーズ・アウトされる対象会社の株主）が満足するとは限らない。M&Aに反対する株主には、株式買取請求や株主総会決議取消訴訟等の法律上の救済手段が与えられているほか、メディアも動員した反対キャンペーン等の事実上のM&A阻止手段もある。

　③以上は、基本的に、買収者が対象会社あるいは対象会社の株主と協議しながら実施される友好的なM&Aを想定したものであるが、①および②と異

なり、対象会社に寝耳に水の状態で、または、対象会社の賛同がないまま（対象会社の反対を押し切って）M&A が開始されたり、あるいは、友好的な M&A の前後に対抗的な M&A が開始されたりする場合がある。このような場合に、対象会社の取締役会はどのように対応したらよいのか。

これらが本章のテーマである。

Ⅱ　MBO および支配株主による従属会社の買収における対象会社の取締役会および株主総会

1　はじめに

MBO および支配会社による従属会社の買収は、いずれも法律用語ではないが、本書では、経済産業省が 2019 年 6 月 28 日に公表した「公正な M&A の在り方に関する指針」（M&A 指針）の用語例にならう。すなわち、MBO（マネジメント・バイアウト）とは、現在の経営者が全部または一部の資金を出資し、事業の継続を前提として一般株主から対象会社の株式を取得することをいう[1]。支配株主による従属会社の買収における支配株主とは、原則として、東京証券取引所の有価証券上場規程に規定される「支配株主」[2]をいうが、個

---

1) M&A 指針 1.5。なお、東京証券取引所は、MBO を「公開買付者が対象者の役員である公開買付け（公開買付者が対象者の役員の依頼に基づき公開買付けを行う者であって対象者の役員と利益を共通にする者である公開買付けを含む。）」の意味で使っている（会社情報適時開示ガイドブック 6 頁。上場 441 条）。
2) 「親会社又は議決権の過半数を直接若しくは間接に保有する者として施行規則で定める者」をいい（上場 2 条 42 号の 2）、具体的には、次の①②のいずれかに該当する者をいう（同条 2 号、財務諸表等の用語、様式及び作成方法に関する規則 8 条 3 項、上場施 3 条の 2、金商 163 条 1 項）。
　　①　親会社（他の会社等の財務および営業または事業の方針を決定する機関（株主総会その他これに準ずる機関をいう）を支配している会社等）
　　②　自己の計算において所有している議決権と次の(i)(ii)に掲げる者が所有している議決権とをあわせて、上場会社の議決権の過半数を占めている主要株主（自己または他人の名義をもって総株主の議決権の 100 分の 10 以上の議決権を保有している株主をいい、親会社を除く）
　　(i)　当該主要株主の近親者（2 親等内の親族をいう）
　　(ii)　当該主要株主および(i)に掲げる者が議決権の過半数を自己の計算において所有している会社等（会社、指定法人、組合その他これらに準ずる企業体（外国におけるこれらに相当するものを含む）をいう）および当該会社等の子会社

別の M&A ごとに、本指針の趣旨をふまえて、構造的な利益相反の問題および情報の非対称性の問題の有無やその程度、他の大株主の存否等を勘案して実質的に判断する[3]。従属会社とは、かかる意味での支配株主が存在する会社をいう。支配会社による従属会社の買収とは、従属会社の支配株主が一般株主から従属会社の株式全部を取得することをいう[4]。典型的には、上場親会社による上場子会社の完全子会社化である。

　MBO においては、買収主体である経営者には対象会社を安く買収したいというインセンティブがある。他方、スクイーズ・アウトされる対象会社の一般株主は株式を手放すならば高い価格で手放したいので、経営者と一般株主との間には利益相反関係がある。また、経営者と一般株主との間には対象会社について情報格差がある。支配株主による従属会社の買収においては、対象会社を安く買収したい支配株主と、対象会社株式を高い価格で売却したい一般株主との間に利益相反関係があり、また、取締役派遣等を通じて対象会社の内情に通じた支配株主と一般株主には情報格差がある。これらの 2 類型の M&A については、特に、一般株主の利益保護が重要となってくる。

　MBO 等における構造的な利益相反関係等の理論的な説明は以上のとおりとなるが、公正性担保措置の各論的な説明に入る前に、具体的なイメージづくりのために、MBO が頓挫し取締役の損害賠償義務までが認められるに至った著名なシャルレ事件をみておきたい。

　女性用下着の製造販売等を行うシャルレは、創業家一族でありシャルレの社長である取締役らが組成する公開買付者による MBO を計画していた。MBO 公表前のシャルレの株式は、議決権ベースで、創業家一族および資産管理会社によって 55％が保有されていた。このように、社長を含む公開買付者側と対象会社であるシャルレの少数株主の利益は相反していることから、本来、対象会社の取締役のうち公開買付者側の者は対象会社における意思決定の過程から除外されなければならなかった。しかし、実際には、公開買付者側に属するシャルレ社長に対象会社が選任した第三者算定機関の算定結果が共有されるなど、買収者と対象会社との間の情報遮断は十分になされてい

---

3)　M&A 指針 1.5

4)　M&A 指針 1.5。東京証券取引所では、「MBO 等」を「MBO 及び支配株主その他施行規則で定める者による公開買付けをいう。」と定義しているので（会社情報適時開示ガイドブック 6 頁）、「MBO 等」には支配株主による部分取得も含まれる。支配株主による部分取得に関しては、M&A 指針の直接的な適用はない。

図表 2-1：MBO および支配株主による従属会社の買収の構造

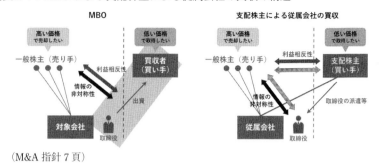

（M&A 指針 7 頁）

なかった。そして、対象会社側の第三者算定機関が算定したシャルレの株式価値の範囲が、公開買付者側で想定していた公開買付価格を上回っていたことから、当該社長は、対象会社側による株式価値算定の範囲が自らが想定している公開買付価格のレベルまで下がるよう、対象会社の担当者を通じて、より保守的・悲観的な事業計画・利益計画を対象会社側の第三者算定機関に提出させ、また、算定方法の選択や類似会社比較法における類似会社の選定についても指示を出すなどした。

　2008 年 9 月 19 日にシャルレの MBO は公表されたが、公開買付価格の算定手続に違法または不公正な点があった旨の内部通報が、法律事務所および大阪証券取引所（当時）等に寄せられた。シャルレにおいては第三者委員会および検証委員会が設置され、その結果も受け、シャルレは公開買付けへの賛同表明を撤回するとともに、MBO を推進した社長を解任した。公開買付けには買付予定数の下限を上回る応募がなく、MBO は頓挫した。

　その後、解任された社長を含む取締役に対して、善管注意義務違反を理由とする損害賠償をシャルレに対して支払うことを求める株主代表訴訟が提起された。

　大阪高等裁判所は、元社長らの善管注意義務違反を認め、MBO の実施にあたって必要となる範囲を超えた弁護士費用およびメディア対応費用、第三者委員会および検証委員会の費用、ならびに、問題発覚後に改めて実施された株価算定のための費用につき善管注意義務違反との因果関係を認め、取締役らに対して、1 億 2000 万円あまりの損害賠償を命じた[5]。

5）　シャルレ事件・大阪高判平成 27・10・29 判時 2285 号 117 頁。

シャルレの MBO は、MBO 指針策定・公表直後の、MBO をめぐる公正性担保措置についての実務が確立・成熟していない時期のものであるが、MBO において厳格な手続が採用されなければならない理由、関与した取締役が負う法的責任の重さ等について、具体的に理解するために、現在でも立ち返るべき貴重な先例である。

2 「公正な M&A の在り方に関する指針」（M&A 指針）

経済産業省は、2007 年 9 月 4 日、「企業価値の向上及び公正な手続確保のための経営者による企業買収（MBO）に関する指針」（MBO 指針）を策定した。MBO 指針は、当時、MBO について一定数の事例が蓄積され、一定の制度整備も進むなかで、MBO に関する公正なルールのあり方（ベストプラクティス）として、原則論を含めた考え方の整理と実務上の対応について提示したものである。

このように、MBO 指針は、ベストプラクティスとして提示されたものであったが、実務家は、MBO および支配会社による従属会社の買収（典型的には、上場親会社による上場子会社の完全子会社化）においては、MBO 指針に即した公正性担保措置をとることを常に心がけてきた。

裁判例においても、MBO 指針に明示的に言及するかどうかはさておき、MBO 指針に従った公正性担保措置が実施されているかが審査され、MBO 指針に従った公正性担保措置が実施されている場合には、価格決定事件にあっては「公正な価格」は公開買付価格を上回るものではないと判断され、MBO または支配会社による従属会社の買収を主導した取締役らの善管注意義務が問われる損害賠償請求事件にあっては MBO 指針が実質的に判断基準に取り込まれる、というかたちで、MBO 指針は、ベストプラクティスを超えた、デファクトスタンダードとして機能してきた。たとえば、価格決定事件である東宝不動産事件東京高裁決定（東京高決平成 28・3・28 金法 2043 号 78 頁）は、「MBO 指針……は、構造的な利益相反を伴う面で本件取引に類似する MBO 取引におけるベスト・プラクティスの形成を目的として作成されたものであり、これに基づく実例も蓄積されつつあることから、以下において、MBO 指針も参照して、本件取引において客観的にみて公正な手続の実質的な履践がなされたか否かを審査する。」と判示している。

MBO 指針策定から 10 年以上が経過し、その間に、実務および裁判例の発展がみられ、また、構造的な利益相反の問題がある M&A についても議論の

蓄積がみられたことから、経済産業省は、2018年11月に、会社法研究者、機関投資家、企業実務家、弁護士等各界を代表する有識者から成る「公正なM&Aの在り方に関する研究会」（座長：神田秀樹・学習院大学大学院法務研究科教授）を立ち上げた。同研究会における議論等をふまえ、2019年6月28日、「公正なM&Aの在り方に関する指針——企業価値の向上と株主利益の確保に向けて」（M&A指針）が策定・公表された。

　M&A指針についても、「本指針で提示する原則論や実務上の対応等は、あくまで、M&Aの公正性を担保しつつ、経済的意義を有するM&Aを発展させるためにはどのような点に留意するのが適切かとの観点から提示するものであり、M&Aに新たな規制を課す趣旨で提示するものではない。本指針は、我が国におけるM&Aが今後更に健全な形で発展していくことを目的として、MBO指針策定後に蓄積されてきた実務も踏まえ、今後の我が国企業社会におけるベストプラクティスの形成に向けて公正なM&Aの在り方を提示するものである。」と説明されている（M&A指針1.3）。しかしながら、MBO指針と同様に、M&A指針もまた実務においてはデファクトスタンダードとして機能していくと予想される[6]。

　そこで以下では、MBO指針適用時期における実務や裁判例の蓄積をふまえつつ、M&A指針に即して、MBOおよび支配株主による従属会社の買収における対象会社の取締役会および株主総会のあり方を整理する。なお、以下は、あくまでも、取締役会および株主総会のあり方を基軸に説明するものであり、取締役会および株主総会のあり方と必ずしも関係しない公正性担保措置全般について述べるものではない。参考までに、M&A指針が示す公正性担保措置の全体像は下記**図表2-2**のとおりである。

---

6)　M&A指針も、3頁の脚注1において、「もっとも、第3章で提示する公正性担保措置が実効的に講じられている場合には、『公正な価格』についての裁判所の審査においても、当事者間で合意された取引条件が尊重される可能性は高くなることが期待され、また、通常は、対象会社の取締役の善管注意義務および忠実義務の違反が認められることはないと想定される。」と述べている。

図表 2-2：M&A 指針の要点

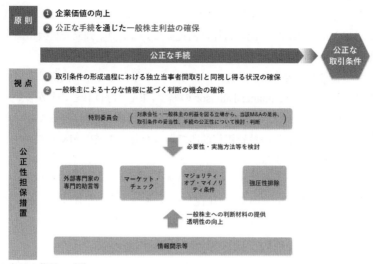

（M&A 指針 16 頁）

　M&A 指針は、基本的に公正性担保措置としての重要性の順に記載されており、実務的にどの手順で何を判断していけばよいのかという関心事との関係では必ずしもわかりやすくない。本章では、M&A 指針の章立て（体系的な整理）や記載順にはかかわらず、原則として、実務的な時系列に従って叙述する。

3　外部専門家の独立した専門的助言の取得

(1)　財務アドバイザー

　M&A 指針は、財務アドバイザーの役割に言及することが少ない。

　公正性担保措置との関係では、「法務アドバイザーからの助言の取得」（M&A 指針 3.3.1）の次のセクションである「第三者評価機関等からの株式価値算定書等の取得」（M&A 指針 3.3.2。下線は筆者が付した）の「等」の内容として、「取引条件の形成過程において、企業価値を高めつつ一般株主にとってできる限り有利な取引条件で M&A が行われることを目指して合理的な努力を行う上では、必要に応じて、M&A のスキームや代替手段、代替取引の検討、価格交渉等において経験豊富な財務アドバイザーの助言や補助を得ることも有効である」と述べ（M&A 指針 3.3.2）、「対象会社のために価格交渉等の助言

や補助を行う財務アドバイザーは、その業務の一環として株式価値算定書等の提供も行い、第三者評価機関を兼ねる場合が多い。」と脚注で触れる程度である（M&A指針脚注51）。記載自体は間違っていないが、独立委員会に関する記述等に割かれるボリュームと比べるとその扱いがいかにも小さい。

　しかしながら、実務上、財務アドバイザーが果たしている役割は大きい。財務アドバイザーは、financial advisor の略で、FA と呼ばれることが多い。買収者の FA と区別して、対象者 FA または対象会社 FA と呼ばれることもある。具体的には、証券会社の投資銀行部門であったり、専業の M&A アドバイザリー会社であったりする。

　対象会社の財務アドバイザーは、買収者の財務アドバイザーをカウンターパートとして買収者側との交渉窓口となり、スキームや全体的なスケジュールについての助言、受け側のデューディリジェンスのサポート、関係者のやりとりのサポート（情報のハブとなる）等広範な役割を担う。

　このようにして、財務アドバイザーは、財務アドバイザーが自ら株式価値算定を行うか否かにかかわらず、実務上の必要性は高い場合が多く、M&A指針においても上記のとおり有効な公正性担保措置の1つと位置づけられているので、対象会社としては、まずその要否を検討すべきである。財務アドバイザーの選任それ自体は、報酬金額が「重要な財産の処分」や「重要な業務執行」（会362条4項）に該当しない場合には、必ずしも取締役会決議事由ではないと考えられるが、対象会社の取締役会において案件のキックオフを決議するのであれば、財務アドバイザーの選任も含めて決議することが考えられる。

(2)　法務アドバイザー

　M&A 指針は、対象会社において適切な公正性担保措置を判断・実施し、手続の公正性を確保するうえで、法務アドバイザーは重要な役割を果たすとし、かかる法務アドバイザーからの助言の取得が「望ましい」とするが（M&A指針3.3.1）、利益相反構造のある M&A 実務に通じた法務アドバイザーの助言がなければ、公正性担保措置を万全にすることは実際問題として困難である場合が多いので、対象会社における対象会社のための法務アドバイザーの選任も、実務的には、多くのケースにおいて必須と考えるべきであろう。法務アドバイザーは、実務においては、legal advisor の略で、LA と呼ばれることが多い。買収者の LA と区別して、対象者 LA または対象会社 LA と呼ばれる

こともある。

　M&A 指針は、法務アドバイザーの役割として、以下のものをあげる（M&A 指針 3.3.1）。

---

① 公正性担保措置を講じることの意義について対象会社が十分に理解する
　ことを補助
② 特別委員会の設置や委員の選定
③ 案件の検討・交渉過程から除外されるべき特別の利害関係を有しまたは
　そのおそれのある取締役等の考え方の整理
④ 財務アドバイザーや第三者評価機関の独立性の検討

　以上の点から明らかなように、対象会社の法務アドバイザーの選任も、非常に初期の段階に行われる必要がある。タイミングとの関係で特に重要なのは、案件の検討・交渉過程から除外されるべき取締役等についての助言である。除外されるべき対象会社の取締役が検討過程に深く関与してからこれらの取締役を除外しても、手続の公正さの観点からは、基本的に手遅れである一方、通常、会社の関係者は、いかなる取締役が除外されるべきかについて具体的な考えを有しておらず、的確な助言を受けなければ、悪気なく、本来除外すべき取締役と情報交換がなされてしまうおそれがある。さればこそ、M&A に通じた法務アドバイザーの選任は、財務アドバイザーの選任と並んで、時間的な優先度が高い。

　法務アドバイザーの選任それ自体は必ずしも取締役会決議事由ではないと考えられるが、対象会社の取締役会において案件のキックオフを決議するのであれば、法務アドバイザーの上記重要性にかんがみて、選任しようとする法務アドバイザーの実績や専門性について報告したうえで、法務アドバイザーの選任も含めて決議することが考えられる。

4　利害関係ある取締役等の除外

(1)　はじめに

　MBO における買付者側となる対象会社の経営陣（多くの場合には会長または社長である取締役）および上場親会社による上場子会社の完全子会社化案件における親会社の役員と兼任している対象会社の取締役等、その立場上、対象会社の一般株主よりも自らあるいは親会社の利益を優先するおそれ（利害関係）のある対象会社の取締役は、対象会社における意思決定から除外され

なければならない。実務的に悩ましいのは、①どの範囲までの取締役を除外するのか、②いつから除外するのか、および、③どのレベルで除外するのか、という点である。順に論じる。

(2) 除外すべき取締役の範囲

決議について特別の利害関係を有する取締役（特別利害関係取締役）は、議決に加わることができない（会369条2項）。たとえば、MBOにおける買収者である対象会社取締役あるいは買収者であるSPCに出資している対象会社取締役は、対象会社の取締役会の決議に参加しないと整理される場合が多い。しかし、MBO後に対象会社の役員として残ることについて買収者と合意している対象会社取締役、あるいは、支配株主における従属会社の買収において、親会社に勤務していたことがある対象会社の取締役は、どうであろうか。この点、会社法369条2項にいう特別利害関係とは、特定の取締役が、当該決議について、会社に対する忠実義務を誠実に履行することが定型的に困難と認められる個人的利害関係ないしは会社外の利害関係をいうなどとされるが[7]、外延は明確でない。グレーゾーンとして実務上問題となるのは以下の者である。

---

① 親会社と子会社の兼任役員ではあるが、子会社での地位の方が高い場合
② 親会社の従業員である子会社の取締役
③ 親会社の元役員または元従業員である子会社の取締役
④ 売主となる大株主の役員または従業員である対象会社の取締役

整理の問題としては、特別利害関係者の解釈問題として整理する方法（この場合、特別利害関係者であれば除外し、そうでなければ除外しないと考える）と、必ずしも特別利害関係者ではないが公正性担保措置の問題として整理として対応する方法があるが、肝心なことは誰を除外すべきか、という点であり、この点では、これまでの実務では、手続の公正さについての疑義を避けるために、保守的に広く利害関係がある取締役を除外してきた。

このような保守的な対応からは以下の2つの問題が生じていた。

1つは、対象会社の全取締役を除外すべき場合である。この場合について

---

7) 会社法コンメ(8)292頁〔森本滋〕。

は、取締役会として決議ができないとして開示書面等にその旨を記載すべきとする見解[8]と、会社法 369 条 2 項は取締役の全員について特別利害関係がある場合には適用がないとする見解[9]、取締役の全員について特別利害関係がある場合でも取締役会決議事項について決議が不要となるわけではないので、特別利害関係を開示書面等に開示したうえで、取締役全員で決議すべきであるとする見解がある[10]。

　もう 1 つは、特別利害関係取締役は定足数算定の基礎に算入されないところ[11]、必ずしも特別利害関係取締役に該当するとはいいきれない取締役を保守的に除外すると、定足数を充たさず、取締役会決議が無効となるおそれである。この点については、実務においては、最も保守的に広く取締役を除外したうえで決議し、続いて、グレーの取締役を参加させて定足数不充足のおそれを払しょくしたうえで改めて同じ決議をとるという対処がとられてきた。

　この点、M&A 指針は、「M&A への賛否等を決定する対象会社の取締役会決議においては、会社法上、『特別の利害関係を有する取締役』は議決に加わることができないとされているが、……個別の M&A の具体的状況に応じて、『特別の利害関係を有する取締役』も含む一定の利害関係を有する取締役等を……除外する……ことが考えられる。」とし、上記と同様の立場をとりつつ、「独立した特別委員会が設置され、有効に機能している場合には、検討・交渉過程から除外する取締役等の範囲に関して、過去に買収者の役職員であった者はその一事をもって全て除外されるべきとまで考える必要はなく、十分な検討・交渉等を行うことが可能な取締役等を確保するという観点からは、例えば、現に買収者の役職員を兼任する取締役等が除外されれば足りるとの整理も考えられる。」としている（M&A 指針 3.2.6）。

　これは、下記 5 で後述する特別委員会が有効に機能する場合には、M&A が相互に独立した当事者間で行われる場合と実質的に同視しうる状況に近づくので（特に特別委員会が買収者との交渉権限を持つ場合がわかりやすい）、対象会社の社内検討体制を保守的にまたは厳格にしなくても、対象会社の一般株主の利益は損なわれないとの考えによるものと解される。

　実務的には、引き続き、個別具体的に利害関係を分析して、除外すべき取

---

8)　公開買付けの理論と実務 247 頁。
9)　会社法コンメ(8)166 頁〔田中亘〕。
10)　森・濱田松本法律事務所編『M&A 法大系』（有斐閣、2015 年）746 頁。
11)　江頭 420 頁。

締役の範囲を決めていくことになるであろうが、特別委員会の機能とのバランス問題であるという新たな視点は、グレーな取締役を参画させてかまわない理由づけとして実務にも取り込まれていくものと思われる。

(3) 除外すべき時期

　除外すべき取締役が M&A への賛否を決議する取締役会からは外れても、これに時間的に先行する検討・交渉過程に関与して取締役会の判断を方向づけていたのでは意味がない。そこで、M&A の検討・交渉が実質化する前に、除外する必要がある。

　M&A 指針も、「取締役会決議の段階だけでなく、その前の検討・交渉段階から、個別の M&A の具体的状況に応じて、……対象会社における検討・交渉過程から除外する……ことが考えられる。」とする（M&A 指針 3.2.6）。

　何をもって、M&A の検討・交渉が実質化する前というかは個別の事情にもよるが、M&A の対価（経済条件）とこれに影響のある要素についての対象会社としての実質的検討の前に除外することが重要であろう。

(4) 除外すべき程度

　以上述べたことに尽きているが、たとえば、MBO であれば、対象会社の会長や社長が買収者であることが通例であり、支配株主による従属会社の買収であれば、親会社の取締役が子会社の代表取締役であることも珍しくなく、そのような場合には、対象会社における当該 M&A の検討の開始後も、当該 M&A の検討・交渉過程から除外されるべき取締役は、対象会社の通常業務には従事せざるをえない。検討・交渉過程からの除外というのは、このような現実をふまえて、実施する必要がある。

　たとえば、対象会社においては、社内のメールの CC の宛先に気をつけるとともに、当該 M&A に関連するファイルは除外されるべき取締役がアクセスできないフォルダに保存するなどの情報遮断措置をとる工夫がある。また、通常の稟議プロセスにおいては、一定の重要事項は社長決裁となっていることが多いが、その見直しが必要になることもある。

　このような除外すべき程度に関連して、典型的に問題になるのは、事業計画の承認である。最も基本的な企業価値算定手法の1つである DCF 法の場合、将来の収益・利益予想を内容とする事業計画が必要になるが、ちょうど次の中期経営計画を発表する準備をしていたタイミングであるといったよう

な場合でない限り、対象会社において機関決定された正式な事業計画は存在していないことが通常である。また、機関決定された事業計画が存在していても、DCF 法で企業価値を算定するのに十分な長さの期間の事業計画は存在していないという事態もしばしば見受けられる。そのようなとき、対象会社の関係者としては、経営トップの承認なしに事業計画を作成・確定することなどできないと考えがちである。しかしながら、経営トップが公正性担保措置との関係で除外されるべき取締役であって、対象会社における当該M&A の検討が始まるタイミングにおいて、しかるべき事業計画が存在しないのであれば、平時の稟議プロセスを曲げてでも、かかる経営トップを除外して、事業計画を作成・確定しなければならないのである。

　利害関係ある取締役等の除外というのは、このように重く、実質的な行為規範であることを対象会社の取締役としては理解する必要がある。

5　特別委員会

(1)　はじめに

　特別委員会は、構造的な利益相反の問題が対象会社の取締役会の独立性に影響を与え、取引条件の形成過程において企業価値の向上および一般株主利益の確保の観点が適切に反映されないおそれがある場合において、本来取締役会に期待される役割を補完し、または代替する独立した主体として任意に設置される合議体である（M&A 指針 3.2.1）。MBO 指針適用下の実務においては、「第三者委員会」といわれることもあったが、M&A 指針が想定する「委員会」は、基本的には、買収者および対象会社・一般株主に対して中立の第三者的な立場に立つのではなく、対象会社および一般株主の利益を図る立場に立つという点において、たとえば企業等に対する中立性が求められる企業等不祥事における第三者委員会とはその位置づけを異にするとの理解に立っている（M&A 指針脚注 27）。そのため、M&A 指針では「第三者委員会」ではなく「特別委員会」という言葉が用いられている。

　かかる特別委員会について、M&A 指針は、「有効に機能した場合には、公正性担保措置として高く評価される」（M&A 指針 3.2.1）、「意義は特に大きいといえ、これを設置することが望ましい。」（M&A 指針 3.2.3）としているが、実務上は必須のものと考えられている。

(2) 設置の時期

　M&A指針は、「特別委員会を早期段階から関与させることにより、取引条件の形成過程全般にわたってその公正性を担保する機能を果たさせるとともに、特別委員会が設置された時点で既に取引条件等が事実上決定されており、これを覆すことが困難な状態に至っている等、特別委員会を設置する意義が実質的に失われることとなる事態を防ぐ観点から、対象会社が買収者から買収提案を受けた場合には、可及的速やかに、特別委員会を設置することが望ましい。」（M&A指針3.2.4.1）、「取締役会の開催や、社外有識者委員を選任する必要がある場合における候補者の選定等のために、特別委員会の設置に一定の時間を要することはやむを得ないと考えられるが、いたずらに特別委員会の設置時期を遅らせるべきではなく、可及的速やかに設置すべく合理的な努力をすることが望ましい。」（M&A指針脚注32）としている。

　取引条件の形成過程全般にわたってその公正性を担保する機能を果たさせるという観点から、従来より、特別委員会を早期に設置すべきことは、実務において意識されてきた。より実務に即すると、次のように考えることとなろう。

　MBOであれば、経営陣、支配株主による従属会社の買収であれば支配株主（親会社等）が、買収の方向性を決断する前には、対象会社としては特別委員会の設置を検討もしようがない。M&A指針は、「対象会社が買収者から買収提案を受けた場合には」（M&A指針3.2.4.1）とするが、実際には、何をもって買収提案というのかはさほど明確ではない。MBOであれば、そもそも、初期の段階では買収者と対象会社が不分明である。条件交渉等を含め、特別委員会が実質的に関与したといえるようにする観点からは、原則として、経営陣が、MBOの実施を決意し（意思を固め）、経営陣以外の対象会社の幹部（取締役とは限らず経営企画部長等M&Aを担当する部門の上席者を含む）に、その計画を告げたタイミングを起点に考えるべきであろう。

　支配株主による従属会社の買収であれば、通常は親会社の経営企画部等親会社の経営陣やこれに付属する部門において子会社の完全子会社化の是非が議論される期間が長い。この間は、対象会社（子会社）は議論の存在すら知らないことが多い。原則として、支配株主（親会社）における議論を経て、いよいよ実施が決まり、対象会社（子会社）の取締役や幹部に、完全子会社化実施の方針が告げられた時を起点にすべきであろう。

　これらを起点に、上記のとおり、対象会社においては、通常は、まず財務

アドバイザーや法務アドバイザーの選定に入る。対象会社としては、アドバイザーから、特別委員会の設置の必要性について説明を受けて、はじめて特別委員会の設置に着手するのが通常である。候補者の選定にいたずらに時間を要してはならないが、候補者の属性や利害関係を調査し、受任の可否について打診すること等には、当然、相応の時間を要するものであり、これらの必要手順をいたずらに遅滞させることなく進める限りは、M&A指針の要請に反するものではない。

　他方、書面による「買収提案書」の提出を待ってから、特別委員会を設置すればよい、という発想は、M&A指針の要請に反するものである。すでに買収条件が固まって、交渉の余地がないタイミングになってから提出される「買収提案書」の受領は起点としては遅い。後々特別委員会の設置時期が紛争の種とならないよう、日付入りの「買収提案書」が作成されることがあるが、あくまでも、買収条件について交渉余地のあるタイミングのものであるかどうかがポイントである。

　加えて、下記(10)のとおり、M&A指針は、特別委員会に買収者との交渉権限を付与することも選択肢としてあげているが、かかる選択肢をとるのであれば、対象会社が先行して取引条件等を交渉したのでは意味がないので、特別委員会の設置はよりいっそう急がれる。

(3)　特別委員会の構成

　従前、特別委員会（第三者委員会）の構成としては、M&A実務に通じた弁護士である委員長および企業価値評価（バリュエーション）に通じた公認会計士である委員等の社外有識者を中核としたうえで、社外取締役または社外監査役が委員として参画する、というものが比較的多かった。

　これに対し、M&A指針は、「社外取締役は、①株主総会において選任され、会社に対して法律上義務と責任を負い、株主からの責任追及の対象ともなりうること、②取締役会の構成員として経営判断に直接関与することが本来的に予定された者であること、③対象会社の事業にも一定の知見を有していること等を踏まえると、特別委員会の役割に照らして、社外取締役が委員として最も適任である」（M&A指針3.2.4.2B)a)）という評価をしている。つまり、社外取締役の属性を重視することを鮮明にしているのである。これに対しては、社外取締役には、通常、M&Aに関する専門的な知識もなく、無理がある、という見方も可能であるが、M&A指針は「社外取締役に期待される基本的

な役割は、特別委員会の役割を適切に理解した上で、会社に対して法律上負う義務と責任を背景に、責任を持って、アドバイザー等の専門的助言等も活用しつつ、特別委員会を適切に運営することであり、自ら専門的判断を行うことではないと考えられるため、社外取締役がM&Aに関する専門性を有しないということだけでは、当該社外取締役を特別委員会の委員として選任しないことが正当化されることにはならない。」としている（M&A指針3.2.4.2B)）。特別委員会のアドバイザー等については、下記(5)で述べる。

　これまで特別委員会の委員として中核を担うことが多かった社外有識者については、M&A指針は、「社外有識者は、株主総会において株主の付託を受けて選任されているわけではなく、社外役員に比べて会社や株主に対する責任関係も不明確であり、株主による直接の責任追及も困難であるものの、M&Aに関する専門性（手続の公正性や企業価値評価に関する専門的知見）を補うために、社外取締役および社外監査役に加えて、社外有識者を委員として選任することは否定されない。」としている（M&A指針3.2.4.2B)c)）。社外有識者については、その専門的知見にかかわらず、属性の面で社外取締役（および社外監査役）に劣るとの評価がなされているのである。

　これまで社外取締役と並列的な選択肢として考えられることの多かった社外監査役はどうか。この点につき、M&A指針は、「社外監査役は、①本来的に経営判断に直接関与することが予定された者ではないものの、取締役会への出席・意見陳述義務や取締役の行為の差止請求権等を通じて、間接的な形で経営に関与すること、②株主総会において選任され、会社に対して法律上義務と責任を負い、株主からの責任追及の対象ともなり得ること、③対象会社の事業にも一定の知見を有していること等を踏まえると、取締役会に占める社外取締役が少数にとどまる現状においては、社外取締役を補完するものとして、社外監査役も委員としての適格性を有するものと考えることが妥当である。」と述べている（M&A指針3.2.4.2B)b)）。属性に着目すると、社外取締役＞社外監査役＞社外有識者という序列があるということである。この点は、実務においてあまり明確に意識されてこなかった点であり、M&A指針の特徴の1つである。

　以上のことから、M&A指針は、「特別委員会は、委員として最も適任である社外取締役のみで構成し、M&Aに関する専門性は、アドバイザー等から専門的助言を得ること等によって補うという形態が最も望ましい。」と結論づけている（M&A指針3.2.4.2B)）。

ここまでのまとめとして、従前の標準的な特別委員会（第三者委員会）の構成と、M&A指針が推挙するベストプラクティスとしての特別委員会の構成を対比すると下記**図表2-3**のようになる。

図表2-3：M&A指針の前後における特別委員会の典型的な構成

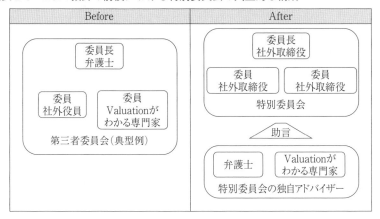

　もっとも、現状では、社外取締役の数が少数にとどまり、社外取締役のみで特別委員会を構成することが困難な企業が多いであろう。また、これまでの実務では、特別委員会は、1か月から2か月程度の短期間に5回以上開催されることが多かったが、きわめて多忙な社外取締役も少なくなく、要請に応えられないこともあろう。とりわけ、下記(10)のとおり、特別委員会の役割が、受動的な諮問型から、積極的な交渉型に変わることが企図されているとすると、よりいっそう、現状では、社外取締役のみで特別委員会を構成することは困難であることが多かろう。もとより、M&A指針はベストプラクティスであるから、特別委員会の構成を決定するにあたっては、M&Aに関する専門的な知識の有無は問わないとしても、社外取締役の人数や実質的関与の程度を見極めて、適宜、社外監査役や社外有識者を委員として選任することも、当然に許容されよう。このことは、M&A指針も了解しているとみえ、「現状では、社外取締役が少数にとどまり、こうした形態をとることが困難な企業も多いと考えられるが、今後、多くの企業において、独立社外取締役が多数選任されるようになり、このようなより望ましい構成の特別委員会を設置しやすくなることが期待される。」と述べている（M&A指針3.2.4.2B)）。

(4) 委員の独立性

　特別委員会は、M&Aが相互に独立した当事者間で行われる場合と実質的に同視しうる状況を作り出すために設置されるものであるから、その委員には、当然、独立性が求められる。M&A指針はこの独立性を以下の2側面に分ける（M&A指針3.2.4.2A)）。

---
① 買収者からの独立性
② 当該M&Aからの独立性

　以下順にみていく。

　① 買収者からの独立性

　対象会社の社外取締役または社外監査役のなかには、過去に支配株主の役職員であった者もいることから実務上の取扱いは悩ましかったが、「会社法上の社外性要件（会社法第2条第15号イ等）も踏まえると、少なくとも過去10年以内に支配会社の役職員であったことがない者であることが望ましい。」として、基準が明確化されている。

　その他の要素については、金融商品取引所が定める独立役員の独立性基準が参考になるとしつつ、個別具体的な実質判断が重要であることが強調されている。

　② 当該M&Aからの独立性

　これは、当該M&Aの成否に関して、一般株主とは異なる重要な利害関係を有していないことを意味し、当該M&Aが成立することにより委員候補者が成功報酬を受領する場合が、M&Aの成否からの独立性に疑義を生じさせる例としてあげられている（M&A指針脚注34）。このような意味での当該M&Aからの独立性が問題になりうる者は、通常は、候補者にもあがらない。また、委員の報酬を成功報酬型にすることも通常はない。

(5) 特別委員会のアドバイザー

　M&A指針は、特別委員会が手続の公正性や企業価値評価に関する専門的知見に基づいて検討・判断を行うため、特別委員会が信頼して専門的助言を求めることができる財務アドバイザー・第三者評価機関や法務アドバイザーが存在することが望ましいとする（M&A指針3.2.4.5）。従前は、M&A実務に通じた弁護士および企業価値評価（バリュエーション）に通じた公認会計士等

の社外有識者が特別委員会の委員に選任されることが多かったので、特別委員会が専門家のアドバイスを委員会外に求めるという発想が乏しかったが、上記(3)のとおり、M&A指針は、委員の属性に着目して、必ずしもM&Aに関する専門的知識を有していない社外取締役のみからなる特別委員会を推奨しているので、特別委員会のアドバイザーという発想が出てくるのである。

特別委員会が助言を受ける方法として、特別委員会が、①自らアドバイザー等を選任することが有益であるとしつつも[12]、②特別委員会において、対象会社の取締役会が選任したアドバイザー等の専門性・独立性を確認のうえ、特別委員会として当該アドバイザー等を信頼して専門的助言を求めることができると判断した場合には、当該アドバイザー等を利用することも否定されない、としている[13]。後者の場合には、対象会社のアドバイザーは、対象会社と特別委員会の双方に助言することとなるので、「対象会社の取締役会が選任したアドバイザー等が特別委員会に対して一般株主の利益よりも買収者側の利益やM&Aの成立を優先した助言や情報提供を行う可能性について懸念が示されることもあることをふまえて、特別委員会に対して、対象会社の取締役会のアドバイザー等を指名する権限や、対象会社の取締役会のアドバイザー等を承認（事後承認を含む）する権限を付与する等、対象会社の取締役会が選任したアドバイザー等により提供され、特別委員会による検討や判断の重要な基礎となる専門的助言の信頼性を担保する工夫を講じることが望ましい。」とされる（M&A指針3.2.4.5）。

以上をふまえ、特別委員会の設置にあたっては、特別委員会に対して、①独自のアドバイザーの選任権、②対象会社のアドバイザー等の指名権または

---

12) 特別委員会が独自のアドバイザー等を選任している例として、支配株主による従属会社の買収事例ではないものの、サッポロによるユニゾホールディングスの完全子会社化案件がある（ユニゾホールディングスの意見表明報告書（2019年8月19日））。また、支配株主による従属会社の買収事例ではなく、M&A指針の策定・公表の直前の事案であるものの、特別委員会が独自のファイナンシャル・アドバイザー兼第三者算定機関を選任した例として、LDFによるカブドットコム証券に対する非公開化案件がある（カブドットコム証券の意見表明報告書（2019年4月25日））。

13) 特別委員会が対象会社のアドバイザーに助言を求めている例として、Levi Strauss & Co.によるリーバイ・ストラウス ジャパンの完全子会社化案件、日本化薬によるポラテクノの完全子会社化案件、および、高松コンストラクショングループによる青木あすなろ建設の完全子会社化案件の例がある（リーバイ・ストラウス ジャパンの意見表明報告書（2019年10月15日）、ポラテクノの意見表明報告書（2019年8月28日）、青木あすなろ建設の意見表明報告書（2019年8月7日））。

承認権を付与することが考えられる。

(6)　社外取締役による特別委員会業務と社外性

　上記(3)のとおり、M&A 指針は、社外取締役が特別委員会の中核を担うことを想定し、また、下記(10)のとおり、かかる特別委員会が買収者と交渉することも選択肢として考えている。

　しかしながら、現行の会社法上、社外取締役が「当該株式会社の業務を執行した」場合には、社外取締役の要件を充たさなくなり（会 2 条 15 号イ）、機関設計上の要件違反（会 331 条 6 項等）や、独立社外取締役の人数に関するコーポレートガバナンス・コードの「コンプライ」状態の喪失等の事態をもたらすところ、「業務の執行」の意義いかんによっては、社外取締役の特別委員会における活動が「業務の執行」にあたりえた。

　すなわち、この「業務の執行」の意義に関しては、これまで、会社事業に関する諸般の事務を処理することと広く解されてきたため、取引の構造上株主と買収者である取締役との間に利益相反関係が生じる MBO 等、会社と業務執行者その他の利害関係者との利益相反が問題となる場面において、社外取締役が当該 MBO 等の交渉等の対外的行為を伴う活動をすることが「業務の執行」に含まれると解される可能性があった。しかし、会社と業務執行者その他の利害関係者との間の利益相反の問題を回避するための活動をしたがゆえに、社外取締役が社外取締役としての要件を失うことは不合理と考えられた。

　そこで、2019 年改正会社法では、セーフ・ハーバー・ルールとして、①会社と取締役との利益が相反する状況にある場合等には、会社は、そのつど、取締役会の決議等により、社外取締役へ業務執行を委託できることとし、②当該委託に基づく業務執行は「当該株式会社の業務を執行した」という要件に該当しないとすることとなった（改正会 348 条の 2）。

　下記(8)の対象会社がその社外取締役を特別委員会の委員として選任する決定は、2019 年改正会社法 348 条の 2 に基づく決定として、社外取締役の社外性を維持する効果ももたらすものである。

(7)　特別委員会委員としての社外役員の報酬

　M&A 指針は、「特別委員会がその役割を十分に果たす上では、委員に対して支払う報酬は、その責務に応じた適切な内容・水準とすることが望ましい。

また、社外役員が特別委員会の委員としての職務を行うことは、上記3.2.4.2
B）のとおり、社外役員の職責から期待されることであるが、特別委員会に係
る職務には通常の職務に比して相当程度の追加的な時間的・労力的コミット
メントを要すると考えられるところ、元々支払いが予定されていた役員報酬
には、委員としての職務の対価が含まれていない場合も想定される。そこで、
このような場合には、別途、委員としての職務に応じた報酬を支払うことが
検討されるべきである。」とする（M&A指針3.2.4.7）。

　対象会社としては、取引の総コストを抑える観点から、社外役員に対して
特別委員会の委員への就任を打診するにあたっては、既存の役員報酬の範囲
内で、すなわち、追加払いなしで済ませたいと考えがちであるが、M&A指針
の指摘もふまえ、元々の委任契約が想定する職務に特別委員会の委員として
の職務が含まれることが読み取れ、かつ、かかる解釈がM&A指針の趣旨に
照らして相当であると認められない限りは、別途の報酬支払いを検討すべき
である。

　また、特別委員会の委員としての活動が「業務の執行」であるかどうかに
ついては議論があるとしても（上記(6)）、「職務執行」ではあるので、その対価
たる委員としての報酬は、取締役の報酬であり（会361条）、株主総会から授
権された報酬枠の範囲内で追加報酬も決定すべきである。仮に、追加報酬の
枠がないような場合には、MBO等の取組みを始める前の平時の株主総会に
おいて株主総会の報酬枠を増加しておく必要がある[14]。

⑻　設置にあたっての取締役会決議の要否

　特別委員会の設置にあたって取締役会決議を要するかは、「重要な業務執
行」（会362条4項）の解釈問題であり、M&Aへの賛否を決する最後の取締役
会で特別委員会に関する手続の公正性も審議すれば足りるとの実質的考慮も
あって、従前は、必ずしも取締役会決議を必要とは解さず、たとえば、経営
会議等の会議体で決議してきた例もあったと考えられる。

　しかしながら、2019年改正会社法348条の2は、MBO等の場面において
社外取締役に特別委員会の委員としての業務を委託することを念頭に置いて、
かかる委託に関し、取締役会設置会社においては、取締役会の決議を要する

---

14)　神田秀樹ほか「〔座談会Ⅱ〕公正なM&Aの在り方に関する指針の意義と実務」商
事2206号（2019年）28頁、35頁〔武井一浩、神田秀樹発言〕。

としている。特別委員会の設置と委員の選任は実質的に一体のものであるから、特別委員会の設置は取締役会決議事項と解するのが相当ではないかと思われる。

なお、M&A 指針は、特別委員会の設置時期に関し、取締役会の開催時期にあわせて遅れるのはやむをえないなどと記載していることから（M&A 指針脚注 32）、M&A 指針も取締役会決議によることを想定していると解される。

(9) 特別委員会の設置・委員選定のプロセス

特別委員会の設置・委員選定のプロセスに関し、M&A 指針は、「特別委員会の設置の判断、権限と職責の設定、委員の選定や報酬の決定については、構造的な利益相反の問題による影響を受けるおそれを可能な限り排除する観点から、対象会社の独立社外取締役や独立社外監査役がこれらのプロセスに主体性を持って実質的に関与することが望ましい。」と述べる（M&A 指針 3.2.4.3）。

このことを本章で述べてきたプロセスに即して説明すると以下のようになる。

まず、特別委員会を設置するタイミングでは、すでに対象会社の法務アドバイザー等が選任されており、その助言に従って、利害関係ある取締役等は、すでに対象会社における意思決定過程から除外されている。

また、上記(8)のとおり、特別委員会の設置および委員選定は取締役会決議によるべきと解されるところ、かかる取締役会の審議および決議に、利害関係ある取締役等は参加せず、独立社外取締役や独立社外監査役が、利害関係等の整理についてアドバイザーから助言を受けたうえで審議に参加する。

(10) 特別委員会の権限（直接交渉型または諮問型）

特別委員会が、買収者との取引条件に関する協議・交渉過程において、企業価値を高めつつ一般株主にとってできる限り有利な取引条件で M&A が行われることをめざして合理的な努力が行われる状況を確保する役割を果たすためには、特別委員会が対象会社と買収者との間の買収対価等の取引条件に関する交渉過程に実質的に関与することが求められる。

この観点から、M&A 指針は、以下のとおり、直接交渉型または諮問型によることを求めている（M&A 指針 3.2.4.4）。

① 特別委員会が取引条件の交渉を行う権限の付与を受け、自ら直接交渉を行うこと（直接交渉型）
② 交渉自体は対象会社の担当役員やプロジェクトチーム等の社内者やアドバイザーが行うが、特別委員会は、たとえば、交渉について事前に方針を確認し、適時にその状況の報告を受け、重要な局面で意見を述べ、指示や要請を行うこと等により、取引条件に関する交渉過程に実質的に影響を与えうる状況を確保すること（諮問型）

いずれの方法によるかは、個別具体的状況に応じて実質的に判断する。

①の直接交渉型はこれまでの実務ではあまり多くみられなかったが、これによる場合には、特別委員会の責任および負担は格段に重い。

また、②の諮問型も、その記載ぶりからわかるとおり、決して、特別委員会が事後報告に対してお墨付きを与えるといった受動的・消極的なものではなく、プロジェクトチーム等が検討・交渉の過程で事前にこまめに特別委員会に相談することで特別委員会に実質的関与を求めるものである。

また、M&A 指針は、特別委員会が取引条件について妥当でないと判断した場合には当該 M&A に賛同しないことを取締役会においてあらかじめ決定しておくこともベストプラクティスとして求めている（M&A 指針 3.2.4.4）。

(11) 対象会社の取締役会における特別委員会の判断の取扱い

取締役会において、M&A への賛否等を最終的に意思決定するに際しては、上記(10)の取決めをしている場合にあっては、特別委員会が取引条件について妥当でないと判断したときは、取締役会は、当該 M&A に賛同しないことになる。

そのような取決めをしていない場合であっても、取締役会は、特別委員会の設置の趣旨にかんがみ、特別委員会の判断内容を適切に理解・把握したうえで、これを最大限尊重して意思決定を行うことが望ましく、特別委員会の判断と異なる判断に至った場合には、取締役会はその理由について十分な説明責任を果たすことが望ましい、とされている（M&A 指針 3.2.5）。具体的には、適時開示書面その他の公表文書に特別委員会の判断と取締役会の判断が異なる詳細な理由を記載することになろう。

⑿　特別委員会の設置・委員選定の際に決定すべき事項

　以上をまとめると、特別委員会の設置・委員選定に関しては、取締役会において、少なくとも以下の事項を決定すべきである。

---

①　特別委員会の委員（属性、独立性、社外有識者の有無の確認を前提）
②　委員の職責、特別委員会の権限（直接交渉型か諮問型か）
③　特別委員会の判断の取扱い（特別委員会が反対なら取締役会も反対か）
④　委員の報酬（既存の報酬への追加報酬、報酬枠内か）
⑤　その他特別委員会の運営に必要な事項

　また、東京証券取引所の「支配株主との重要な取引等に係る遵守事項」（上場441条の2）に基づき、支配株主を有する上場会社の業務執行を決定する機関（取締役会）において株式交換（上場402条1号i）や公開買付け等に関する意見表明等（同号y）を行うことについての決定が、当該上場会社の招集株主にとって不利益なものではないことに関し、当該支配株主との間に利害関係を有しない者による意見の入手が求められている。したがって、支配株主との重要な取引等に該当する場合には、この点についての意見も特別委員会への委嘱範囲に含める必要がある。

6　第三者評価機関等からの株式価値算定書等の取得

⑴　株式価値算定書

　独立した第三者評価機関からの株式価値算定書の取得は、MBO指針時代から確立していた実務であり、取締役会の判断の合理性を担保するために実務上は必須と考えられている。

　ただし、従前は、対象会社が第三者評価機関から株式価値算定書を取得することが通常であったが、M&A指針では、特別委員会が第三者評価機関を独自に選任することも選択肢となっている（M&A指針3.2.4.5）。

　また、M&A指針は、以下のとおり、第三者評価機関の株式価値算定書について新たな視点を提供している（M&A指針3.3.2.1B)）。

　まず、M&A指針は、一般株主が享受すべき利益には、理論上、以下の2つがあるとする（M&A指針2.2.1）。

　しかし、株式価値算定の実務においては、(a)と(b)といった構成要素ごとに分けて価値を算定したうえで合算するというかたちではなく、通常は M&A の実施を前提としない財務予測等に基づいて株式価値算定が行われているとする。すなわち、DCF 法によるバリュエーションは、通常、スタンドアロンの事業計画に基づいている、ということである。この場合、株式価値算定結果には、(b)は入っておらず、まして、そのうち一般株主および買収者がそれぞれ享受すべき部分は直接的に明らかにはされない。それゆえ、株式価値算定結果から対象会社が賛同すべき取引条件が機械的に定まるべきものではない。

　したがって、実務的には、対象会社としては、買収者と合意しようとしている M&A 対価が、第三者評価機関の株式価値算定書のレンジに収まっている、あるいは、これを上回っている、ということから、論理必然的に当該対価が一般株主の利益を害しないという結論を導くものではない。

　このため、M&A 指針は、「対象会社の取締役会や特別委員会は、株式価値算定結果に加えて、算定の前提とされた事業計画の位置付けやその実現可能性、用いられた算定方法の特性、同種の M&A において一般に付与されるプレミアム（買収価格と従前の市場株価との差額）の水準、当該 M&A を行わなくても実現可能な価値、想定される当該 M&A による企業価値増加効果、代替取引の有無や内容等を考慮して、取引条件の検討、交渉および判断を行うことが望ましい。」としている（M&A 指針 3.3.2.1B)）。

(2)　フェアネス・オピニオン

　フェアネス・オピニオンとは、一般に、専門性を有する独立した第三者評価機関が、M&A 等の当事会社に対し、合意された取引条件の当事会社やその一般株主にとっての公正性について、財務的見地から意見を表明するものをいう（M&A 指針 3.3.2.2A)）。過去にフェアネス・オピニオンが取得された案件は存在するが、現時点において日本で一般的なプラクティスとはいえない。

　フェアネス・オピニオンの取得は、欧米等においては一般的なプラクティ

スであるとされるが、株式価値算定書と同様にスタンドアロンの事業計画を前提としている点で、概念上、フェアネス・オピニオンの対象となる価格は一般株主が享受すべき利益とイコールとは考えがたいこと、また、わが国においてはフェアネス・オピニオンの発行主体の法的責任の追及手段が確立していないこと等から、M&A 指針においては、「個別の M&A における具体的状況を踏まえて判断することが適当」とされているにとどまる（M&A 指針3.3.2.2B））。

　対象会社の取締役会としては、実務の動向をふまえながら、フェアネス・オピニオン取得の要否・是非を検討することが必要である。

7　マーケット・チェック

　マーケット・チェックとは、M&A において他の潜在的な買収者による対抗的な買収提案が行われる機会を確保することをいう（M&A 指針3.4.1）。

　マーケット・チェックは、敵対的な公開買付けがあった場合の対象会社取締役の対応といった側面から論じた方がわかりやすいため、下記Ⅳ 8 で取り扱う。

8　マジョリティ・オブ・マイノリティ条件の設定

　マジョリティ・オブ・マイノリティ条件とは、M&A の実施に際し、株主総会における賛否の議決権行使や公開買付けに応募するか否かにより、当該M&A の是非に関する株主の意思表示が行われる場合に、一般株主、すなわち買収者と重要な利害関係を共通にしない株主が保有する株式の過半数の支持を得ることを当該 M&A の成立の前提条件とし、当該前提条件をあらかじめ公表することをいう（M&A 指針3.5.1）。

　マジョリティ・オブ・マイノリティ条件については、これを設定することにより M&A を成立させるために得ることが必要となる一般株主の賛成の数が相当程度増加する場合には、取引条件の公正さを担保するうえで有効性が高い一方、支配株主による従属会社の買収のように買収者の保有する対象会社の株式の割合が高い場合には、マジョリティ・オブ・マイノリティ条件が設定されていると、少ない株式取得によって、企業価値の向上に資するM&A であっても頓挫させることができるといった弊害もあるとされる。このような問題点から、これまでの実務においては、支配株主による買収に際して、マジョリティ・オブ・マイノリティ条件が付される事例はなかった一

方、大株主ではない買収者による MBO においてはマジョリティ・オブ・マイノリティ条件が付されることが多かったといわれている[15]。

　M&A 指針は、かかる条件について、「総合的に判断し、その要否を検討することが望ましい」と記載するにとどめている（M&A 指針 3.5.2）。対象会社の取締役会としては、かかる M&A 指針の指摘をふまえて、マジョリティ・オブ・マイノリティ条件の設定の要否を検討することとなる。

9　特によく検討すべき事項

　M&A 指針は、①M&A が相互に独立した当事者間で行われる場合と実質的に同視しうる状況を確保することに加えて、②一般株主による十分な情報に基づく判断の機会の確保を視点として重視しており、②の視点からこれまでよりも充実した情報の提供が要請されている（M&A 指針 3.6）。

　そのなかにはこれまでの実務においては必ずしも具体的に開示されてこなかった情報も含まれており、このことは、開示に耐えられる新たな実務の形成も促していると思われる。

　そのようなものとして、次のようなものがあげられる。

⑴　特別委員の選定プロセス

　M&A 指針は、「充実した開示が期待される情報」のうち、「委員の独立性や専門性等の適格性に関する情報」として、「委員の独立性、属性・選任理由、選定プロセス等に関する情報」を例示している（M&A 指針 3.6.2.1a）。下線は筆者による）。

　これまで、社外有識者については、M&A 業界での評判を頼りに、財務アドバイザーや法務アドバイザーが推挙する専門家を対象会社が選任してきた。財務アドバイザーや法務アドバイザーの推挙は、アドバイザーとしての専門性に基づく助言であり、かかる選定プロセスに問題があるわけではないが、情実に基づく選定ではないことを明らかにするために、複数の候補者と委員となるべき社外取締役が面談する、といった実務が生まれる可能性がある。

---

15)　石綿学＝内田修平「『公正な M&A の在り方に関する指針』の意義と実務への影響（下）」商事 2211 号（2019 年）85 頁、88 頁。

(2) 特別委員会の審議時間

M&A 指針は、「充実した開示が期待される情報」のうち、「特別委員会における検討経緯や、買収者との取引条件の交渉過程への関与状況に関する情報」として、「特別委員会の設置時期、検討事項、受領した情報の類型、審議回数・<u>審議時間</u>等に関する情報」を例示している（M&A 指針 3.6.2.1c）。下線は筆者による）。

これまでも特別委員会の設置時期や審議会数等は開示されてきたが、審議時間については必ずしも開示されてこなかった。審議時間が不十分との批判を受けないために、これまでよりも審議時間が長く確保される可能性があり、対象会社の取締役会としては、特別委員に対しても十分な審議時間を確保することを求めていくこととなろう。

(3) 案件固有の主要な検討事項に関する検討結果や根拠・理由

どのような案件にも、いくつかの主要な論点があるが、実務においては、往々にして、類似の他社事例をみつつ、法令（金商法）および金融商品取引所の適時開示ルールで求められる限りで開示することになりがちである。この点について、M&A 指針は「MBO および支配株主による従属会社の買収においては、法令や金融商品取引所の適時開示規制による開示制度を遵守するにとどまらず、自主的に、公開買付届出書、意見表明報告書や適時開示等を活用して、株主構成やその背景、属性等も十分に考慮して、一般株主の適切な判断に資する充実した情報を分かりやすく開示することが望ましい。」としている（M&A 指針 3.6.2）。

法令または金融商品取引所の適時開示ルールでは必ずしもその経緯の開示が求められないが、たとえば、特別委員会に提出した事業計画の特定の項目の実現可能性について、特に議論になり、追加資料も提出するなどして、特別委員会の理解が得られる、といったことがある。

また、公表されている案件のうちの一定割合では、公開買付価格が対象会社の 1 株あたりの簿価純資産額を下回っていることがある。1 株あたりの簿価純資産額は、まさに簿価であって、それ自体が対象会社の清算価値や解体価値を表しているものではないが、公開買付価格と 1 株あたりの簿価純資産額の差が著しい場合には、一般株主から不満が出ることも少なくない。このため、対象会社においては、公開買付価格が対象会社の 1 株あたりの簿価純資産額を下回っていても、その他の事情も加味したうえで、提案されている

公開買付価格による公開買付けに賛同し、株主に応募を推奨してよいか検討がなされることがある[16]。

　ほかには、多額の現預金の存在があげられる。株価は振るわないが、多額の現預金を抱えている場合、一般株主は不満を抱きやすい。一般株主の目には、これらの現預金が余剰資金として映りやすいので（配当や自社株買いをしてからMBO等をすべきだという主張につながりやすい）、対象会社としてこれらの現預金が成長投資に必要であると考えるのであれば、この点をしっかりと検討しておくことが考えられる。

　以上のような一般株主が関心を抱きがちな主要な論点についてこれまでよりも踏み込んだ開示が求められる可能性をふまえて、対象会社としては、中身の検討を精緻化することを検討すべきである。

(4)　DCF 法の前提

　これまでも DCF 法の前提については、一定の範囲で開示が求められてきたが、M&A 指針は、以下のとおり、この点について大幅な開示の拡充を求めている（M&A 指針 3.6.2.2a)）。

(i)　算定の前提とした対象会社のフリー・キャッシュフロー予測、およびこれが当該 M&A の実施を前提とするものか否か

(ii)　算定の前提とした財務予測の作成経緯（特別委員会による事業計画の合理性の確認や第三者評価機関によるレビューを経ているか否か、当該 M&A 以前に公表されていた財務予測と大きく異なる財務予測を用いる場合にはその理由等）

(iii)　割引率の種類（株主資本コストか加重平均資本コストか等）や計算根拠

(iv)　フリー・キャッシュフローの予測期間の考え方や予測期間以降に想定する成長率等の継続価値の考え方等

　これらの情報の多くは、価格決定裁判等において、開示するか否かのせめ

---

16)　株主に対し、プレスリリース等において、対象会社が今後も継続企業として事業を運営することを前提としていることから純資産額をベースとした評価は必ずしも適切でないため、公開買付けは、直近の一定期間の平均株価に対してプレミアムを付与した価格によるべきと判断したとの検討過程を開示していたことも評価して、1 株あたりの簿価純資産額が公開買付価格を下回っていた場合であっても公開買付価格を「公正な価格」と認めた例として、ウライ事件・大阪高決平成 29・11・29 金判 1541 号 35 頁がある。

ぎ合いの対象となっていたものであるが、今後は、案件の公表時から開示される実務が定着することが予想される。対象会社としても、これらの情報が開示されるという前提に立ち、DCF法の前提が開示に耐えうる公正なものであるのか、自ら検討し、必要に応じ、第三者評価機関と協議することが考えられよう。

(5) 類似会社比較法の前提

M&A指針は、「類似会社比較法を用いて株式価値算定を実施した場合における類似会社の選定理由に関する情報」の開示を求めている（M&A指針3.6.2.2a)）。

これまでは、類似会社比較法を用いて株式価値算定を実施した場合においても、類似会社の選定理由に関する情報まで開示されることは一般的ではなかった。類似会社の選定にあたっては、バリュエーションの一般的な手法に関する専門的な知見も必要とされるが、対象会社に類似する会社はどこかという点については、対象会社においてこそ知見があるはずであるから、第三者評価機関に任せきるのではなく、類似会社が開示に耐える適切な理由で選定されているのか、対象会社の取締役会としても検討することが考えられよう。

10 公開買付けに対する意見表明

MBOおよび支配株主による従属会社の買収は、公開買付けと会社法に基づくスクイーズ・アウト手法の組合せによるいわゆる2段階買収によってなされることが多いが、この1段階目の公開買付けに関し、利害関係のある取締役等を除外したうえで、対象会社の取締役会として意見表明をする必要がある。

対象者は、公開買付開始公告が行われた日から10営業日以内に、当該公開買付けに関する意見等を記載した意見表明報告書を関東財務局長に提出する必要がある（金商27条の10第1項、金商令13条の2第1項）。また、上場会社の業務を執行する期間が、「公開買付け等に関する意見表明等」を行うことについての決定をした場合には、適時開示が義務づけられている（上場402条1号y）。かかる意見表明は、原則として「重要な業務執行の決定」（会362条4項）に該当すると考えられており[17]、取締役会決議を要する。実務上も、取締役会決議を経て意見表明を行っている。かかる意見表明義務の制度が設けら

れた趣旨は、公開買付者について対象者がいかなる意見を有しているかという
ことは、株主・投資家が的確な投資判断を行ううえで重要な情報であり、
とりわけ、敵対的な公開買付けの場面においては、公開買付者と対象者との
間で主張と反論が株主・投資家にみえるかたちで展開されることにより、投
資判断の的確性をより高めることができると考えられたからである[18]。

　意見表明の内容は、次の2種類からなる（他社株公開買付令第4号様式記載
上の注意(3)a・c)。

---

①　賛否（基準：対象会社の企業価値を向上させるか否か）
②　応募推奨の有無（基準：株主の利益になるか否か）

　会社法の伝統的な理解のもとでは取締役は株主に対しては直接善管注意義
務および忠実義務を負っていないが、対象会社の賛同表明が買収資金の融資
条件となったり、対象会社の応募推奨が機関投資家による応募の重要判断要
素となっていたりするため、対象会社の意見表明は、公開買付けの成否、ひ
いては、株主の利害に重大な影響力を有している。

　友好的な公開買付けの場合には、一般的には、公開買付者との間で十分な
協議がされており公開買付けの合理性を確認できているため、対象会社の取
締役会としては、公開買付けに賛同し、応募を推奨するのが通常である。

11　取締役会の対応についてのまとめ

　以上述べてきた点を、取締役会または取締役の対応として、標準的な順に
まとめると以下のようになる。

---

①　対象会社が買収者から買収提案を受けた場合であって、対象会社として
　これを検討する場合には、買収者との実質的な交渉に入る前に、すみやかに、
　MBOについての専門的知見のある財務アドバイザーおよび法務アドバイ
　ザーを選任し、公正性担保措置等について助言を受ける。
②　法務アドバイザー等の助言を受けて、当該M&Aに関する対象会社におけ
　る意思決定過程から、利害関係ある取締役等を、以後一貫して除外する。
③　法務アドバイザー等の助言を受けて、社外取締役等が実質的に関与する
　かたちで特別委員会の設置・委員選任について検討し、取締役会において、

---

17)　公開買付けの理論と実務239頁。
18)　新しい公開買付制度と大量保有報告制度124頁。

特別委員会の設置・委員選任について決議する。あわせて、このタイミング
で、（対象会社の）財務アドバイザー、法務アドバイザーおよび第三者評価
機関等の選任について、取締役会決議をすることも考えられる。

④　特別委員会が、もしくは、特別委員会が実質的に関与するかたちで対象会
社が、買収者と当該 M&A の経済条件等について交渉し、当該 M&A への賛
否について検討する。

⑤　特別委員会の検討結果や、（対象会社の）第三者評価機関等による株式価
値算定書等をふまえて、取締役会で当該 M&A についての最終的な賛否を決
定する（M&A の形式が公開買付けであれば意見表明も行う）。

12　株主総会における対応

(1)　2段階買収の場合

　公開買付けが先行する2段階買収の場合、1段階目の公開買付けにおいて
下限が議決権ベースで3分の2以上に設定されていることが多いため、その
ような場合には、公開買付けが成立して2段階目の株主総会型のスクイー
ズ・アウト[19]に進む段階では、買収者自らが保有する議決権数だけでスク
イーズ・アウトに関する議案が可決されることがすでに決まっている。した
がって、原則としては、通常の株主総会対策と異なることはない。

　また、強圧性を排除するために、「公開買付け後にスクイーズ・アウトを行
う場合の価格は、特段の事情がない限り、公開買付価格と同一の価格を基準
にするとともに、その旨を開示書類等において明らかにしておく」（M&A 指
針 3.7b)）ことになっている。2段階目になって買収価格に関する条件を切り
下げないというのがポイントである。

　対象会社が株主総会に付議するスクイーズ・アウトに係る議案の提案の理
由の実質的部分は、意見表明報告書その他の開示文書に記載したものと同一
であり、株主総会の招集を決定する取締役会においては、1段階目の意思決
定時の前提が異なってきていないかを確認する程度となる。

---

19)　キャッシュ・アウトであれば株式併合が選択されるのが最もスタンダードとなっ
　　ている。対象会社の株主に上場買収会社の株主になる機会も提供したいと買収者が
　　考える場合には、株式交換が選択されることもある。なお、買収者が公開買付けで議
　　決権ベースで 90%以上の株式を取得した場合には、通常は、株式等売渡請求による
　　スクイーズ・アウトが行われるので、スクイーズ・アウトのための株主総会は開催さ
　　れない。

とはいえ、当該 M&A に賛同する一般株主は、1 段階目の公開買付けに応募して対象会社からすでに退出しているはずであるから、2 段階目の株主総会に残っている株主のなかには、当該 M&A に反対している者がいる可能性が相対的に高いと心得ておく方がよい（実際には、無関心で、公開買付けに応募していなかったという一般株主も少なくなく、そのような一般株主は議決権行使書も提出しない可能性が高い）。反対株主は、原則として、株主総会の前に対象会社に対し、反対通知を送ったうえで、かつ、株主総会でもスクイーズ・アウトに係る議案に反対する必要があるため（会 182 条の 4 第 2 項、469 条 2 項、785 条 2 項）、遅くとも、反対通知のタイミングで反対株主の存在を認識することができる。公開買付けの段階から反対していることが判明している株主が、公開買付けに応じていなければ、公開買付け後の振替口座簿の記録から、当該株主が株主総会で反対することをおおむね予想することもできる。

なお、対象会社における意思形成過程から除外されていた利害関係ある取締役等が株主総会に出席することは妨げられない。ただし、自らが意思決定に関与していなかった議案の説明を、除外されていた取締役が行うことはできないはずであるし、また不自然であるから、対象会社における意思形成過程に関与した取締役が議案の説明を行い、質疑にも回答することが望ましい。

(2) 1 段階買収の場合

公開買付けを介在させず、株式交換、株式併合等の手法により、株主総会による承認を得て完全子会社化が実施されることもある。そのような場合、株主総会に先立って、当該 M&A の実施を機関決定する取締役会が開催される。その取締役会決議に向けて実施されるべき公正性担保措置は上記 3～11 と同じであり、したがって、その後に実施される株主総会についても、すでに述べたところと基本的に異なることはない。

Ⅲ　M&A の過程において反対株主等が登場した場合の対象会社の取締役会および株主総会

1　反対株主がとりうる法的手段と会社の対応

M&A はすべての株主を常に満足させられるわけではない。M&A に反対する株主には次のような法的手段があり、会社としてはそれぞれ留意すべき点

がある。

---

① 取引の有効性を争う方法
② 対価の公正性を争う方法
③ 対象会社の取締役の責任を追及する方法
④ 買収者およびその関係者の責任を追及する方法

---

(1) 取引の有効性を争う方法

ア 差止請求

　下記**図表 2-4** のとおり、主要な M&A の手法に対しては、それぞれ差止請求の根拠条文があり、理論上は差止めの余地がある。

図表 2-4：M&A の各手法の差止可能性

手法	概要
株式譲渡	株式譲渡に固有の差止根拠条文はないが、株主による取締役の違法行為の差止め（会 360 条）の余地はある。
公開買付け	緊急差止命令制度（金商 192 条 1 項）。ただし、証券取引等監視委員会（その委任を受けた財務局長等）に申立権限があり、反対株主には職権の発動を促す余地があるにすぎない。緊急差止命令制度のエンフォースメントは進みつつあるが[20]、公開買付法制違反を理由に用いられたことはない。
第三者割当増資	法令・定款違反または著しく不公正な方法による発行等に対する差止め（会 210 条、247 条）
合併	法令・定款違反等を理由とする差止め（会 784 条の 2、796 条の 2、805 条の 2）
株式交換	同上
株式移転	同上
会社分割	同上
事業譲渡	事業譲渡に固有の差止根拠条文はないが、株主による取締役の違法行為の差止め（会 360 条）の余地はある。

---

20)　神田秀樹＝黒沼悦郎＝松尾直彦編著『金融商品取引法コンメンタール 4――不公正取引規制・課徴金・罰則』（商事法務、2011 年）476 頁〔藤田友敬〕。

株式等売渡請求	法令・定款違反等を理由とする差止め（会179条の7）
株式併合	法令・定款違反等を理由とする差止め（会182条の3）

　しかしながら、第三者割当増資の場合を除き、M&Aが差し止められた事例は、公表されている限りみあたらない。

　また、組織再編等に関する差止要件である「法令又は定款」の違反に関しては、2014年会社法改正の立案担当者は、会社を規範の名宛人とする法令または定款の違反を意味しており、取締役等の善管注意義務や忠実義務の違反は含まれない、したがって、取締役等が決定するM&A対価の不公正も含まれないとの立場をとっているので[21]、実務的にはM&Aの差止めのハードルは高いと考えられる。対価の不当性を差止事由とする株式等売渡請求の差止めについても、「著しい」不当さが要求されている（会179条の7第1項3号）。

イ　株主総会決議取消し・無効確認

　合併等の組織再編および株式併合という株主総会型のM&A手法の場合には、反対株主には、株主総会決議の瑕疵を争うことが考えられる。手続上の瑕疵がある場合に、株主総会決議が取り消されるのは当然としても[22]、反対株主が通常問題にするのは、M&A対価である。この点、全部取得条項付種類株式を用いて少数株主を締め出す内容の株主総会決議が会社法831条1項3号にいう「著しく不当」という要件に該当するためには、単に会社側に少数株主を排除する目的があるというだけではく、少なくとも、少数株主に交付される予定の金員が、当該会社の株式の公正な価格に比して「著しく低廉」であることを必要とした裁判例がある[23]。実務的には、M&A対価の不当性を理由とした株主総会決議取消しまたは無効確認請求の認容ハードルは高いと考えられる。

21)　坂本三郎編著『一問一答　平成26年改正会社法〔第2版〕』（商事法務、2015年）339頁。
22)　基準日設定公告の欠缺を理由に株主総会決議が取り消された例として、アムスク事件がある（東京地判平成26・4・17金法2017号72頁）。
23)　インターネットナンバー事件・東京地判平成22・9・6判タ1334号117頁。

(2) 対価の公正性を争う方法

ア 株式買取請求等

スクイーズ・アウト型の M&A に関しては、下記図表 2-5 のとおり、反対株主には、最終的には「公正な価格」を求めて価格決定を申し立てる権利が保障されている[24]。

図表 2-5：価格決定申立権のある M&A 手法

手法	概要
合併	株式買取請求権（会 785 条、797 条、806 条）と価格決定申立権（会 786 条、798 条、807 条）
株式交換	同上
株式移転	同上
会社分割	同上
事業譲渡	株式買取請求権（会 469 条）と価格決定申立権（会 470 条）
株式等売渡請求	価格決定申立権（会 179 条の 8）
株式併合	株式買取請求権（会 182 条の 4）と価格決定申立権（会 182 条の 5）

かかる制度の趣旨は、M&A に反対する株主に会社からの退出の機会を与えるとともに、退出を選択した株主には、取引がなされなかったとした場合と経済的に同等の状況を確保し、さらに、取引による相乗効果（シナジー）その他の企業価値の増加が生じる場合には、退出を選択した株主にも適切にこれを分配しうるものとすることにより、反対株主の利益を一定の範囲で保障することにある[25]。

イ 反対株主の時的限界

反対株主が対象株式を取得した時期につき会社法の文言は制約を課していない。しかしながら、M&A の公表後にあえて株式を取得または買い増して価格決定申立てを行う株主の行動の投機性が問題視され、反対株主が対象

---

24) 条文上「公正な価格」が明示されていない場合であっても、株主に保障されるべき価格は「公正な価格」であると理解されている。

25) 楽天対 TBS 事件・最決平成 23・4・19 民集 65 巻 3 号 1311 頁。

株式を取得した時期が、M&Aの公表後あるいはスクイーズ・アウトのための株主総会の基準日後である場合等について、下級審では、反対株主の申立適格が幾度も争われてきた。今後も、権利濫用等の個別事情による申立適格は争われるであろうが、一般論としては、次に述べるマツヤ事件最高裁決定[26]によって、一定の決着をみたと考えられる。

　スクイーズ・アウトの手法が株主総会決議を要しない株式等売渡請求であった価格決定申立事件であるマツヤ事件において、最高裁は、「特別支配株主の株式売渡請求は、その株式売渡請求に係る株式を発行している対象会社が、株主総会の決議を経ることなく、これを承認し、その旨及び対価の額等を売渡株主に対し通知し又は公告すること（法179条の4第1項1号、社債、株式等の振替に関する法律161条2項）により、個々の売渡株主の承諾を要しないで法律上当然に、特別支配株主と売渡株主との間に売渡株式についての売買契約が成立したのと同様の法律関係が生ずることになり（法179条の4第3項）、特別支配株主が株式売渡請求において定めた取得日に売渡株式の全部を取得するものである（法179条の9第1項）。法179条の8第1項が売買価格決定の申立ての制度を設けた趣旨は、上記の通知又は公告により、その時点における対象会社の株主が、その意思にかかわらず定められた対価の額で株式を売り渡すことになることから、そのような株主であって上記の対価の額に不服がある者に対し適正な対価を得る機会を与えることにあると解されるのであり、上記の通知又は公告により株式を売り渡すことになることが確定した後に売渡株式を譲り受けた者は、同項による保護の対象として想定されていないと解するのが相当である。」と判示した（筆者注：「法」は会社法のこと）。このように最高裁は、一般株主の株式の喪失が法的に確実になった時点を基準としているから、株式併合等の株主総会型のスクイーズ・アウトの場合の時的限界は、株主総会決議とされる見込みが高い[27]。以上を図示すると、下記図表2-6のようになる。

---

26)　最決平成29・8・30民集71巻6号1000頁。
27)　マツヤ事件最高裁決定についての、辰巳郁「判批」金法2080号（2017年）45頁。

図表 2-6：反対株主の時的限界

M&A の種類	時的限界
株式等売渡請求	対象会社から売渡株主への通知または公告
株式併合等株主総会型のスクイーズ・アウト	株主総会決議

ウ 「公正な価格」

　レックス・ホールディングス事件最高裁決定[28]の田原睦夫裁判官補足意見は、「公正な価格」とは、「MBO が行われなかったならば株主が享受し得る価値」（ナカリセバ価格）と「MBO の実施によって増大が期待される価値のうち株主が享受してしかるべき部分」（シナジー分配額）の合計であるという枠組みを提示し、これがその後の下級審裁判例に多大な影響を与えた。すなわち、下級審裁判例は、「ナカリセバ価格」と「シナジー分配額」をおのおの計算しこれを合算する算定方法をとってきた。田原補足意見は MBO 指針に依拠したものであるが、MBO 指針は、このような二項等式を概念整理として示しただけであり、公正な価格の具体的な算定方法として推奨していたわけではなかった。

　その後、テクモ事件最高裁決定[29]を経て、ジュピターテレコム事件最高裁決定[30]により、田原睦夫裁判官補足意見の提示した枠組みは以下のとおり整理され直された。

　すなわち、最高裁は、「多数株主が株式会社の株式等の公開買付けを行い、その後に当該株式会社の株式を全部取得条項付種類株式とし、当該株式会社が同株式の全部を取得する取引において、独立した第三者委員会や専門家の意見を聴くなど多数株主等と少数株主との間の利益相反関係の存在により意思決定過程が恣意的になることを排除するための措置が講じられ、公開買付けに応募しなかった株主の保有する上記株式も公開買付けに係る買付け等の価格と同額で取得する旨が明示されているなど一般に公正と認められる手続により上記公開買付けが行われ、その後に当該株式会社が上記買付け等の価格と同額で全部取得条項付種類株式を取得した場合」には、公開買付価格を

28）　最決平成 21・5・29 金判 1326 号 35 頁。
29）　最決平成 24・2・29 民集 66 巻 3 号 1784 頁。
30）　最決平成 28・7・1 民集 70 巻 6 号 1445 頁

もって「公正な価格」とした。

　ジュピターテレコム事件最高裁決定は、独立当事者間における合理的な交渉の結果合意されたであろう条件（価格）をもって公正な価格とするテクモ事件最高裁決定を前提に、独立当事者間取引とはいえない場合であっても、利益相反を排除するための措置をとることで価格決定の恣意性が是正されたうえで、一般に公正と認められる手続により公開買付けがなされた場合には、公開買付価格をもって「公正な価格」として尊重できる旨を判示したのである[31]。

　以上の点を簡略化・一般化すると下記**図表 2-7** のようになる。

図表 2-7：「公正な価格」概念の変化

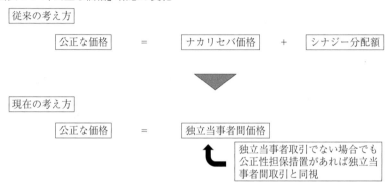

　以上の点は、上記**Ⅱ**で述べた M&A 指針の考え方と整合的であり、M&A 指針の直接的適用対象である MBO および支配株主による従属会社の買収の場合には、M&A 指針が提唱する公正性担保措置を実施すれば、裁判所は M&A 当事者が合意した M&A 対価を公正な価格と認める可能性が高いと思われる。M&A 指針も、M&A 指針が提示する「公正性担保措置が実効的に講じられている場合には、『公正な価格』についての裁判所の審査においても、当事者間で合意された取引条件が尊重される可能性は高くなることが期待され」るとする（M&A 指針脚注 1）。

　また、MBO および支配株主による従属会社の買収以外の場合であっても、

---

31)　藤田友敬「『公正な M&A の在り方に関する指針』の意義」商事 2209 号（2019 年）4 頁、7 頁。

一定程度の構造的な利益相反の問題や情報の非対称性の問題が存在する場合がある。M&A 指針は、そのような場合として、「大株主等に対する第三者割当増資や大株主等による部分的公開買付けによる実質的支配権の取得」をあげる（M&A 指針脚注 2）。これまでの実務もそうであったが、今後も、そのような場合には、最も厳格な公正性担保措置である MBO 指針を参照しながら、適切な公正性担保措置を実施していくことになろう（たとえば、特別委員会までは設置しないとしても、利害関係ある取締役等の意思決定過程からの除外、外部専門家の独立した専門的助言の取得、第三者評価機関からの株式価値算定書の取得は行うこと等が考えられる）。

エ　非訟事件手続の留意点

　価格決定申立事件は非訟事件である。非訟事件であるため、手続は非公開であり（非訟 30 条）、裁判所は職権で証拠調べをすることができる（非訟 49 条）。もっとも、実務上は、当事者の申立てに基づかずに証拠調べがなされることは、ほとんどない。また、証拠調べについて、職権による場合と当事者の申立てによる場合とを問わず、基本的には民事訴訟法に定める方法によるため（非訟 53 条 1 項）、制度上は、証人尋問、当事者尋問、鑑定、書証（文書提出命令、送付嘱託を含む）および検証を行うことができるが[32]、実務上は、価格決定申立事件において、証人尋問等がなされることはまれで、書証中心となっている。

　このことから、実務的な行動規範としては、事案ごとに適切なレベルと判断された公正性担保措置を現に実施したことを示す書証を事前に残しておくことが決定的に重要となる。

　書証としては、公正性担保措置の内容を具体的詳細に記した意見表明報告書・適時開示書面といった公開文書が中心となるが、そのほかには、利害関係ある取締役等を対象会社における意思決定過程から除外したことの証拠としての社内周知文書、第三者評価機関からの株式価値算定書、特別委員会の議事録および報告書等がある。

　第三者評価機関からの株式価値算定書については、DCF 法の前提については各第三者評価機関のポリシーによる部分もあって守秘性が特に高いといったことを主な理由として、第三者評価機関はその株式価値算定書を裁判

---

32)　実務ガイド新・会社非訟 45 頁。

の当事会社が裁判所に証拠提出することを拒むことがあった。もっとも、上記Ⅱ9(4)および(5)で述べたとおり、M&A指針によって、これまで開示されてこなかったDCF法の前提について相当広い範囲で開示されることとなる見込みであり、株式価値算定書の証拠提出を拒む実益が失われている可能性がある。また、M&A指針は、一般株主への情報開示に関し、「対象会社の取締役会や特別委員会による検討・交渉プロセスや判断根拠、第三者評価機関による株式価値算定の内容や計算過程等が事後的に開示され、対象会社の一般株主や広く一般のチェックのもとに置かれることにより、取引条件の形成過程の透明性が向上し、一般株主等の目を意識したより慎重な検討・交渉等や算定が行われることが期待でき、これにより、構造的な利益相反の問題および情報の非対称性の問題への対応に資するという機能」を重視しており（M&A指針3.6.1。傍点は筆者）、「対象会社や特別委員会に対して株式価値算定書やフェアネス・オピニオンを提供した第三者評価機関において、守秘義務条項等を理由として、事後の裁判手続において株式価値算定書やフェアネス・オピニオンに関する情報の提供に消極的になることは望ましくない。」と指摘しているので（M&A指針脚注77）、今後は、一定の範囲で証拠提出が進むのではないかと予想される。第三者評価機関を採用するに際しては、事後の裁判手続等一定の必要がある場合には開示をすることができる旨の同意を得ておくことが望ましい。

　特別委員会の議事録については、M&A指針の考え方をふまえると、証拠提出が進む可能性がある。すなわち、M&A指針は、「対象会社には企業秘密等の公表に馴染まない情報も存在することから、一般株主に対して開示することができる情報の範囲には限界があり、一般株主への直接の情報開示のみによって情報の非対称性の問題に対応することは困難である。そこで、特別委員会の各委員が対象会社に対する秘密保持義務に服していることを前提に、特別委員会が、一般株主に代わり、非公開情報も含めて重要な情報を入手し、これを踏まえて検討・判断を行うという方法も組み合わせることにより、全体として、重要な情報を十分に踏まえた上で、M&Aの是非や取引条件の妥当性についての検討・判断が行われる状況を確保することが望ましい。」としており（M&A指針3.2.4.6）、M&Aの公表にあたって一般株主に開示される情報よりも広い情報を特別委員会に提供することが推奨されている。このような情報のうち、公表時には一般株主開示することができなかったが、その後の事情の変化により必ずしも非公開が必須ではなくなったものについては、

それが公正性担保措置の実施の立証に資するものであれば、裁判のタイミングでの証拠提出が検討に値する。

(3) 対象会社の取締役の責任を追及する方法

反対株主が対象会社の取締役の責任を追及する方法としては、会社法の規定（会423条、429条）または民法の不法行為責任に関する規定（民709条）に基づいて、M&Aに関与した取締役に対して損害賠償請求をすることが考えられる。

この点、MBOに関するレックス・ホールディングス事件において、大阪高裁は、対象会社の取締役および監査役は、善管注意義務の内容として、①MBOに際して公正な企業価値の移転を図らなければならない義務（公正価値移転義務）、および、②対象会社に対する公開買付けにつき会社として意見表明を行う際には、株主が当該公開買付けに応じるか否かの意思決定を行ううえで適切な情報を開示すべき義務（適正情報開示義務）を負うと判示した[33]。また、同じくMBOに関するシャルレ事件において、大阪高裁は、レックス・ホールディングス事件における公正価値移転義務を肯定したうえで、株主との関係では、仮に手続の一部が欠け、あるいは、一部に瑕疵があったとしても、株主に対して最終的に公正な企業価値の移転がなされていると認められる場合には、株主には損害が生じておらず、損害賠償義務は発生しないものの、会社との関係においては、取締役が企業価値の移転に関して公正性を害する行為を行った結果、会社の信用が毀損され、不要な出費を余儀なくされたことにより会社に発生した損害について、賠償義務が発生する余地がある、と判断している[34]。すでに上記Ⅱ1で、述べたとおり、シャルレ事件では、大阪高裁は、元社長らの善管注意義務違反を認め、MBOの実施にあたって必要となる範囲を超えた弁護士費用およびメディア対応費用、第三者委員会および検証委員会の費用、ならびに、問題発覚後に改めて実施された株価算定のための費用につき善管注意義務違反との因果関係を認め、取締役らに対して、1億2000万円あまりの損害賠償を命じている。

ただし、レックス・ホールディングス事件もシャルレ事件も、今日のM&A指針に照らすと、情報開示や利害関係ある取締役等の意思決定過程からの除

33）　東京高判平成25・4・17判時2190号96頁。
34）　前掲注5）大阪高判平成27・10・29。

外の点で、適切だったとはいえなかった事例に関するものである。

　M&A 指針の適用がある MBO および支配株主による従属会社の買収に関しては、M&A 指針が要請する公正性担保措置を実施すれば、レックス・ホールディングス事件が指摘する公正価値移転義務および適正情報開示義務に反する可能性はきわめて小さいと思われる。M&A 指針も「公正性担保措置が実効的に講じられている場合には、……通常は、対象会社の取締役の善管注意義務および忠実義務の違反が認められることはないと想定される。」としている（M&A 指針脚注 1）。

　MBO および支配株主による従属会社の買収に該当しない事案については、利害関係ある取締役等の意思決定過程から除外する、第三者評価機関からの株式価値算定書を取得するなど、事案ごとに異なる、意思決定過程の合理性および内容の合理性を担保する措置を講じておけば、それらが著しく不合理でない限り、取締役の善管注意義務および忠実義務の違反が認められる可能性は小さいと思われる[35]。

⑷　買収者およびその関係者の責任を追及する方法

　対象会社の株主が、買収者およびその関係者の責任を追及する方法として、民法の不法行為責任（民 709 条）に基づく損害賠償請求をすることが考えられる。しかしながら、かかる請求が認められるためには、買収者およびその関係者が、対象会社の株主に損害が生じることについて、故意・過失を有していたことが必要となるが、通常は、そのような事態は生じにくいと思われる。

2　M&A アクティビスト対応

　以上、反対株主がとりうる法律上の（主に会社法上の）手段をみてきたが、反対株主がとる手段はこれに限られない。特に、M&A アクティビスト等は、ウェブサイトやマスコミへの露出を通じて反対キャンペーンを張り、スキー

---

35)　アパマンショップ事件・最判平成 22・7・15 判時 2091 号 90 頁参照。グループの事業再編計画の一環として、少数株主の存在する子会社を完全子会社化する目的で行われた当該子会社の株式の少数株主からの取得に係る買取価格の妥当性が問題にされた事例において、最高裁は、「このような事業再編計画の策定は、完全子会社とすることのメリットの評価を含め、将来予測にわたる経営上の専門的判断にゆだねられている」とし、「その決定の過程、内容に著しく不合理な点がない限り、取締役としての善管注意義務に違反するものではない」と判断した。

ムや取引条件の見直しを求めてくることがある。また、単に著名なアクティ
ビストが株式を大量保有しただけで、市場株価が反応し、M&A 当事会社が
対応を余儀なくされることもある。

　たとえば、米投資ファンド、コールバーグ・クラビス・ロバーツ（KKR）に
よる日立国際電気への公開買付けに際しては、公開買付けの公表後に、著名
なアクティビストである、エリオット・マネジメントが日立国際電気の株式
を大量に買い付けたことが大量保有報告書により明らかになった。市場では、
エリオット・マネジメントが何かをしかけるのではないかとの予想から、日
立国際電気の株価は、当初の公開買付価格である 2503 円を上回った。業績が
好調なために株価が上昇したこともあり、結局、コールバーグ・クラビス・
ロバーツは公開買付価格を 2 度引き上げ、公開買付価格は最終的に 1 株 3132
円となった。エリオット・マネジメントは表立った対応をとらなかったが、
公開買付けに応じたことで一定のキャピタル・ゲインを獲得した。このよう
な事態に、M&A 当事会社として対応できることは少ないが、アクティビス
トは、基本的に公開買付価格が割安であると考えるから、株式を買い付ける
のであり、M&A 当事会社としては、公開買付価格の設定にあたり、慎重な考
慮を要しよう。

　パナソニックによるパナホーム（当時）の完全子会社化案件では、オアシ
ス・マネジメントが、パナソニックとパナホームが 2016 年 12 月 20 日に公表
した株式交換においては、パナホームの企業価値が不当に低く算定されてい
るとして、自らのウェブサイト等を通じて、企業価値算定機関が当事会社と
取引のある金融グループであることを批判するキャンペーンを展開した。オ
アシス・マネジメントが、独自の企業価値算定書を公表したため、パナホー
ムも特定の金融グループに属しない独立系の算定機関からフェアネス・オピ
ニオンを取得するなどした。パナソニックは、最終的に、完全子会社化スキー
ムを、株式交換（1 段階買収）から、公開買付け＋株式併合に変更し、これに
伴い、パナホーム株式の取得価格を引き上げ、完全子会社化は実現した。こ
の間、パナホームは、株式交換比率の妥当性や公正性担保措置を説明する
FAQ を任意に開示したり、オアシス・マネジメントからの買収提案について
特別委員会に諮問したうえで（特別委員会はオアシス・マネジメントと面談もし
ている）、その結果もふまえてパナソニックによる公開買付けへの応募推奨意
見を維持したりするなどの措置をとった。

　以上事例をみてきたが、M&A アクティビストが登場した場合には、会社

としては次の点に留意すべきである。

① M&A アクティビストについて情報収集を行う。
② 必要に応じて、M&A アクティビストと対話をする[36]。
③ 憶測情報や誤った情報が流布している場合には、積極的に追加の情報開示を行う。
④ M&A アクティビストの提案やスキーム変更を検討する場合には、その検討が一般株主の利益を害するものとならないよう、特別委員会に諮問するなど、手続の公正性に留意する。

事前の対応としては、事後的に、アクティビストが保有する相当数の株式について買取請求等がなされる可能性があることをふまえ、必要に応じ、公正性担保措置等を徹底することが考えられる。

Ⅳ 敵対的または対抗的な公開買付けが開始された場合の対象会社の取締役会

1 敵対的な公開買付けの流れ

敵対的な公開買付けとは、対象会社の取締役会の賛同を得ずに開始される公開買付けをいう。したがって、公開買付けの開始後、対象会社の取締役会の賛同が得られたものも、敵対的な公開買付けに含まれる。

上場会社に関していえば、市場外における買付け等により当該買付け等の後における株券等所有割合が3分の1を超える場合には、公開買付けが強制される[37]（金商27条の2第1項2号）。したがって、敵対的買収者が、上場会社の支配権を獲得しようと思えば、原則として、どこかの段階で公開買付けが必要となる。

対象会社との間で対話がないまま公開買付けが開始されることもあれば、敵対的買収者が、市場内で株を買い集めたうえで、対象会社の経営陣に退任を含む改革を迫ったうえで、協議が不調に終わった段階で、敵対的な公開買

---

36) 報道によると、日立国際電気の例でもエリオット・マネジメントとの対話があったようである（2017年12月12日本経済新聞電子版）。
37) 3分の1ルールのほか、いわゆる5%基準等、強制公開買付けの全体については、公開買付けの理論と実務51頁以下が詳しい。

付けが実施されることもある。

　1株も対象会社の株式を保有しないまま公開買付けを実施することも可能であるが、公開買付けに先立って買収提案がなされることが多く、買収提案をする前提として、敵対的買収者が対象会社の株式を公開買付けが強制されない限度で一定程度買い集めることが多い。かかる買集めの事実は、大量保有報告書の提出によって判明することが多い。その大量保有報告制度の概要は以下のとおりである。

　上場会社等が発行している株券等の保有者で、株券等所有割合が5％を超える者（大量保有者）は、大量保有者となった日から5営業日以内に、大量保有報告書を内閣総理大臣（管轄財務局長等）に提出しなければならない（金商27条の23第1項、保有開示令2条1項）。初回の大量保有報告書を提出後、株券等保有割合が1％以上増減した場合には、5営業日以内に変更報告書を提出しなければならない（金商27条の25第1項、保有開示令8条1項）。大量保有報告制度は、経営に対する影響力等の観点から重要な投資情報である上場株券等の大量保有に関する情報を、投資家に対して迅速に提供することによって、市場の公正性、透明性を高め、事実を知らされないことにより被る損害から投資家を保護することを目的としている[38]。

2　敵対的な公開買付けの例

　わが国では敵対的公開買付けは少ないと理解されているが、1999年以降、少なくとも30件の敵対的公開買付けが実施されており、一定の蓄積がある。敵対的公開買付けをまとめた類書はみあたらず、いざ敵対的な公開買付けの当事者となったときの他社事例の調査も容易ではないことから、他社事例調査の端緒を提供する趣旨も込めて、**巻末資料3**に概要もあわせて記載することとした。

3　意見表明

(1)　はじめに

　対象会社は、公開買付開始公告が行われた日から10営業日以内に、当該公開買付けに関する意見等を記載した意見表明報告書を関東財務局長に提出する必要がある（金商27条の10第1項、金商令13条の2第1項）。また、上場会

---

38)　新しい公開買付制度と大量保有報告制度116頁。

社の業務を執行する期間が、「公開買付け等に関する意見表明等」を行うことについての決定をした場合には、適時開示が義務づけられている（上場402条1号y）。かかる意見表明は、「重要な業務執行の決定」（会362条4項）に該当すると考えられており、取締役会決議を要する[39]。実務上も、取締役会決議で意見表明を行っている。

意見表明報告書には、「意見の根拠」として、意思決定に至った過程を具体的に記載しなければならず（他社株公開買付令第4号様式記載上の注意(3)b）、「意見の理由」として、賛否・中立を表明している場合にはその理由を、意見を留保する場合にはその時点において意見を表明できない理由および今後表明する予定の有無等を具体的に記載しなければならない（同c）。

意見表明の内容は、次の2種類からなる（他社株公開買付令第4号様式記載上の注意(3)a・c）。

---

① 賛否（基準：対象会社の企業価値を向上させるか否か）
② 応募推奨の有無（基準：株主の利益になるか否か）

---

(2) 敵対的な公開買付けに対する当初の意見表明

敵対的な公開買付けの場合には、対象会社の取締役会は、表明すべき意見を形成する時間的猶予がないことが多い。そのような場合には、対象会社取締役会としては、①賛否についても②応募推奨についても、いったんは意見を留保する旨の意見表明を行うこととなる。

巻末資料3の過去の敵対的公開買付けの例でも、ほとんどの事例において、対象会社は、意見表明をいったん留保している。

(3) 先行する友好的な公開買付けについての当初の意見表明の変更

友好的な公開買付けの公開買付期間中に、対抗的な敵対的公開買付けが開始された場合の、友好的な公開買付けについての当初の意見表明の取扱いについては、友好的な公開買付けよりも低い公開買付価格の対抗的な公開買付けが開始されることは考えにくいため、友好的な公開買付けよりも高い公開買付価格の対抗的な公開買付けが開始された場合を前提に検討する。

39) 公開買付けの理論と実務239頁。

①賛否については、対抗的な公開買付けの開始は、通常、友好的な公開買付けが対象会社の企業価値向上に資するか否かの判断に影響を与えないはずであるから（仮に対抗的な公開買付けも対象会社の企業価値向上に資するものであったとしても、そのことは、友好的な公開買付けが対象会社の企業価値向上につながらないことを意味しない）、当初の判断は維持されることとなろう。廣済堂の例（**巻末資料3**のNo.5.）でも、南青山不動産による対抗的公開買付けの開始にもかかわらず、MBOに対する当初の賛同表明は維持された。

他方、②応募推奨の有無に関しては、より高い公開買付価格が提示されているときに、より低い公開買付価格の公開買付けへの応募を推奨することは、株主の利益という観点からは困難であり、通常、当初の友好的な公開買付けへの応募推奨の意見は撤回せざるをえない。問題は、撤回後の意見をどのようにすべきかである。対抗的な公開買付けについての意見を留保している状況のもとでは、対抗的な公開買付けに応募するのが好ましいのか、いずれの公開買付けにも応募せず株式を継続して保有することが好ましいのか、意見を表明できないはずである。そこで、撤回後の意見としては、「友好的な公開買付けに応募するか否かは株主の判断に委ねる」との中立的な意見を表明することが考えられる。上記の廣済堂の例でも、南青山不動産による対抗的公開買付けの開始後、廣済堂は、MBOに対する当初の応募推奨の意見を撤回し、「株主の判断に委ねる」との意見を表明した[40]。

(4)　敵対的な公開買付けに対する最終的な意見表明

敵対的な公開買付けに対して、いったん意見表明を留保した後、対象会社の取締役会としては、敵対的な公開買付けを検討して、通常は最終的な意見表明をすることとなる[41]。検討の手段としては、下記4のとおり、公開買付者に対する質問によって情報を得たり、公開買付者と対話したり、あるいは特別委員会（第三者委員会）を設置して答申を得る、といったことが考えられる。

検討を経て、敵対的な公開買付けが対象会社の企業価値向上に資するとの

---

40)　これに対し、**巻末資料3**のNo.19.のテーオーシーの例では、同社の取締役会は、より高い公開買付価格による敵対的買収の開始後もこれに反対の意見表明をし、MBOとしての友好的な公開買付けへの賛同および応募推奨を継続した。

41)　最後まで意見を留保した例として、**巻末資料3**のNo.4.のジェクシードの例がある。

判断に至った場合には、①賛否については、敵対的な公開買付けに賛同することとなる。公開買付価格が対象会社の株主にとって十分であると考えられる場合には、応募推奨することとなり、応募推奨するほどに十分とは考えられない場合には、中立または反対の意見表明をすることとなる。

　敵対的な公開買付けが対象会社の企業価値向上に資さないとの判断に至った場合には、①賛否については、通常、敵対的な公開買付けに反対することとなる。②応募推奨の有無については、公開買付価格の多寡を理由に応募を推奨することも、中立も、いずれもありえよう。

　最後に、検討の結果、敵対的な公開買付けが対象会社の企業価値向上に資するかどうか、どちらともいえない、との判断に至ることもありうる。この場合には、①賛否については、中立との意見表明になる。この場合、②応募推奨の有無については、公開買付価格の多寡を理由に応募を推奨することも、中立も、いずれもありえよう[42]。

　M&A 指針は MBO および支配株主による従属会社の買収を直接の適用対象とするものであるが、M&A 指針が「実際に対抗提案者が出現した場合には、その対抗提案が具体的かつ実現可能性のある真摯な買収提案である限り、対象会社の取締役会や特別委員会としては、当該対抗提案の内容についても真摯に検討する必要があり、合理的な理由なくこれを拒絶することは適切とはいえない。その上で、対象会社の企業価値の向上により資する買収提案と、一般株主が享受する利益（買収対価）がより大きな買収提案とは、通常は一致するものと考えられるところ、例外的にこれらが一致せず、一般株主が享受する利益がより大きな買収提案が他に存在する中で、対象会社の企業価値の向上により資すると判断する買収提案に賛同する場合には、対象会社の取締役会および特別委員会は、その判断の合理性について十分な説明責任を果たすことが望ましい。」（M&A 指針 3.4.4）、「いずれの買収提案が対象会社の企業価値の向上により資するかについては慎重な判断が求められ、企業価値の概念を恣意的に拡大することにより、このような判断を不明確にすることは望ましくない。」（M&A 指針脚注 70）と述べていることもふまえ、敵対的公開買付けを受けた対象会社の取締役会には慎重な判断と積極的な情報開示が求められる。

---

42)　**巻末資料 3** の No. 5. の廣済堂の取締役会は、敵対的公開買付に対し賛否・応募のいずれについても中立との意見表明をした。

4　公開買付者への質問

　公開買付者に対する質問がある場合には、対象会社は、意見表明報告書のなかに記載することで、対象会社に質問をすることができ（金商27条の10第2項1号）、公開買付者は、対象会社が意見表明報告書を提出日から5営業日以内に、関東財務局長に対質問回答報告書を提出しなければならない（金商27条の10第11項、金商令13条の2第2項）。かかる質問権の制度が設けられたのは、対象者から公開買付者に対して質問をする機会が付与されることは、公開買付者と対象者の意見の対立点等がより鮮明になり、株主・投資家が投資判断を行ううえで、いっそうの便宜となると考えられたことにある[43]。当該質問権は、実務上は、対象会社の取締役会が敵対的公開買付けに対し意見を形成するための情報収集手段として活用されている[44]。

　質問権の行使は、1度の公開買付けにつき1回に限定されると解されている[45]。意見表明報告書の訂正報告書で追加の質問をすることもできない[46]。もっとも、これは公開買付者に回答を義務づけるかたちでの質問は1回に限られるという趣旨であって、公開買付者の任意の回答を促すかたちで質問を複数回行うことは可能である[47]。公開買付者の回答が不十分であると判断する場合、それを理由に対象会社の取締役会が中立ないし反対の意見表明をし、さらに回答を促すことも考えられる。

5　公開買付期間の延長請求

　公開買付期間が30営業日未満である場合、対象者は意見表明報告書に記載することにより、公開買付期間を30営業日に延長することを請求することができる（金商27条の10第2項2号、金商令9条の3第6項）。延長請求する場合には、意見表明報告書にその理由を具体的に記載することを要する（他

---

43)　金融庁金融審議会金融分科会第一部会資料「公開買付制度等ワーキング・グループ報告──公開買付制度等のあり方について」（2005年12月22日）6頁。
44)　**巻末資料3**の過去の例の多くでも質問権が行使されている（概要欄参照）。
45)　三井秀範＝池田唯一監修・松尾直彦編著『一問一答　金融商品取引法〔改訂版〕』（商事法務、2008年）198頁。
46)　公開買付けの理論と実務217頁。
47)　たとえば、**巻末資料3**のNo.4.のジェクシードの取締役会は、公開買付者に対し複数回の質問を行っており、公開買付者との質疑応答をプレスリリースのかたちで開示している。

社株公開買付令第 4 号様式記載上の注意(8))。延長請求した場合には、一律に公開買付期間は 30 営業日まで延長されるのであって、対象者がそれ以上に期間を延長できるわけではない。MBO または支配株主による従属会社の買収の場合、公開買付期間は 30 営業日とされることが多いこともあり、対象者による延長請求の実例は少ない[48]。

6　公開買付者との対話・情報提供

　対象会社の取締役会として、敵対的公開買付けに対する意見を形成するために、公開買付者と対話することが考えられる[49]。

　敵対的な公開買付者の立場からすると、通常、友好的な買収者のようにはデューディリジェンスの機会が与えられておらず、したがって、投資判断の基礎となる情報の量も質も友好的な買収者に比べて限定されている。このため、敵対的な公開買付者から、デューディリジェンスの実施を含む情報提供が求められることがあり、対象会社の取締役会としては対応に苦慮するところである。

　この点、M&A 指針の策定過程においては、友好的であれ敵対的であれ買収提案者は等しく取り扱うべきであるなどの指摘もなされたが、最終的には、具体性のある規範は指針化されず、「例えば、買収提案の具体性、実現可能性や真摯性の確認度合い等に応じて、情報提供の要否や提供する情報の範囲を検討する（例えば、当初は限定的な情報提供を行い、上記の確認度合い等に応じて漸次提供する情報の範囲を拡大することにより、段階的に情報提供を行う等）ことには合理性がある。」（M&A 指針 3.4.5）との記載にとどまっている。

7　特別委員会（第三者委員会）

　敵対的公開買付けに対する意見を形成するにあたり、対象会社の取締役会の判断の公正性を担保し、取締役の保身とのそしりを免れるために、敵対的公開買付者から独立し、当該公開買付けの成否に関して重要な利害関係を有していない者からなる特別委員会（第三者委員会）を設置し、当該特別委員会

---

48)　20 営業日であった公開買付期間を 30 営業日に延長した例として、アミーズマネジメントによる公開買付けに対するメディアイノベーションの 2008 年 10 月 24 日付の意見表明報告書の例がある。
49)　**巻末資料 3** の過去例のなかにも公開買付者と対話したことが開示されている例があるが、開示がない場合であっても対話が実施されている可能性がある。

（第三者委員会）に敵対的公開買付者と交渉させ、あるいは、特別委員会（第三者委員会）への諮問に対する答申を得て、対象会社の取締役会の意見表明を行うことも考えられる[50]。

当該特別委員会（第三者委員会）の設置・運営にあたっては、上記Ⅱ5で述べたMBOまたは支配株主による従属会社の買収時における特別委員会の設置・運営の方法が参照に値する。友好的な公開買付けにあたり特別委員会（第三者委員会）が設置されており、友好的な公開買付けの開始の後に、敵対的な公開買付けが開始されたのであれば、当該特別委員会（第三者委員会）を活用することが考えられる。M&A指針も「対抗提案が具体的かつ実現可能性のある真摯な買収提案であるか否かについては慎重な判断が求められ、その判断には特別委員会が実質的に関与することが望ましい。」と述べている（M&A指針脚注67）。

8　マーケット・チェック

M&A指針は、他の買収者による買収提案の機会の確保を、マーケット・チェックと呼び、以下のように一定の意義を認めている。

すなわち、M&A指針は、「M&Aにおいて他の潜在的な買収者による対抗的な買収提案……が行われる機会を確保すること……は、当初の買収提案よりも条件のよい対抗提案を行う対抗提案者の存否の確認を通じて、対象会社の価値や取引条件の妥当性に関する重要な参考情報が得られることに加えて、当初の買収提案者に対して、対抗提案が出現する可能性を踏まえて、対抗提案において想定される以上の取引条件を提示することを促す方向に働くため、取引条件の形成過程における対象会社の交渉力が強化され、企業価値を高めつつ一般株主にとってできる限り有利な取引条件でM&Aが行われることに資するという機能を有する」（M&A指針3.4.1)とし、「マーケット・チェックの方法としては、市場における潜在的な買収者の有無を調査・検討するいわゆる積極的なマーケット・チェックや、M&Aに関する事実を公表し、公表後に他の潜在的な買収者が対抗提案を行うことが可能な環境を構築した上でM&Aを実施することによる、いわゆる間接的なマーケット・チェック等がある。」（M&A指針3.4.2)とする。

---

50)　**巻末資料3**のNo. 1.・2.のユニゾホールディングス、No. 11.の西武ホールディングス、No. 13.のフルキャストテクノロジー、No. 14.のコージツの例等がある。

公開買付期間を法定の最短期間（20営業日）よりも長く設定したうえ、対象会社と買収者との間で取引保護条項の合意を行わず、対象会社の買収防衛策については適用を中止するといった間接的なマーケット・チェックはすでに実務に定着している。公開買付者と対象会社とが、合意された条件に従って公開買付けが実施される限りにおいて対象会社は賛同意見を表明し、これを維持すること等を内容とする公開買付けに関する契約を締結する場合には、当該契約のなかに、第三者からより有利な条件で対抗提案がなされた場合等には、当初の賛同意見を撤回して対抗提案に賛同できる旨のいわゆる Fiduciary Out 条項が規定されることが多いが[51]、前提となる公開買付けに関する契約が常に締結されているわけではない。M&A 指針は、Fiduciary Out 条項には特段言及していない。

9　買収防衛の手段

対象会社の取締役会が、敵対的な公開買付けが対象会社の企業価値の向上に資さないと判断した場合には、対象会社を敵対的公開買付者から防衛するための手段を検討することとなる。その手段としては、以下のものが考えられる。

(1)　株主への情報提供

買収防衛策の発動という場面でない限り、公開買付けに応じるか否かは最終的に対象会社の株主が決めるべきことであるから、対象会社の取締役会としては、プレスリリース等を通じて、敵対的な公開買付けが対象会社の企業価値の向上に資さないと考える根拠を提示するとともに、対象会社の取締役として企業価値向上策を示すことが第1である。

公開買付者に対する的確な質問を通じて、公開買付者による対象会社の経営方針が不合理であり、公開買付者の真意が企業価値の向上ではないことを明らかにすることができ、かつ、敵対的な公開買付者の指摘もふまえて具体的な企業価値向上策を示すことができれば、株主は、公開買付けに応じて一定のプレミアムを得るよりも、株式を継続して保有した方が得策であると判断するであろう。

---

51)　公開買付けの理論と実務243頁脚注17）。

(2) 増配・自己株買い

株主還元策として、剰余金の配当の増額または自己株式の買取りを決定し、公表することが考えられる。このような株主還元策を決定・公表すると、通常、市場株価は向上する。市場株価が公開買付価格を上回れば、対象会社の株主にとっては、公開買付けに応じるよりも、市場で株式を売却する方が得策となる[52]。

(3) 既存株主への働きかけ

既存の大株主に対して、敵対的公開買付けに応募しないよう働きかけることが考えられる。

コーポレートガバナンス・コードとスチュワードシップ・コードの影響等で、現在は政策保有株の持合いの解消が進んでおり、また、機関投資家は受託者責任のもと、投資家に対する合理的な説明が求められていることから、従前ほどは、既存株主への不応募の働きかけは有効な手段ではない可能性がある。しかしながら、個人の少数株主と比べれば、取引先等の大株主は対象会社の事業に対する理解が深いと想定されるので、敵対的な公開買付けが対象会社の企業価値向上に資さないと判断した具体的理由を個別に丁寧に説明すれば、相応の効果があると考えられる。

(4) ホワイトナイト

第三者に対し、ホワイトナイトとして、友好的な公開買付けを対抗的に実施してもらうことが考えられる。対象会社の取締役会としては、当然のことながら、かかる友好的な公開買付けの方が、敵対的な公開買付けよりも対象会社の企業価値の向上に資する、と合理的に判断できる必要がある。

このようなホワイナイトが登場した例としては、**巻末資料 3** の No. 2. のユニゾホールディングス事例におけるサッポロ[53]、No. 7. のソレキア事例における富士通、No. 20. のサンテレホン事例における JBP-I、No. 21. の明星食品事例における日清食品、No. 22. の北越製紙事例における日本製紙、No. 23. の

---

52) このような株主還元策を実施したこともあって、敵対的公開買付けが失敗に終わった例として、**巻末資料 3** の No. 12. のアコーディア・ゴルフ、No. 26. のソトー、No. 27. のユシロ化学工業の例がある。
53) なお、その後、ユニゾホールディングスの取締役会は、サッポロによる公開買付けに対する賛同・応募推奨の意見表明を撤回している。

オリジン東秀事例におけるイオン、No. 25. の日本技術開発事例におけるエイトコンサルタントがある。

　もっとも、ホワイトナイトの取締役も善管注意義務を負っているから、ホワイトナイトによる支援には限界があることにも留意しなければならない。上記のソレキア事例では、佐々木ベジ氏と富士通との間で公開買付価格の引上げ合戦が続いた後、公開買付価格が5000円となった時点で、富士通は、「現状の本公開買付価格を超える引上げは投資判断として合理的限界を超える。」としてそれ以上の引上げを見送っている[54]。

(5)　事前警告型の買収防衛策の発動

　事前警告型の買収防衛策を発動することも考えられる。

　事前警告型の買収防衛策とは、当該防衛策の導入会社を買収しようとする（その会社の株式の20%以上を取得するか、または、公開買付けをかけること、と定義されることが多い）者に対し、買収後の事業計画を含む一定の情報提供を行うこと、および、導入会社の取締役会が当該提案を検討し、必要に応じて代替案を株主に提示するための期間（60日ないし90日が一般的）を確保するように求め、仮に買収者がそうした手続を履践せずに買収を試みたときは、差別的な内容の新株予約権の無償割当ての対抗策を発動する旨をあらかじめ公表することをいう。差別的な内容の新株予約権というのは、買収者以外の株主のみが行使できるという条件（差別的行使条件）、または、発行会社が買収者以外の株主からのみ、普通株式を対価として当該新株予約権を取得できる旨の条項（差別的取得条項）が付された新株予約権のことである。

　かかる事前警告型買収防衛策は、導入会社の取締役会の判断によって買収そのものを阻止するものではなく、むしろ株主が買収の是非を適切に判断できるようにするために、買収者に情報提供と検討期間の確保を求めることが目的である。また、事前警告型買収防衛策は、取締役会によって恣意的に発動されるリスクに対処するために、特別委員会（第三者委員会）の勧告に基づいてする旨が定められていることが多い[55]。

---

54)　富士通「ソレキア株式会社普通株式（証券コード9867）に対する公開買付けに関する当社の考え」（2017年4月21日）。
55)　以上につき、田中亘『会社法〔第2版〕』（東京大学出版会、2018年）691頁以下。

(6) 新株・新株予約権の発行

　取締役会の決議により、第三者割当増資または公募の方法によって、新株または新株予約権を発行し、敵対的公開買付者の持株比率を低下させることも考えられる。

　会社の支配権につき争いがあり、現経営陣が、支配権を争う特定の株主の持株比率を低下させ、もって自らの支配権を維持・確保すること等を主要な目的として新株発行をするときは不公正発行（会210条2号）にあたるとする判例法理（主要目的ルール）は今も支配的であり、最近の下級審裁判例等はかなり厳格に資金調達の必要性を審査する傾向がある。

　ニッポン放送事件東京高裁決定[56]は、「例えば、株式の敵対的買収者が、①真に会社経営に参加する意思がないにもかかわらず、ただ株価をつり上げて高値で株式を会社関係者に引き取らせる目的で株式の買収を行っている場合（いわゆるグリーンメイラーである場合）、②会社経営を一時的に支配して当該会社の事業経営上必要な知的財産権、ノウハウ、企業秘密情報、主要取引先や顧客等を当該買収者やそのグループ会社等に移譲させるなど、いわゆる焦土化経営を行う目的で株式の買収を行っている場合、③会社経営を支配した後に、当該会社の資産を当該買収者やそのグループ会社等の債務の担保や弁済原資として流用する予定で株式の買収を行っている場合、④会社経営を一時的に支配して当該会社の事業に当面関係していない不動産、有価証券など高額資産等を売却等処分させ、その処分利益をもって一時的な高配当をさせるかあるいは一時的高配当による株価の急上昇の機会を狙って株式の高価売り抜けをする目的で株式買収を行っている場合等、当該会社を食い物にしようとしている場合」（いわゆる東京高裁決定4類型）には、「例外的に、経営支配権の維持・確保を主要な目的とする発行も不公正発行に該当しない」と述べ、主要目的ルールに例外があることを認めている。

56）　東京高決平成17・3・23判時1899号56頁。

第 3 章

取締役間の紛争発生時における
取締役会・株主総会

会社の経営方針等の経営判断事項等について取締役間で意見が割れた場合、取締役会での協議等を通じて解決が図られるのが通常であるが、そのような対応によっては事態の打開が困難な場合もある。このような、取締役会がいわば「割れた」状態にあるなかでは、取締役の多数派が、対立する代表取締役を解職する、あるいは、少数派の取締役を取締役選任議案の候補者としないといった措置を講じることにより、取締役会の一本化を図ろうとする場合もある。さらに、めったにあることではないが、場合によっては、多数派取締役の主導により、少数派の取締役の解任議案が上程されることもありうる。

　以下では、取締役間で対立が生じた場合にとられることのある上記の各措置につき、代表取締役の解職に関する論点を中心に論じる。

Ⅰ　代表取締役の解職

1　代表取締役を解職する際の取締役会の運営

(1)　取締役会の招集と招集通知への記載

　代表取締役の解職には取締役会の決議が必要である（会362条2項2号）。したがって、代表取締役の解職を行うためには、まず取締役会を招集しなければならない。

　この点、会社法は、取締役会の招集権は各取締役が有することを原則としつつ、招集権者を定款または取締役会で定めたときには、招集権者とされた取締役が取締役会を招集すべきものとしているところ（会366条1項）、上場会社においては、取締役会の招集権者が定款または取締役会規則において定められているのが一般的である。

　なお、会社法上、取締役会の招集の方法は書面に限定されていないため（会299条2項のような規定が取締役会の招集に関しては存在しない）、たとえば電子メールで招集をすることも可能である。もっとも、取締役会の招集通知が取締役に到達したといえるためには、当該通知が取締役の了知可能な状態に置かれることが必要であるため、たとえば、取締役がまったく受信確認を行わないアドレスに対して招集通知を送信したとしても、その送信をもって適法な招集がなされたものとはいえない[1]。

ア 解職対象の代表取締役以外の取締役が取締役会の招集権者とされている場合

　招集通知は書面による必要はなく、会議の目的事項を特定する必要もないのが原則である。ただ、上場会社の取締役会規則においては、議題を記載した招集通知を取締役会の数日前までに送付する旨定められている場合が多い。解職対象の代表取締役以外の取締役が招集権者とされている場合で、その者が代表取締役の解職を目的とする取締役会を開催しようとする場合、上記規則の定めに従えば、「代表取締役解職の件」を議題として招集通知に記載すべきことになるが、そのような記載を行えば、解職の対象となる代表取締役に対し、当該解職に係る決議が行われる予定であることを事前に知られることになり、当該決議の阻止に向けた行動をとられるおそれがある。

　以上のような事態を避けるため、代表取締役の解職決議を取締役会で行おうとする場合には、当該取締役会の招集通知には解職に関する記載はなされず、取締役会当日に、解職に関する議題が動議により上程されるのが通常である[2]。もっとも、この点に関しては、取締役会の招集通知に記載のない議題につき取締役会で審議・決議を行うことができるかという問題が存する。

　この点、取締役会においては、業務執行の必要上その時に審議・決議しなければならない議題が審議されるべきものであること等を理由に、招集通知に会議の目的を記載する旨が定款で定められている場合であっても、招集通知に記載のない事項を取締役会で審議・決議することは当然に違法ではないと解するのが多数説である[3]（なお、招集通知に議題を記載しないことにつき合理的理由があれば、招集通知に記載のない議題を審議・決議することも許容されるとする見解もあるが、この見解も、代表取締役の解職については、議題を招集通知に記載しないことにつき合理的理由が認められるとする[4]）。裁判例[5]も、一部の取締役を排除し、反論の機会を与えないこと等濫用的な意図のもとにことさ

---

1) 東京地判平成 29・4・13 判時 2378 号 24 頁。なお、この裁判例は、代表取締役解職の取締役会決議の有効性が争われた事案に関するものである。
2) 会社訴訟・仮処分の理論と実務 240 頁では、「代表取締役の選定・解任（解職）といった議案は、緊急動議として提出されることが多いであろう」と述べられている。
3) 江頭 419 頁、Q&A 取締役会運営の実務 213 頁、会社訴訟ハンドブック 588 頁、浜田道代＝久保利英明＝稲葉威雄編『〔専門訴訟講座⑦〕会社訴訟──訴訟・非訟・仮処分』（民事法研究会、2013 年）333 頁。反対説として、岩佐勝博「取締役会の議題と招集通知への記載」実務相談株式会社法(3)608 頁。
4) 島田邦雄編著『取締役・取締役会の法律実務 Q&A』（商事法務、2017 年）331 頁。

ら取締役招集通知に記載しなかった場合は別として、招集通知に記載されていない事項が取締役会で審議・議決されたとしても、これによってただちに当該決議が違法となるものとはいえないとしているところ、代表取締役解職の決議については、上記のとおり、その実施を秘匿しておく必要性が高いと考えられることにかんがみれば、解職の議題が招集通知に記載されていなかったとしても、そのことからただちに濫用的な意図があるとは通常認めがたいものと解される。以上をふまえると、招集通知に代表取締役解職の議題に関する記載がないとしても、そのことのみをもって、当該解職に係る取締役会決議が無効とされる可能性は低いものと考えられる。

イ 解職対象の代表取締役が取締役会の招集権者とされている場合

定款等において解職対象の代表取締役が取締役会の招集権者とされている場合、当該代表取締役の解職決議を行おうとする取締役としては、定例の取締役会の開催を待ち、その取締役会において代表取締役解職の動議を上程し、その場で審議・決議まで持っていくことが考えられる。

また、招集権者である代表取締役に対し、代表取締役解職以外の会議の目的事項を示して取締役会の招集を請求し（会366条2項参照）、これにより開催された取締役会において解職の動議を上程するという方法も、一律に否定されるべきものではないと考える[6]。もっとも、取締役会の招集請求にあたり、招集権者たる代表取締役に対し、その解職に関する議題が上程されることはないとの信頼を積極的に生じさせるような言動が存したような場合には、当該代表取締役の防御権の侵害という観点から別途の考慮が必要なように思われる。

(2) 代表取締役の解職決議等
ア 特別利害関係の有無

代表取締役の解職決議については、当該決議の対象となる代表取締役が当

5) 名古屋地判平成9・6・18金判1027号21頁、名古屋高判平成12・1・19金判1087号18頁。いずれも、代表取締役解職の取締役会決議の有効性が争点となった裁判例である。なお、東京地判平成2・4・20判時1350号138頁も同様の争点に関する裁判例であるが、この事案では、被告となった会社において「取締役会の議題を予め各取締役に通知すべきことを定めた内規が存するなどの事情も見当たらない」ことが判断の前提となっている。
6) 会社訴訟ハンドブック588頁。

該決議の特別利害関係人（会369条2項）に該当するか否かが問題となる。

　この点、学説上は、代表取締役の解任決議につき当該代表取締役は特別利害関係を有しないという見解も有力であるが[7]、判例[8]は、解職決議の対象となる代表取締役は当該決議につき特別利害関係を有するものとしており、実務上は、この判例をふまえ代表取締役につき特別利害関係ありと考え、代表取締役解職の議題との関係では当該代表取締役を議長とせず[9]、当該議題の審議・決議にも参加させないという対応をとるのが一般的である[10]。解職決議の対象となる代表取締役が議長となれない関係で、誰が議長を務めるかという点が問題となるが、定款等において、取締役会の議長に事故ある場合は取締役会であらかじめ定めた順序に従う旨の規定がある場合には、この規定に従って議長を決めてもよいし、このような規定が存する場合であっても、取締役会で改めて議長を決めることは妨げられないと解されるから、解職決議にあたり取締役会で議長を決めるという対応も可能と考えられる[11]。

　なお、代表取締役選定の決議については、当該決議の対象となる取締役につき特別利害関係はない（したがって、当該取締役も審議等に参加できる）というのが通説的見解である[12]。

イ　解職の決議

　代表取締役の解職に関する議題が上程される場合、当該議題を上程した者から、元代表取締役を解職すべき理由が説明されることが一般的である。下記(4)のとおり、代表取締役の解職がなされた場合、当該解職に伴う代表取締役の異動の理由については適時開示等を通じて公表する必要があるところ、仮に、取締役会で説明された解職理由と、公表された異動理由との間に著しい齟齬がある場合、解職理由について十分な説明がなされず解職決議が行われたとして、当該決議の有効性が争われる可能性を否定できない（なお、解職決議の無効事由については下記2(1)ウで後述する。また、解職理由の説明の程度に

---

7)　会社法コンメ(8)294頁〔森本滋〕。
8)　最判昭和44・3・28民集23巻3号645頁。
9)　会社法コンメ(8)298頁〔森本滋〕。
10)　森・濱田松本法律事務所編・三浦亮太『新・会社法実務問題シリーズ5　機関設計・取締役・取締役会』（中央経済社、2015年）100頁。
11)　Q&A取締役会運営の実務214頁。
12)　会社法コンメ(8)293頁〔森本滋〕、江頭憲治郎＝中村直人編著『論点体系会社法3株式会社Ⅲ』（第一法規、2012年）218頁。

ついて言及した裁判例として富山地高岡支判平成31・4・17資料版商事423号175頁があるが、その内容についても後に取り上げる）。この点をふまえ、取締役会で説明される理由と、適時開示等を通じて公表予定の異動理由との間で齟齬が生じないよう留意する必要がある。

　解職の理由について説明がなされた後、解職の是非について審議が行われることになる。解職の議題が上程されることを知らなかった取締役が存する場合は、解職の事実が公表されることによる会社への悪影響の程度、その悪影響をふまえてもなお代表取締役を解職すべき理由等について質問が行われることが予想されるところであり、解職の議題を上程する取締役としては、そうした質問にも十分な回答をなしうるようあらかじめ準備をする必要がある。解職の対象となる代表取締役は、特別利害関係人に該当するため審議には参加できないが、取締役会が意見陳述や釈明の機会を任意に与えることは可能と解されており[13]、場合によっては、代表取締役に意見陳述等の機会を与えることも考えうる。

　審議が終了した後、代表取締役の解職の是非について決議が行われる。なお、代表取締役の解職は、代表取締役であった者に対する告知によってその効力が生じるものではなく、解職の決議によりただちに効力が生じるものと解するのが判例であるが[14]、学説上は告知が必要とするものが多い[15]。代表取締役出席の取締役会において解職決議がなされた場合、当該決議の時点をもって解職の告知がなされたものと解しうるが、代表取締役不在の場合には、念のため代表取締役解職の事実を決議後に通知しておくべきである。

ウ　新たな代表取締役の選定決議

　代表取締役の解職決議に伴い代表取締役が不在となった場合には、新たな代表取締役の選定決議が行われる（なお、取締役会設置会社においては、代表取締役は必要的機関である（会362条3項））。

　この点、取締役会規則において、取締役会における議長と代表取締役たる地位が連動している場合には、代表取締役の解職決議に伴い、当該決議の対象となった代表取締役は取締役会の議長としての資格を同時に失うことにな

---

13)　会社法入門492頁。
14)　最判昭和41・12・20民集20巻10号2160頁。これに賛成するものとして、江頭399頁。
15)　新版注釈会社法(6)149頁〔山口幸五郎〕。

る。この場合には、取締役会の決議により議長を選定したうえで新代表取締役の選定決議を行うことになるが、解職決議の際に議長が選定されているのであれば、代表取締役選定の審議等の際にも、その者が引き続き議長を務めればよい。

　また、取締役会における議長と代表取締役たる地位が必ずしも連動していない場合（たとえば、取締役会規則において、取締役会の議長は社長が務める旨定められている場合で、社長の地位が代表取締役たる地位と連動していないとき）には、解職決議に伴い元代表取締役が当然に取締役会議長の地位を失うことにはならない。もっとも、元代表取締役が議長のままでは新代表取締役の選定決議を円滑に行うことは難しいため、やはり、取締役会の決議により新たな議長を選定したうえで新代表取締役の選定決議を行うべきであり、上記と同様、解職決議の際に議長が選定されているのであれば、その者が引き続き議長として審議等を進めればよいものと考える。

エ　専門家による補助

　会社法上、取締役会の出席義務を負うのは取締役と監査役であるが（監査役につき会383条1項。なお、取締役の出席義務は解釈上導かれる[16]）、取締役会の決議に基づき取締役および監査役以外の者を取締役会に同席させることは可能である。実務上は、取締役会規則において、取締役会が必要と認めたときは取締役および監査役以外の者を取締役会に出席させ、説明または意見を求めることができる旨定められていることが多い。

　この点、代表取締役の解職および新代表取締役の選定に係る決議に関しては、後日当該決議の有効性を争われる可能性が他の決議よりも比較的高いと考えられ、その意味で万が一にも瑕疵が生じることのないよう行うべきものである。こうした瑕疵の発生を可能な限り回避するという観点から、代表取締役の解職決議を行う前に、議長から、補助者としての専門家（弁護士等）を取締役会に出席させることを取締役会に諮り、これを認める旨の決議を経たうえで、専門家による補助を受けながら上記の各決議を行うことも考えられる。

---

16)　神﨑満治郎「取締役会への代理出席の可否」実務相談株式会社法(3)653頁。

オ　解職についての賛否が拮抗している場合の代表取締役解職等

X株式会社（取締役会設置会社）　取締役：AからFまでの6名
　A代表取締役の解職に賛成の取締役：D、E、F
　　➡解職決議後は、Dを新たな代表取締役とすることを希望
　A代表取締役の解職に反対の取締役：A、B、C

　以上のようなケースにおいてA代表取締役の解職決議が行われる場合、前掲注8）最判昭和44・3・28に従いAは当該決議につき特別利害関係を有すると解すると、当該決議については、賛成がD、E、Fの3名、反対がB、Cの2名となるため、解職決議は承認可決され、AはX株式会社の代表取締役ではなくなることになる。

　次に、X株式会社は取締役会設置会社であるため、Aの代表取締役解職に伴い新たな代表取締役を選定する必要が生じる（会362条3項）。ここで、D、E、Fの3名は、Dを新たな代表取締役とすることを希望しているが、DがX株式会社の代表取締役として選定されるためには、A、B、Cのうち少なくとも1名が当該選定の議題に賛成をする必要がある。A、B、CがいずれもDを代表取締役とすることに反対ということであれば（設例のような状態であれば、通常はそのような結果となると思われる）、Dの代表取締役選定の議題は承認可決されず、したがってDはX株式会社の代表取締役となれない。そして、上記のケースにおいては、AはX株式会社の代表取締役を「任期の満了又は辞任により退任」（会351条1項）したものではないため、Aがいわゆる仮代表取締役たる地位を有することもない。それゆえX株式会社としては、「代表取締役が欠けた場合」（同項）に該当するものとして、一時代表取締役選任の申立て（同条2項）を行わざるをえない、ということになる。

　このように、代表取締役の解職に関して賛否が拮抗している場合には、解職は有効に行えるが、その後の新代表取締役の選定が行えないという事態が生じうる。下記(4)のとおり、代表取締役の解職と選定は、いずれも臨時報告書の提出事由および適時開示事由であるため、代表取締役の解職はなされたが新たな代表取締役を選定できなかったという事実は適時開示等を通じて公表せざるをえないが、こうした公表は会社としての信用を大きく損なうおそれがある。代表取締役の解職等に際しては、こうしたおそれが発生しないかどうかを適切に見極める必要がある。

⑶　代表取締役の解職が諮問委員会の審議事項とされている場合
ア　諮問委員会（指名諮問委員会）が存在する場合の手続等

　上場会社が監査役会設置会社または監査等委員会設置会社であって、独立社外取締役が取締役会の過半数に達していない場合、独立社外取締役を主要な構成員とする諮問委員会を設置し、経営陣幹部等の指名・報酬等に関し、諮問委員会を通じて独立社外取締役の関与・助言を得ることが求められている（コーポレートガバナンス・コード補充原則 4-10 ①）。

補充原則

4-10 ①　上場会社が監査役会設置会社または監査等委員会設置会社であって、独立社外取締役が取締役会の過半数に達していない場合には、経営陣幹部・取締役の指名・報酬などに係る取締役会の機能の独立性・客観性と説明責任を強化するため、取締役会の下に独立社外取締役を主要な構成員とする任意の指名委員会・報酬委員会など、独立した諮問委員会を設置することにより、指名・報酬などの特に重要な事項に関する検討に当たり独立社外取締役の適切な関与・助言を得るべきである。

　こうしたコーポレートガバナンス・コードの定めを受け、指名諮問委員会を設置する会社は年々増加している[17]。もっとも、どのような事項が指名諮問委員会の諮問対象となるかは、各社における内規（指名諮問委員会規則）の内容次第であるところ、以下の例のように、指名諮問委員会の諮問対象事項の1つとして代表取締役の選定・解職をあげる規則も実務上見受けられる。

指名諮問委員会規則における指名諮問委員会の権限等の記載例

第〇条（権限等）

　指名諮問委員会は、取締役会の諮問に応じて、取締役に関する次の事項について審議、決定し、その内容を取締役会に答申する。

　①　代表取締役の選定及び解職に関する事項

　（以下略）

---

17)　東京証券取引所作成の「東証上場会社における独立社外取締役の選任状況及び指名委員会・報酬委員会の設置状況」（2019 年 8 月 1 日）によれば、指名委員会（任意・法定の双方を含む）を設置する東証第一部上場会社の割合は、2018 年時点では 34.3%であったが、2019 年時点は 49.7%まで増加している。

このような内容の指名諮問委員会規則を置く会社においては、代表取締役の解職および新代表取締役の選定にあたり、当該規則との関係上、①取締役会から指名諮問委員会への諮問、②指名諮問委員会における審議およびその決定内容についての取締役会への答申、③指名諮問委員会の答申をふまえた取締役会での決定という手続を履践する必要が生じることになる。もっとも、代表取締役の解職決議については、情報管理の観点から、できる限り秘密裏に準備を進める必要がある場合が多く、そういった必要が存する場合においては、①ないし③の各手続を迅速に行うためのスケジュール設定が重要となる。

　なお、取締役会規則と同様、指名諮問委員会規則においても、委員会の会日の一定期間前に、議題等を記載した招集通知を発する必要がある旨定められている場合がある。こうした定めが存する場合において、事前の招集通知なく代表取締役の解職等について指名諮問委員会で審議・決定できるかが問題となりうるが、指名諮問委員会において代表取締役の解職または選定につき急きょ審議すべき必要が生じる場合のありうることをふまえると、取締役会決議の場合と同様、事前の通知がないことの一事をもって、指名諮問委員会における決定に瑕疵があると解すべきではないと考える。

　また、経済産業省作成の「コーポレート・ガバナンス・システムに関する実務指針（CGS ガイドライン）」（2017 年 3 月 31 日（最終改訂：2018 年 9 月 28 日））においては、「仮に取締役会で委員会の答申内容と異なる決定を行う場合には、委員会の答申内容を尊重する観点からすると、相応の理由が必要と考えられるため、その理由を整理するとともに、必要に応じてその理由を外部に情報発信することが考えられる。」（99 頁）とされている。代表取締役の解職決議がなされた場合、下記(4)のとおり、当該決議に伴う代表取締役の異動理由を開示する必要があるため、諮問委員会の答申内容にかかわらず解職決議の理由は公表することになるが、上記のガイドラインをふまえると、指名諮問委員会が代表取締役を解職すべきでない旨答申したにもかかわらず解職決議を行った場合には、指名諮問委員会の答申と異なる決議を行った相応の理由の説明が求められるものと考えておくべきと思われる。

　なお、指名諮問委員会の答申を欠く場合の取締役会決議の効力については下記 2 (1)ウ(イ) d で後述する。

イ　指名諮問委員会における決議と特別利害関係

　指名諮問委員会において代表取締役の解職および新代表取締役の選定に関しての答申内容を決定する際に、解職および選定の対象となる者が指名諮問委員会の委員を務めている場合のように、委員会での決定について委員個人が利害関係を有する場合がある。

　この点、委員会規則において、決定内容につき特別利害関係を有する委員は議決に加わることができない旨の規定が置かれているのであれば、この規定に従い、解職および選定の対象となる委員については、上記の決定に関する審議および決議から除外すべきである。また、そのような規定が規則上存在しない場合であっても、委員会における決定手続の公正性の観点からは、上記の規定が存する場合と同様の対応をすべきと考えられる。

　なお、上記(2)アですでに述べたとおり、取締役会における代表取締役の選定の決議については、選定の対象となる取締役につき特別利害関係は存しないというのが通説であるが、委員会における候補者決定の透明性・公正性確保の観点から、指名諮問委員会における代表取締役選定に関する決定については、対象者を議決から外すといった対応も考えられるとの見解も存する[18]。

(4)　代表取締役の解職に伴う開示等

ア　臨時報告書

　有価証券報告書を提出しなければならない会社において代表取締役が解職された場合、「代表取締役の異動があった」ものとして、当該会社は臨時報告書を提出する必要がある（金商24条の5第4項、開示令19条2項9号）。代表取締役の解職に伴い新たな代表取締役を選定した場合、その選定に関しても臨時報告書への記載を要する。

　なお、上記1(1)のとおり、代表取締役の解職権限は取締役会に存することから、取締役会において解職の決議がなされた日が「代表取締役の異動があった」日と解されている[19]。したがって、代表取締役の解職に伴う臨時報告書は、当該解職の決議が取締役会において行われた日から「遅滞なく」（金商法24条の5第4項）提出する必要がある。

---

18)　澤口実＝渡辺邦広編著『指名諮問委員会・報酬諮問委員会の実務〔第2版〕』（商事法務、2019年）182頁。
19)　中村聡ほか『金融商品取引法——資本市場と開示編〔第3版〕』（商事法務、2015年）390頁。

代表取締役の異動に関する臨時報告書には、①異動に係る代表取締役の氏名、生年月日、新旧役職名、異動年月日および所有株式数、②新たに代表取締役になる者についての主要略歴が記載されなければならない（開示令19条2項9号）。

イ　適時開示

　また、代表取締役の解職は、「代表取締役……の異動」（上場402条1号aa）として適時開示事由にも該当するため、代表取締役の解職を決議した場合には適時開示を行う必要がある。なお、臨時報告書の場合と同様、代表取締役の選定も「異動」に該当するため適時開示の対象となる。

　代表取締役の異動に関する適時開示にあたっては、以下の事項を掲記すべきものとされている[20]。

---

①　異動の理由
②　新・旧代表取締役等の氏名・役職名
③　新任代表取締役の生年月日、略歴、所有株式数
④　就任予定日
⑤　その他投資者が会社情報を適切に理解・判断するために必要な事項

ウ　開示後の対応

　代表取締役の解職等を公表した場合、株主、機関投資家、マスコミ等から、解職の経緯や理由等について問合せがなされる可能性がある。こうした問合せに対し適切に対応できるよう、想定される質問やこれに対する回答を解職等の公表前から準備しておくことも多い。

　また、代表取締役の解職等から近接した時期に株主総会が開催される場合、解職等を主導した経営陣主導で取締役選任議案等の議案の内容が決定されるのが通常であるが、当該議案の可決やより多くの賛成票の獲得を目的として、機関投資家や議決権行使助言会社に連絡をとり、議案の内容に加え解職等に至った事情を直接説明するという場合もある。特に定時株主総会が集中する時期の直前時には、機関投資家等との面談設定自体が日程的に困難な場合もあることから、上記の説明を行う必要がある場合には、解職等の公表後ただ

20）　会社情報適時開示ガイドブック282頁。

ちに機関投資家等に連絡をとるのが望ましい。

(5) 登記手続

　代表取締役の解職がなされた場合、解職の決議に関する取締役会議事録を添付して、代表取締役退任による変更登記の申請を行う（商登54条4項）。解職とあわせて新代表取締役の選定が行われた場合には、代表取締役就任による変更登記の申請も行う必要がある。

　なお、取締役会議事録については、出席取締役および監査役の署名または記名押印が必要とされているところ（会369条3項）、取締役会において代表取締役の解職決議が行われた場合、解職された代表取締役が、当該解職に係る取締役会の議事録への署名等に応じないという事態が想定される。しかしながら、解職による変更登記の申請は、取締役の過半数の署名等がなされた取締役会議事録があれば受理されるため[21]、解職された代表取締役のみが署名等を拒否したとしても、解職に係る登記との関係では支障は生じない。

　また、代表取締役の解職後に新代表取締役の選定を取締役会で行う場合、当該取締役会の議事録は、選定による変更登記の添付書類となるところ、当該変更登記の申請にあたり、従前の代表取締役が届け出た印鑑による押印が当該議事録に存在しない場合には、取締役会に出席した取締役および監査役が当該議事録に実印で押印し、かつ印鑑証明書を添付しなければならないものとされている（商登規61条6項3号）。したがって、解職された代表取締役が、新たな代表取締役の選定に関する取締役会議事録に押印しないことが予想される場合には、出席取締役および監査役に対し、実印および印鑑証明書の持参を依頼しておくのが望ましい。

(6) 代表取締役たる地位が特定の役職の在職要件となっている場合の処理

　実例としてさほど多いわけではないが、定款等の社内規則上、代表取締役たる地位にあることが、特定の役職に就くための要件とされている場合がある。

　たとえば、「取締役会は、その決議によって取締役会長、取締役社長各1名、取締役副社長、専務取締役、常務取締役若干名を定めることができる。ただし、取締役社長は代表取締役でなければならない。」といったような規定であ

21）　新・取締役会ガイドライン441頁。

る。このような規定に加え、「株主総会は、取締役社長がこれを招集し、議長となる。取締役社長に事故があるときは、取締役会においてあらかじめ定めた順序に従い、他の取締役が株主総会を招集し、議長となる。」といった規定が存する場合、代表取締役たる取締役社長が代表取締役から解職されると、その者は取締役社長としての肩書を失い、その結果として、株主総会の定款上の招集権者および株主総会の議長としての資格を失うことになる（この場合において、その者が株主総会の招集を行った場合、招集手続が定款に反するものとして決議取消原因となりうる（会831条1項1号））。このような場合において、新たに代表取締役が選定され、その者が取締役社長となれば、その者が株主総会の招集権者および議長となるが、代表取締役の解職後、新たな代表取締役が選定できない事態が生じた場合には、「取締役社長に事故がある」ものとして、あらかじめ取締役会で定めた順序に従い招集権者および議長が定まるものと考えられる。

　以上の例のように、代表取締役としての地位にあることを在職の要件とする役職が存在する場合には、代表取締役の解職に伴い当該役職に変動が生じることになる。代表取締役の解職を行う場合においては、こうした役職変動の有無とそれへの対応も検討しておく必要がある。

2　解職に対する代表取締役の対抗手段

　これまでは、代表取締役の解職をどのように行うのかという点を、主に手続面に着目して論じてきたが、以下では、代表取締役の解職決議に対し、その対象となる代表取締役がどのような対抗手段をとりうるかについて検討する。

(1)　解職決議の無効確認請求等
ア　訴えの内容等

　代表取締役から解職された取締役の対抗手段としてまず考えられるのは、代表取締役解職の取締役会決議の無効確認や、当該決議の無効を前提とした、自身が代表取締役の地位にあることの確認を求める訴えを提起するという方法である。請求の趣旨の具体的な内容は次のとおりである。

> **解職決議の無効確認を求める場合**
> 　被告の令和○年○月○日付け取締役会における、□□を代表取締役から解

職する旨の決議は無効であることを確認する。

代表取締役の地位にあることの確認を求める場合
　原告が被告の代表取締役の地位にあることを確認する。

　また、解職決議後に新たな代表取締役が選定されている場合、当該決議の無効を確認する訴えの提起も考えられる。

　被告の令和○年○月○日付取締役会における、□□を代表取締役に選定する旨の決議は無効であることを確認する。

　取締役会決議の有効性を争う方法としては、決議の無効確認請求のほか、決議の不存在確認請求もありうる。もっとも、株主総会決議とは異なり、取締役会決議に関しては、その無効と不存在とで要件や効果に変わりがないこと等の理由により、実務的には、取締役会決議の無効と不存在とはそれほど厳格には区別されていない[22]。

　取締役会決議の無効（不存在）確認、代表取締役の地位確認のいずれの訴えについても、解職された代表取締役がこれらの訴えを提起する場合、当該訴えの相手方となるのは会社であり、当該会社が監査役設置会社であれば、その会社を代表するのは監査役である（会386条1項1号[23]）。なお、当該会社が監査等委員会設置会社であれば会399条の7第1項に、当該会社が指名委員会等設置会社であれば会408条1項に基づき会社を代表する者が定まる）。会社が裁判所に対して提出する委任状も、当該訴えにおいて会社を代表する者を代表者として作成する必要がある。

---

22)　類型別会社訴訟Ⅱ544頁。
23)　同号は、取締役の監査役設置会社に対する訴えを対象とするものであるところ、この「訴え」には、取締役の地位に基づく訴訟のほか、個人としての地位に基づき取締役が提起した訴訟も含まれる（会社法コンメ(8)423頁〔吉本健一〕）。

イ　確認の訴えの利益

　解職決議の無効（不存在）確認を求める訴えは、過去の法律関係の確認を求めるものであるが、解職決議の無効を確認する判決書により解職登記の抹消登記手続を行うことができることから、現在の紛争の抜本的解決に寄与するものとして確認の訴えは一般的に認められるものと解される[24]。最判昭和47・11・8民集26巻9号1489頁においても、取締役会における代表取締役選任決議の無効確認請求が認められている。

ウ　取締役会決議の無効（不存在）事由
㋐　無効（不存在）事由についての一般論

　取締役会決議の無効・不存在事由は法定されていないため、決議の手続・内容の瑕疵については一般的に無効事由になりうると解されている[25]。

　取締役会決議の瑕疵としては、招集権者以外の者による招集、招集通知期間の不足、招集通知漏れ、監査役への不通知、特別利害関係を有する取締役の参加による決議、審理不十分等があげられる[26]。

　もっとも、いかなる瑕疵であっても無効事由となるわけではなく、軽微な手続上の瑕疵については無効事由とはならないと解されている[27]。株主総会の決議取消しにおいて、招集手続または決議方法の法令等違反の程度が重大でなく、かつ決議に影響を及ぼさない場合には裁量棄却の余地があるとされていること（会831条2項）とのバランスからしても、あらゆる瑕疵が取締役会決議の無効事由となると解することは適切ではないと思われる。

㋑　代表取締役の解職決議に関連してありうる瑕疵の内容等
a　特別利害関係人（代表取締役）による決議参加

　解職の対象となる代表取締役が当該解職の決議に参加した場合、特別利害関係を有する者が決議に参加したこととなるため、当該決議には瑕疵が存することとなる。もっとも、特別利害関係を有する者が決議に参加した場合でも、その者を除外しても決議が成立するときは、当該決議は有効と解されている[28]。

---

24)　会社訴訟ハンドブック133頁。
25)　江頭425頁。
26)　類型別会社訴訟Ⅱ554頁。
27)　江頭425頁。
28)　類型別会社訴訟Ⅱ558頁、会社法コンメ(8)300頁〔森本滋〕。

代表取締役の解職決議の場合、当該代表取締役は解職に対し反対票を投じているはずであり、それにもかかわらず解職が決議されたということは、当該代表取締役を除外しても当該決議は成立するはずであるから、当該代表取締役が決議に参加した事実をもって当該決議が無効となることはないものと考えられる。

　b　特別利害関係人（代表取締役）の議長就任

　解職の対象である代表取締役が、当該決議の際に議長となっていたことも決議の瑕疵に該当する。もっとも、特別利害関係人が議長となることによる弊害は、自らの意図する決議がなされることを目的として不公正な議事進行を行うことになると考えられるから、特別利害関係人が議長となった場合でも、議事進行が公正になされたと認められる場合は、決議をあえて無効にする必要はないように思われる[29]。

　代表取締役の解職決議の場合において当該代表取締役が議長を務めた場合、当該決議は当然無効とすべきとの見解[30]もあるが、当該代表取締役が議長を務めていたとすれば、決議が否決される方向で議事を進めていたはずであり、それにもかかわらず決議が可決されたのであれば、通常、議事進行が不公正になされたとは評価しがたいように思われる。したがって、代表取締役の議長就任は、当該代表取締役の解職決議の有効性には基本的に影響しないと解すべきである。

　c　特別利害関係人（代表取締役）に対する招集通知の欠缺

　招集通知漏れに関しては、その漏れが一部の取締役との関係でのみ生じており、その取締役が出席してもなお決議の結果に影響がないと認めるべき特段の事情があるときには、当該招集通知漏れは決議無効事由とならないとする判例[31]がある。

　この点、上記判例のいう「特段の事情」については、招集通知を受けなかった取締役が他の取締役との関係で取締役会において占める影響力、その取締役について予想される意見、その取締役の立場と決議の内容の関係等から判断して、招集通知を受けなかった取締役の意見が決議の結果を動かさないであろうことが確実に認められるような場合には当該「特別の事情」が認められるとする見解が存する[32]。もっとも、この見解をつきつめると、取締役が

---

29)　龍田節＝前田雅弘『会社法大要〔第2版〕』（有斐閣、2017年）124頁。
30)　太田穣「取締役会と特別利害関係人取締役」新・裁判実務大系⑾69頁。
31)　最判昭和44・12・2民集23巻12号2396頁。

取締役会開催前に多数派を固めることにより決議結果を不動のものとしさえ
すれば、少数派への通知欠缺があったとしても決議の有効性は争えないとい
う結論となるようにも思われ、その意味で「特別の事情」を広くとらえすぎ
ているという批判もありうる[33]。学説においては、招集通知漏れという瑕疵
に関し、結果に影響がないとして決議を有効とすることはできないとするも
のもある[34]。

　代表取締役の解職決議の場合において、取締役会の招集通知が当該代表取
締役に送付されず、その結果として当該代表取締役が取締役会に出席しない
まま解職の決議がなされた場合に、当該決議の有効性をどのように解すべき
か。そもそも当該代表取締役は、解職決議に関し特別利害関係を有するので
あるから、当該決議に加わることはできず、また、議事への参加や意見を陳
述する権利も認められない。そうすると、代表取締役の解職決議の場面にお
いては、当該代表取締役による意見陳述等を通じて決議結果が変わるという
事態を基本的に観念しがたいため、当該代表取締役に対する招集通知の欠缺
は、原則として解職決議の無効事由とはならないものと解される。もっとも、
特別利害関係を有する取締役に対して取締役会が意見陳述や釈明の機会を与
えることは可能と解されるところ[35]、取締役会の招集通知の不送付が、こう
した任意の意見陳述等の可能性を排除する目的でなされた場合等、不正な目
的に基づくものと認められる場合には、解職決議を無効とする余地もあるも
のと思われる。

　　d　諮問委員会からの答申の不存在

　会社の内規において、代表取締役の解職にあたり諮問委員会の答申を経る
ものと定められている場合において、当該答申を経ないまま代表取締役の解
職を決議したとき、その決議の効力はどのように解すべきか。

　この点について言及した判例・裁判例はみあたらないが、取締役会決議の
瑕疵に関する従前の判例等をみる限り、裁判所は、決議の有効性を判断する
にあたり、結果の不変性を比較的重視しているように思われる。この立場か

---

32)　類型別会社訴訟Ⅱ556頁。
33)　会社法コンメ(8)300頁〔森本滋〕では、前掲注31)最判昭和44・12・2における「特
　　別の事情」については、これを厳格に解すべきとされている。また、江頭425頁では、
　　多数派の意思が確定していたというだけで重大な手続違反のある決議を有効とする
　　のは疑問であると述べられている。
34)　前田雅弘「判批」商事1184号（1989年）41頁。
35)　会社法入門492頁。

らすれば、諮問委員会の答申を経ていたとしても結論が変わらなかったと認められる場合には、諮問委員会による答申の不存在は決議の有効性に影響しないとの結論となりそうである。他方、決議の手続の公正性を重視するのであれば、解職決議にあたり委員会の答申を経ると自ら定めておきながら、当該答申（とりわけ、当該答申に現れているであろう独立社外取締役の意見）の内容をふまえることなく解職を決議したという手続違背を重大とみて、それゆえ当該決議は無効であると主張することになるように思われる（なお、当該答申の欠缺に関しては、事後的に答申を経るという対処法も考えられるが、これについても、取締役会の多数派の意思が示された後になされた諮問委員会の答申を、取締役会による決議前の答申と同視してよいかという問題は残る）。

諮問委員会による答申を経ずになされた決議の有効性については今後の議論の集積を待つ必要があるが、解職決議の有効性を争いたい代表取締役としては、こうした答申の欠缺を主張することも、当該決議への対処方法の1つとして検討することになる。

　　e　審議不十分
取締役会決議にあたり審議が十分に尽くされなかったこと（審議不十分）は、一般的に取締役会決議の瑕疵の一例としてあげられることが多い。

もっとも、「審議不十分」というのは一種の評価であり、審議の時間が短い、議題に関する説明、重要な事項の開示または資料の提供がない（または不十分）、特別利害関係人でない取締役による質問や発言の機会が付与されない（または不十分）等の事実が単一または複数で現れる場合に、この「審議不十分」が問題となりうる。

この「審議不十分」に関して具体的に言及しているものを羅列すると、①十分な説明や判断資料の提供がないままに決議がなされた場合、決議方法ないし手続上の瑕疵があり、決議無効とされる場合もあると述べるもの[36]、②取締役会における合理的な審議のために必要な重要事項を開示ないし説明することは業務執行取締役の法的義務であるとしたうえで、かかる開示等がなかった場合でも、他の取締役が説明を求めることなく審議を進めることに納得している場合は、任務懈怠の問題はともかく決議を無効とする瑕疵はないと述べるもの[37]、③審議にかかわらず各取締役の議決権行使の内容が変わり

---

36)　新・取締役会ガイドライン 412 頁。
37)　森本滋編『取締役会の法と実務』（商事法務、2015 年）253 頁。

えない状況であれば、短時間で審議を打ち切って行われた決議が無効とされることはまずないと述べるもの[38]等がある。

　この点、取締役会においてどのような決議を行うかは基本的に経営の専門家である取締役の経営判断に委ねられていることからすれば、決議にあたりどのような情報が必要なのか、決議に先立つ審議にどの程度の時間を割くべきなのかについても、基本的に取締役の裁量に委ねられているものと解すべきである。したがって、議題に関する情報や審議時間の多寡は原則的には決議の有効性に影響しないが、例外的に、決議との関係で重要と認められる情報の欠如が著しい場合、重要な点において事実と反する情報の提供が行われた場合等、判断の基礎に重大な欠陥があるといえるような場合においては、そのような欠如等がなくとも決議結果は変わらないと認められるときであっても、取締役会決議が無効とされる余地がまったくないとはいえないように思われる。

　代表取締役の解職決議との関係でも、たとえば、解職の具体的理由について事実と反する説明がなされ、その説明の内容が解職の決議に重大な影響を及ぼしたと認められる場合には、決議との関係で重要と認められる情報の欠如が著しいものとして、解職決議が無効と判断される余地はある。他方で、解職の理由について事実に沿った一応の情報開示がなされている場合は、取締役としては当該情報を元に審議等を行えばよいのであり（仮に情報が不足していると判断した場合には、追加の情報提供を求めれば足りる）、質疑応答がなされなかったとか、審議時間が短かったといった事実は、それ自体では解職決議の無効事由とはならないと考えるべきである。

　なお、代表取締役の解職決議に係る審議の十分性が争点となった裁判例[39]では、「取締役会における決議の方法は、会議体として公正妥当なものでなければならず、必要な議論を尽くすべきことはいうまでもない」とされたうえで、解職に関し2度にわたる採決が行われていること、取締役に対し質疑や異議申述の機会は付与されていたがそのような質疑等がないまま採決されたこと等から、「原告〔筆者注：解任された代表取締役〕を除く他の取締役全員において、特段審議を要することなく、直ちに採決を実施することで意見が一致したものと認められるから、本件解任決議に瑕疵があるということはでき

38）　Q&A 取締役会運営の実務 214 頁。
39）　前掲注 5) 東京地判平成 2・4・20。

ない。」と判示されている。

　f　その他（解職決議の目的の不当性）

　代表取締役解職の決議の有効性が争われた裁判例のうち比較的近時のものとして、富山地高岡支判平成31・4・17資料版商事423号175頁がある。

　この裁判例において原告（解職された代表取締役）は、①他の取締役が原告と意見が合わず、それゆえ原告を疎ましく思い、私怨に基づいて原告を代表取締役から解職したとして、当該解職の決議は取締役会の裁量権の逸脱・濫用にあたり無効である旨主張するとともに、②取締役会で示されていた「早急な世代交代の必要性」という解職理由と、裁判において被告（会社）が主張する、「原告の在任期間の長期化に伴い生じた、取締役会および監査役会の軽視、独断専横化等の問題」という解職理由とが整合しておらず、このことは、解職理由に合理性がなく、解職決議に係る裁量権の逸脱・濫用を推認させる旨を主張した。

　これに対し裁判所は、代表取締役選定・解職を含む取締役会決議は、経営判断に属する事項であり、取締役会の裁量に委ねられる事項であるから、手続に重大な瑕疵がなく、それが裁量権の逸脱・濫用と認められない限りは有効との一般論を示したうえで、①経営に関する意向が食い違っていたからといって、原告についての解職決議が私怨に基づくものとはいえず、それゆえ当該決議が濫用的なものとはいえない、②取締役会で示された解職理由と裁判で主張されているそれとは、長期化している代表取締役の世代交代を実現するという点で整合しており、また、世代交代の理由としてはさまざまな要因が考えられるところであって、そのすべてが決議の際に取り上げられなければならないものとは解されないなどと判示して、原告についての代表取締役解職決議は有効と結論づけた。

　この裁判例のうち、①に関しては、当該裁判例の事案を離れた一般論として述べれば、代表取締役の解職決議が、当該代表取締役に対する個人的な恨みを晴らすなど、もっぱら私的な目的でなされたのであれば、当該決議は裁量権を逸脱するものとして無効と解すべきものであろう。また、②については、審議不十分に関連する論点と整理することができるところ、「早急な世代交代の必要性」が解職理由としてあげられているなかで、世代交代を行うべき具体的理由の説明がなければ解職決議が無効となるわけではない旨判示されている点は参考になる。

⑵　解職決議の無効確認請求権を被保全権利とする仮処分

　ア　代表取締役の地位にあることを仮に定める仮処分等

　㋐　仮処分の内容

　解職された代表取締役がとりうる手段としては、理論的には、当該解職およびその後の新代表取締役選定に係る取締役会決議の無効確認請求権を被保全権利とする仮処分の申立てが考えられる。

　具体的には、代表取締役の解職および新代表取締役の選定に係る登記の完了前においては、新代表取締役がその地位にないことを仮に定める仮処分を、これらの登記の完了後においては、上記の仮処分に加え、解職された者が代表取締役の地位にあることを仮に定める仮処分の申立てがありうる。

登記完了前

　債務者○○（新代表取締役）は、債務者□□（会社）の代表取締役の地位にないことを仮に定める。

登記完了後

1　債権者（元代表取締役）は、債務者□□（会社）の代表取締役の地位にあることを仮に定める。

2　債務者○○（新代表取締役）は、債務者□□（会社）の代表取締役の地位にないことを仮に定める。

　なお、登記実務上、役員全員解任の登記申請との関係で、解任されたとされる代表者より、上記申請から相応の短期間内に、当該申請に係る申請人が代表者の地位にないことを仮に定める仮処分の申立てを行った旨の上申書（仮処分申立書の写し添付）が提出された場合には、当該申請に係る決定等が行われるまでの間登記を留保すべきものとされている[40]。この点、代表取締

40）「役員全員解任を内容とする登記申請があった場合の取扱いの解釈について」登記研究716号（2007年）116頁。なお、この解説においては、登記留保の要望があった場合でも、審尋期日、仮処分決定見込み日等の状況報告が長期間されないときは、登記を留保することは相当ではないため、登記官にあっては、ある一定の期限を設け、当該期限を経過した場合には登記を実行するなどの措置をとることが相当であるとも述べられている。

役の解職および新代表取締役の選定が行われた場合において、解職された元代表取締役から、解職等の決議後すみやかに、新代表取締役がその地位にないことを仮に定める仮処分の申立てを行った旨の上申書を提出し、解職に係る登記および新代表取締役選定に係る登記の留保を求めた場合の実務上の取扱いは明確ではないが、元代表取締役としては、上申書の提出により登記の留保が可能かどうかは一応検討に値しよう。

　(イ)　保全の必要性等

　上記(ア)の各仮処分は、いずれも仮の地位を定める仮処分であるから、「争いがある権利関係について債権者に生ずる著しい損害又は急迫の危険を避けるため」でなければ保全の必要性がなく仮処分は認められないところ（民保23条2項）、上記(ア)の各仮処分においては、同項の「債権者」は「会社」と読み替えられるものと解されている[41]。

　この点、会社に生ずる上記の「損害」とは経済的損害を意味するとされており、たとえば、①新代表取締役では会社の信用が失墜するおそれがある場合、②新代表取締役では経営能力がない場合、③新代表取締役が会社の重要な財産を自己の利益のために処分するおそれがある場合等が例としてあげられる。また、登記完了前の申立てに関しては、会社機関の現状維持を求めるものであるから保全の必要性が比較的柔軟に判断されるのに対し、登記の完了後においては、会社機関の現状変更を求めるものであること等を理由に、下記イの職務執行停止等の仮処分ではまかなえない程度の高度の保全の必要性を要するものとされている[42]。

　したがって、解職された元代表取締役としては、自身が代表取締役でなければ会社に著しい経済的損害が生じることを疎明する必要があることになるところ、被保全権利の疎明、すなわち、解職決議等に瑕疵があったことの疎明だけでは会社の経済的損害は通常疎明できないと考えられることから、保全の必要性については、被保全権利の疎明とは別の角度・視点からの疎明が求められることになる。

---

41)　類型別会社訴訟Ⅱ925頁。もっとも、会社の損害のみならず仮処分を申し立てた債権者の利益も考慮すべきとする見解（会社訴訟・仮処分の理論と実務288頁）や、職務執行停止の仮処分等における文脈中ではあるが、当該仮処分における「損害」は債権者に生じるものを基準にして判断すべきとする見解（中島弘雅「取締役職務執行停止・代行者選任仮処分」神作裕之ほか編『会社裁判にかかる理論の到達点』（商事法務、2014年）152頁）もある。
42)　類型別会社訴訟Ⅱ925頁。

以上が保全の必要性を主とした理論的な整理となるが、上場会社において代表取締役の解職決議がなされた場合で、①新代表取締役では会社の信用が失墜するとか、③新代表取締役が会社の重要な財産を自己の利益のために処分するといった可能性が生じる場面はそうは生じないように思われる。また、②経営能力がないという点については、そもそもこれをどのように疎明するかという困難さが伴う[43]。そうすると、解職された元代表取締役において、新代表取締役では会社に著しい損害が生じるおそれのあることの疎明はそれほど容易ではなく（高度の保全の必要性を要するとされる登記完了後においてはなおさらである）、その意味で、解職決議への対抗手段として上記(ア)の各仮処分が機能する場面はかなり限定されるものと考えられる。

イ　新代表取締役の職務執行停止等を求める仮処分

解職された代表取締役による仮処分としては、新代表取締役選定に係る取締役会決議の無効確認請求求権を被保全権利とする、新たに選定された代表取締役による職務執行の停止等を求める仮処分も考えられる。

なお、下記3は、代表取締役の職務代行者の選任を求める仮処分であるところ、このような仮処分を認めてしまうと取締役でなければ代表取締役とはなれない旨定める会社法の建前に反するなどの理由により当該仮処分は認められないとの見解もあるが、実務的にはこのような仮処分も認められている[44]。

1　債務者□□（会社）において、債務者○○（新代表取締役）は代表取締役の職務を執行してはならない。
2　債務者□□（会社）は、債務者○○（新代表取締役）に代表取締役の職務を執行させてはならない。
3　上記職務執行停止の期間中、代表取締役の職務を行わせるため、裁判所が選任する者を職務代行者に選任する。

---

43)　職務執行停止の仮処分における文脈であるが、本間健裕「取締役らの職務執行停止・代行者選任の仮処分」新・裁判実務大系(11) 244 頁でも、経営能力の有無に関する疎明がかなり困難であることが指摘されている。
44)　類型別会社訴訟Ⅱ876 頁。

この仮処分においても、債権者（元代表取締役）としては、新代表取締役の職務執行により会社に著しい損害が生じるおそれがあることを疎明する必要がある。この損害の内容は上記ア(イ)で述べたところと同じと解されるが[45]、やはり疎明は容易ではないと思われ、それゆえ解職された元代表取締役の対抗手段として機能する場面はそう多くないものと考えられる。

(3)　取締役選任議案の株主提案

　解職決議が可決されたということは、その対象となった代表取締役は、その当時の取締役会においては少数派に属していたということになる。この多数対少数の関係を変えるため、元代表取締役としては、解職後に行われる株主総会において、当該元代表取締役が多数派を構成できる候補者を揃えた取締役選任議案の株主提案（正確にいえば、会303条1項に基づく議題提案権の行使）を行うことが考えられる。

　この点、会社法303条1項に基づく議題提案権は、6か月前から引き続き総株主の議決権の100分の1以上の議決権または300個以上の議決権を有する株主であればこれを行うことができる。元代表取締役がこの要件を充たす株主である場合には、自ら上記の提案を行うことができることになる。直近に株主総会の開催が予定されていない場合には、株主として株主総会の招集請求（会297条）を行い、取締役選任議案を当該株主総会の目的事項とするという方法も考えられる。

　なお、株主である取締役から、上記のような取締役選任の株主提案がなされた場合の留意点については下記Ⅱ3で後述する。

(4)　代表取締役解職を理由とする損害賠償請求

　元代表取締役としては、解職決議の有効性は争わず、代表取締役たる地位を失ったことにより生じた損害の賠償を会社に求めることも考えられる。

ア　法的根拠

　代表取締役の解職に関し、取締役の解任に伴う損害賠償責任についての規定である会社法339条2項の類推適用があるか否かについて、これを否定する見解[46]もあるが、肯定説[47]の方が多いように思われる。なお、同項の責任

---

45)　類型別会社訴訟Ⅱ880頁。

に関しては、株主による解任の事由と取締役の任期に対する期待権保護との調和を図る趣旨で設けられた一種の法定責任と解するのが判例通説[48]である。

なお、会社法339条2項の類推適用についての肯定説、否定説いずれの立場に立ったとしても、当該解職が民法651条2項や民法709条の要件を充たすのであれば、これらに基づく損害賠償請求は可能と解される[49]。もっとも、代表取締役の解職が民法709条の不法行為の要件を充たす場面はかなり限られるであろうし、民法651条2項に関しては、下記イの損害論との関係で実際には使いにくいものと思われる。

イ　損害の範囲

会社法339条2項に基づき賠償すべき損害の範囲は、取締役が解任されなければ在任中および任期満了時に得られた利益の額と解されている[50]。代表取締役の解職につき同項を類推適用した場合には、代表取締役を解職されなければ在職中に得られた利益の額が賠償すべき損害の範囲ということになろう（なお、取締役としての任期満了を離れて、代表取締役としての任期満了につき独自に発生する利益は基本的に観念しがたい）。

もっとも、取締役の報酬等は、いったん具体的な金額が定められればその額が委任契約の内容となる以上、原則として取締役の同意なしに減額しえないものと解されている[51]。そうすると、代表取締役解職を理由に会社が一方的に報酬等を減額した場合、元代表取締役としては、当該減額は無効であるとして委任契約に基づき従前の報酬等を請求すればよいのであり、この場合に会社法339条2項の類推適用を主張する必要はない。他方で、取締役の報酬等が役職ごとに定められており、役職の変動に伴い報酬等が変動すること

---

46)　近藤光男「会社経営者の解任」鴻常夫先生還暦記念『八十年代商事法の諸相』（有斐閣、1985年）410頁。

47)　岩井伸晃「取締役の解任」新・裁判実務大系(11)61頁、井内省吾「代表取締役の解任と損害賠償請求」実務相談株式会社法(3)592頁、新版注釈会社法(6)149頁〔山口幸五郎〕。

48)　江頭400頁。法的責任説をとる近時の裁判例として、東京地判平成29・1・26金判1514号43頁、東京地判平成30・3・29金判1547号42頁。

49)　類型別会社訴訟 I 30頁。

50)　江頭400頁、類型別会社訴訟 I 27頁。

51)　江頭455頁。

が委任契約の内容となっている場合には、その定め方次第ではあるが、代表取締役の解職に伴い、代表取締役としての報酬等から代表取締役ではない取締役の報酬等に減額することも可能と解される[52]。こうした減額に伴う損害は、「代表取締役を解職されなければ在職中に得られた利益の額」の損害といえ、会社法339条2項に基づく賠償の対象となりうるものと解される。なお、同項の損害には、慰謝料や弁護士費用は含まれないとするのが多数説・裁判例である[53]。

これに対し、損害賠償の根拠を民法651条2項に求めた場合であるが、同項の損害賠償は、解除が相手方（取締役）にとって不利な時期になされたものであること等を要し、かつ賠償の対象となるものは、その解除自体から生じる損害ではなく、解除の時期が不当であったことから生じる損害と解されている[54]。この点、代表取締役の解職に伴う損害は、通常は解職に伴う報酬減であるが、これは「解除の時期が不当であったことから生じる損害」とはいいがたい。代表取締役の解職に関する裁判例[55]でも、委任契約は各当事者がいつでも解除できるものである以上、受任者（取締役）が将来得べかりし報酬は、当然には解除の時期が不当なことによる損害ではない旨判示されている。

ウ 「正当な理由」の内容等

代表取締役の解職に伴う報酬減につき会社法339条2項類推適用の余地があるとしても、解職につき「正当な理由」がある場合には、会社には同項の類推適用に基づく損害賠償責任は生じない。なお、同項の規定ぶりからして、「正当な理由」の立証責任は会社が負うものと解される。

この「正当な理由」については、①不正の行為や定款または法令に違反する行為があった場合、②取締役が経営に失敗して会社に損害を与えた場合、

---

52) 前掲注5) 東京地判平成2・4・20では、「各取締役の報酬が個人ごとにではなく、取締役の役職ごとに定められており、任期中に役職の変更が生じた取締役に対して、当然に変更後の役職について定められた報酬額が支払われているような場合、こうした報酬の定め方及び慣行を了知したうえで取締役就任に応じた者は、明示の意思表示がなくとも、任期中の役職の変更に伴う取締役報酬の変動、場合によっては減額をも甘受することを黙示のうちに応諾したとみるべき」とされている。
53) 類型別会社訴訟I 29頁。
54) 幾代通＝広中俊雄編『新版注釈民法(16) 債権(7)』（有斐閣、1989年）289頁〔明石三郎〕。
55) 富山地高岡支判平成31・4・17資料版商事423号175頁。

③当該取締役の経営能力の不足により客観的な状況から判断して将来的に会社に損害を与える可能性が高い場合に認められるとするものがある[56]。もっとも、②経営能力の不足に起因しない、経営上の判断ミスによる報酬請求権の喪失は、取締役の経営判断に対する過度な制約であるとして、経営上の判断ミスは「正当な理由」にはあたらないとする見解も存する[57]。また、④大株主の好みや、より適切な者がいるといった単なる主観的な信頼関係喪失を理由とする場合には、「正当な理由」はないものと解されている[58]。解職の理由となる代表取締役の行為が複数存在する場合で、個々の行為単独では「正当な理由」といえない場合でも、当該行為を総合すれば「正当な理由」が認められる場合もあろう[59]。

　解職された元代表取締役から会社法339条2項の類推適用に基づく損害賠償請求がなされた場合、会社としては、当該解職が「正当な理由」に基づくものであることを主張立証して拒むことになる。解職に伴い元代表取締役から上記の損害賠償請求がなされる可能性がある場合には、解職決議の実行に先立ち、「正当な理由」の存在を基礎づけるほどの解職理由があるのか否かについても検討を行っておくべきであろう。

エ　退職慰労金不支給の場合の対応

　なお、解職された元代表取締役が解職後に取締役から退任した場合において、取締役会が退職慰労金支給議案を株主総会に付議しない場合、元代表取締役として何らかの対応をとりうるかが問題となる。

　この点、退職慰労金は、取締役在任中の職務執行の対価であり「報酬等」（会361条）に含まれるものであるところ、取締役の報酬等については、定款または株主総会の決議によりその金額が定められなければ具体的な請求権は発生しないと解されており[60]、それゆえ退職慰労金についても、その金額を定める株主総会の決議がなければ、元代表取締役としては退職慰労金の支払いを求める具体的な請求権を有していないことになる。したがって、上記のように、退職慰労金支給議案が株主総会に付議されない場合は、元代表取締

---

56)　弥永真生「正当な理由のない解任と損害賠償」ジュリ1497号（2016年）111頁。
57)　類型別会社訴訟Ⅰ25頁、江頭400頁。
58)　類型別会社訴訟Ⅰ26頁。
59)　取締役の解任に関する裁判例だが、前掲注48）東京地判平成30・3・29参照。
60)　最判平成15・2・21金法1681号31頁。

役としては会社に対し退職慰労金の支給を請求できないのが原則である。当該会社において、取締役を退任した者に対し、一定の基準に従って算定された退職慰労金が慣例的に支給されていたとしても、そのことからただちに、退職慰労金の支給に係る株主総会の決議がなくとも退職慰労金の具体的な請求権が発生するとは解しがたい[61]。

　このように、退職慰労金支給に係る株主総会決議が存在しない場合において、信義則を根拠として退職慰労金の請求を認める余地があると述べるもの[62]や、株主全員の実質的承諾の存在が認定できれば上記の請求を認めうると述べるもの[63]がある。株主が少数の閉鎖会社であれば、事実関係次第によってはこうした認定等による請求権発生が認められる余地はあるものと考えるが、上場会社においてはこうした解釈は基本的に難しいように思われる。

　なお、会社と退任した取締役との間に退職慰労金支給の合意がある場合には、退任した取締役は会社に対して抽象的な退職慰労金請求権を有しており、それゆえ会社の取締役としては、株主総会に退職慰労金に関する議題を付議することを決定し、株主総会の判断を経る義務があるとして、合理的期間を徒過しても正当な理由なく上記の付議を行わない場合には、取締役に対し善管注意義務違反等を問う余地があるとする見解がある[64]。もっとも、この見解も、単に内規や慣行があるだけでは退職慰労金支給の合意があるとはいえず、明示の支給合意の存在が必要である旨述べているほか、上記の義務違反による損害があるというためには、退職慰労金支給議案が付議されれば、退任した取締役が主張する退職慰労金支給の株主総会決議がなされるであろうことを当該取締役において主張立証する必要があるところ、こうした主張立証は一般的には難しい旨を指摘している。これらをふまえると、上記の見解により退任取締役が救済を受けられる場面はかなり限定されるように思われ

---

61)　前掲注5) 東京地判平成2・4・20では、「被告の取締役を退任した者に対し、一定の基準に従って算定された退職慰労金が当然かつ慣例的に支給されていたのに、被告の取締役らが原告を害する目的のもと、敢えて退職慰労金請求の議案を株主総会に上程しなかったと主張するのであるが、株主の総意を問うことなく、退職慰労金を支給することは許されないのであるから、右のような事情があったからといって直ちに退職慰労金の支給についての株主総会決議が不要となるということはできない」と判示されている。

62)　会社法コンメ(8)202頁〔田中亘〕。

63)　リーガル・プログレッシブ(3)149頁。

64)　リーガル・プログレッシブ(3)155頁。

る。

⑸　解職を事前に把握した場合の代表取締役としての対抗手段

　以上述べた対抗手段は、いずれも、解職決議が行われた後の事後的なものであるが、代表取締役が、自身の解職の動きを事前に把握した場合、取締役会開催禁止の仮処分や、取締役会決議禁止の仮処分といった事前の対抗手段を講じることができるか。

　これらの仮処分の被保全権利としては取締役に対する違法行為差止請求権（会360条）が一応考えられるが、当該請求権を行使できるのは株主であるから、株主でない代表取締役との関係では当該権利が被保全権利たりえないし、また、仮に代表取締役が株主たる地位を有していたとしても、そもそも当該請求権に基づく差止めの対象は代表取締役の行為であり、取締役会の決議をなすこと自体を差し止めることはできないと解されているため[65]、やはり上記の各仮処分の被保全権利とはならないと解される。

　以上からすると、取締役会開催禁止の仮処分等は、解職決議に対する事前の対抗手段としては期待できないというほかない。代表取締役としては、他の取締役との対話等を通じて、自身の解職決議への反対を促していくというのが基本的な対応となろう。

3　代表取締役解職直後の株主総会の留意点

　代表取締役の解職および新代表取締役の選定が行われた直後に株主総会が開催される場合、当該株主総会との関係で留意すべき事項は少なからず存在する。以下では、主として会社の立場から、代表取締役解職後の株主総会における留意事項を概説する。

⑴　株主からの質問への対応

　上記1⑷のとおり、代表取締役の解職および新代表取締役の選定は適時開示等を通じて公表される。代表取締役の解職はそれほど頻繁になされるものではなく、そのため社会的な耳目を引きやすい。代表取締役の解職後に株主総会が開催される場合には、当然、当該解職に関する株主からの質問が予想される。当該質問に対する回答については、あらかじめ入念に準備しておく

---

65)　会社法論中巻247頁、会社訴訟ハンドブック141頁。

必要がある。

　適時開示等で公表された解職の理由中に、発生から相応の時間が経過している行為等が含まれている場合には、取締役に対し、その行為等を把握したのはいつなのか、把握するまでに時間を要している場合には、なぜ適時に把握することができなかったのか、把握から解職決議までの間に時間が空いている場合には、なぜ当該行為等を把握した段階で解職等の措置をとらなかったのか、といった質問がなされることが予想される。また、監査報告書においては、取締役の職務の遂行に関し不正の行為または法令もしくは定款に違反する重大な事実を記載すべきとされているところ（施129条1項3号等）、解職の理由中に、元代表取締役の過去の不正行為等が含まれている場合で、当該行為がなされた日を含む事業年度に係る事業報告に当該行為についての記載がないときは、監査役に対して、当該行為の存在を把握していたのか、把握していたという場合にはなぜ監査報告書に記載がないのか、把握していなかったという場合にはなぜ把握が遅れたのかなどについての質問がありうる（この質問に関しては、監査役が説明義務（会314条）を負うものと解されるので、監査役が回答を行う必要がある）。さらに、社外役員に対しては、行為等の発生から当該行為等を理由とする解職までに時間を要したことをふまえ、会社のコーポレートガバナンスのあり方の是非につき社外役員としての意見を求められることも想定される。解職理由のいかんによっては、こうした質問への対応も十分に準備しておく必要がある。

　また、解職された代表取締役が株主総会の時点において取締役として在任している場合、株主からは、「代表取締役を解職された取締役本人から事情を聴きたい」といった質問や、「代表取締役を解職された取締役本人の言い分を聴きたい」という意見が述べられることがある。このような意見が述べられた場合でも、会社としては元代表取締役を指名して事情説明等をさせる必要はなく、必要であれば解職理由について会社の見解を説明すればよい。

　株主総会の時点において、解職された元代表取締役から、当該解職の有効性を争点とする仮処分の申立てや訴訟提起がなされている場合には、これらの裁判との関係でどの程度の回答が可能かを検討する必要がある。場合によっては「係争中のため（これ以上は）回答を差し控える」旨の回答を行う必要がある可能性もあるが、この回答を不必要に多用すると、解職の経緯の把握を希望する出席株主から反発を受けるおそれもあり、この点には注意を要する。また、株主総会における回答内容が裁判で利用される可能性もあるこ

とから、裁判上不利となるまたはそのようなおそれのある回答をしないよう、あわせて注意を払う必要がある。

(2) 元代表取締役が株主であった場合の株主提案への対応

　株主総会において、会社側が、元代表取締役を取締役候補者としない取締役選任議案を上程する場合において、元代表取締役またはその支援者が会社の株主であるときは、当該議案への対抗措置として、元代表取締役を取締役候補者とする取締役選任議案を議題として提案するということが行われる場合がある。この点については下記Ⅱで後述する。

(3) 元代表取締役が株主としての発言を希望する場合の対応

　解職された元代表取締役が株主である場合、自身の解職に関する質問の機会を、株主の立場で求めてくるということがありうる。

ア　株主である元代表取締役が取締役ではない場合等

　この点、元代表取締役が株主総会当時において取締役でないのであれば、元代表取締役は一般の株主と同様の立場で株主総会に出席するということになる。この場合は、元代表取締役については一般の株主と同様の取扱いをすれば足りる。また、元代表取締役が株主総会当時において取締役である場合であるが、取締役としてではなく株主として出席している（したがって役員席にはいない）ということであれば、上記と同様、一般の株主と同様の取扱いをすればよい。

　株主として出席した元代表取締役から、自身の解職に関する質問がなされた場合には、一般株主から同旨の質問がなされた場合と同様の回答を行うというのが基本的な対応方針となる。仮に、元代表取締役が、解職に関する質問ではなく、解職に関する意見を長々と述べようとする場合には、議長から当該代表取締役に対し、意見でなく質問を述べるように促すという対応が考えられる。

イ　株主である元代表取締役側が取締役として出席している場合

　それでは、元代表取締役が取締役として株主総会に出席している（したがって役員席にいる）という場合はどうか。この点、取締役が株主たる地位を併有する場合に、当該取締役として株主総会に出席しているという事実は、当該

取締役の株主としての質問権行使を当然に阻害する要因とはならない。したがって、元代表取締役が株主として質問をする以上は、上記アで記載したところと同様の対応を行う必要がある。もっとも、元代表取締役が役員席にいたままで株主としての発言を行うことを許容すると、一般の株主からみて見栄えも悪いうえ、その発言が取締役としての発言なのか株主としての発言なのかが一見してわかりにくいという問題もある。

以上をふまえ、取締役として株主総会に出席する元代表取締役が株主としての質問を行う可能性がある場合には、株主としての質問場所（たとえばスタンドマイクの設置場所）を会場内に設け、株主総会での質疑応答中に元代表取締役が挙手等で発言の機会を求めた際には、議長が元代表取締役を指名したうえで（なお、発言希望者が複数存在する場合に、どの発言希望者を指名するかは議長の裁量に委ねられる）、議長から元代表取締役に対し、取締役としての発言を希望するのか、それとも株主としての発言を希望するのかを確認し、前者の場合には、取締役としての発言を認める必要がないのであれば発言の機会を付与せず、後者の場合には、元代表取締役に対し、株主としての質問場所への移動を求め、同場所において質問を行わせ、質問終了後は役員席に戻ることを促し、帰席後に必要に応じて質問に対する回答を行う、という対応をとることが考えられる。

(4) リハーサル等

以上のように、代表取締役の解職後に株主総会が開催される場合には、解職に関する質問への対応（解職に関する裁判が係属している場合には、当該裁判を視野に入れた場合の対応を含む）、元代表取締役からの発言に対する対応等、通常の株主総会ではあまり問題とならない事項への対応が必要となる場合がある。

この点、解職後に選定される新代表取締役が株主総会の議長を務める必要がある場合、その新代表取締役にとっては、解職決議後に開催される株主総会が、議長として臨む最初の株主総会という場合が少なくない。そうした議長にとって、上記のような、通常の株主総会ではあまり問題とならない事項への対応も求められるというのはかなりの負担である。こうした負担を軽減するため、解職後に開催される株主総会においては、通常の株主総会以上に、想定問答の作成、リハーサルの実施、会場設営等の事前準備に注力する必要があり、また専門家のサポートも必要となる。

Ⅱ 解職された代表取締役等を除外した取締役選任議案の上程

1 多数派取締役による取締役選任議案の上程とその対抗策

定時株主総会の直前に代表取締役の解職および新代表取締役の選定が行われるケースが典型例であるが、代表取締役の解職決議後間もなく株主総会が開催される場合がある。この場合において、当該株主総会の終結をもって取締役の任期が満了するとき、会社としては当該株主総会に取締役選任議案を付議する必要があるが、当該株主総会に先立って代表取締役の解職が決議されている場合、当該解職に賛成した多数派取締役が、解職された元代表取締役やその解職に反対した取締役が引き続き取締役として残ることによる運営上の支障を考慮し、これらの取締役を、株主総会に付議する取締役選任議案の取締役候補者に含めないという対応をとることがある。

このような場合において、元代表取締役ら少数派取締役としては、解職決議後の株主総会を通じて再度取締役会における多数派を構成するべく、株主としての議題提案権（会303条1項）に基づき、当該元代表取締役等が多数派となるような取締役選任の議題を提案するという対抗措置をとることが考えられる。

この点、会社法303条1項に基づく議題提案権は、6か月前から引き続き総株主の議決権の100分の1以上の議決権または300個以上の議決権を有する株主であればこれを行うことができる（同条2項）。したがって、元代表取締役ら少数派取締役がこの要件を充たす株主であれば、上記の提案を自ら行いうるということになる。なお、少数派取締役が以上の要件を充たす株主でない場合でも、当該要件を充たす株主に対して支援を求め、当該株主が議題提案権を行使するということもありうる。

昨今、株主が株主提案を行うこと自体は珍しくなくなったが、株主兼取締役が株主提案を行うという例はあまりないように思われる。以下では、このような株主提案が行われた場合の留意点について説明する。

2　株主兼取締役から株主提案があった場合の実務上の留意点

(1)　株主提案を行う少数派取締役の留意点

　会社法 303 条 1 項に基づく議題提案権は、振替法上の「少数株主権等」に該当する権利であり、その行使にあたっては個別株主通知が必要となるところ（振替 154 条 2 項）、この個別株主通知は、議題提案権の行使期限である株主総会の日の 8 週間前までに行われる必要がある[66]。会社に対して個別株主通知が到達するのは、個別株主通知の申出から原則として 4 営業日後[67]とされていることをふまえると、議題提案権を行使する場合には、遅くとも、株主総会開催日の 8 週間前の日のさらに 4 営業日までに個別株主通知の申出を行う必要があることになる。

　この点、解職された元代表取締役を含む少数派取締役としては、自身が候補者に含まれない取締役選任議案を株主総会に付議することが取締役会で決議されたタイミングで、その対抗措置としての株主提案、すなわち、当該元代表取締役らを候補者に含む取締役選任議案を提案することが考えられるが、上記の決議日と株主総会開催日の間隔いかんによっては、当該決議日の後に個別株主通知の申出を行っても、株主総会開催日の 8 週間前の日までに個別株主通知が会社に到達しない場合もありうる。少数派取締役としては、解職決議後に開催される株主総会に付議される取締役選任議案において、自身らが候補者に含まれないことが予想される場合には、早めに個別株主通知の申出を行っておくのも一案である（ただし、振替法上、少数株主権等は個別株主通知がなされてから 4 週間が経過する日までの間に行使されなければならないとされていることには留意が必要である（振替 154 条 2 項、振替令 40 条））。

(2)　取締役間の勢力が拮抗している場合の留意点

> Ｘ株式会社（取締役会設置会社）　取締役：Ａから F までの 6 名
> 　Ａ代表取締役の解職に賛成の取締役：Ｄ、Ｅ、Ｆ
> 　➡解職決議後は、Ｄを新たな代表取締役とすることを希望
> 　Ａ代表取締役の解職に反対の取締役：Ａ、Ｂ、Ｃ

---

66)　大阪地判平成 24・2・8 判時 2146 号 135 頁。
67)　証券保管振替機構「個別株主通知のご案内」（2017 年 4 月）3 頁。

上記は**Ⅰ 1⑵オ**で示した設例であるが、この例の場合、Ａを代表取締役から解職する旨の決議は、Ａが当該議案について特別利害関係を有するとされる関係で、Ｄ、ＥおよびＦの賛成により可決することが可能である。

　他方、解職賛成派のＤ、ＥおよびＦが、反対派であるＡ、ＢおよびＣに代わる候補者を含む取締役選任の議題を株主総会に上程しようとした場合、これに対してはＡ、ＢおよびＣが反対票を投じることが想定されるが、仮にこの想定どおりとなった場合、上記議題の上程は否決されることになる。同じように、反対派であるＡ、ＢおよびＣが、賛成派のＤ、ＥおよびＦを候補者に含まない取締役選任の議題を株主総会に付議しようとしても、Ａ、ＢおよびＣがこれに反対すれば当該付議を行うことはできない。そうなると、Ｘ株式会社としては、株主総会に上程する取締役選任議案を決定できないという事態に陥ることになる。この状態のまま株主総会が終了し、これに伴い取締役全員が任期満了となる場合には、上記6名はいわゆる権利義務取締役（会346条1項）となるが、とりわけ上場会社においては、こうした状態になること自体を事前に回避する必要がある。

　この点、解職賛成派のＤ、ＥおよびＦの立場から述べると、取締役選任を議題とする株主総会の招集決議が賛否拮抗して可決に至らなかった場合には、Ｄ、ＥおよびＦが株主であれば自身らが、そうでなければ自身らを支持する株主が、取締役選任議案を提案するという対応が考えられる。もっとも、上記⑴のとおり、議題提案権に係る個別株主通知は、株主総会開催日の8週間前の日までに会社に到達している必要があるから、Ｄ、ＥおよびＦにおいて、上記招集決議が取締役会において実際に否決されてから株主提案をしようとする場合には、株主総会招集に係る決議日（取締役会の開催日）と株主総会開催予定日との間隔が十分に空いているか（招集に係る決議の否決後に個別株主通知の申出を行ったとしても上記の期限を遵守できるか）を考慮したうえでスケジュールを構築する必要がある。また、そもそも、株主提案というかたちでなければ取締役選任議案を上程できない状況を作出することの是非という観点から、代表取締役の解職決議を行うことの是非もあらかじめ十分に検討されるべきであろう。

3　株主兼取締役から株主提案がなされた場合の株主総会における留意点

　以下では、株主兼取締役から株主提案がなされた場合の株主総会について、

会社側の立場から留意点を述べる。

(1) 反対意見の記載

　株主から株主提案が行われた場合、会社は、当該提案に係る議案についての取締役会の意見の内容を参考書類に記載することができるものとされており（施93条1項2号）、株主提案がなされた場合には、実務上、取締役会としての反対意見を記載するのが通例である。

　この点、株主提案を行った者が取締役でもある場合、当該取締役が反対意見の内容に賛成することは通常ありえない。したがって、会社として反対意見を記載するにあたっては、

> 当社取締役会としては、本議案に反対いたします。これは、本株主提案の提案者である○○氏を除く取締役全員一致の意見です。

などと記載することが考えられる。

(2) 想定問答の準備

　実務上、会社の取締役が、株主としての地位に基づいて議題提案権を行使するというのはきわめて珍しい。当該取締役が、自身を候補者に含む取締役選任議案を株主として提案している場合、その他の株主としては、なぜ当該取締役がそのような提案を行っているのか、取締役候補者の決定にあたり取締役会でどのような議論が行われたのか、そもそも当該株主兼取締役を候補者に含めなかったのはなぜなのか、取締役会での議論を通じて株主提案を断念させることはできなかったのかなど、さまざまな疑問を抱くことが予想され、こうした疑問を株主総会の場で質問することもまた同様に予想されるところである。会社としては、こうした質問に対する回答を適切に準備しておく必要がある。

(3) 株主提案の説明の機会付与

　株主提案が行われた場合、提案株主に対し、その提案に係る議案についての説明の機会を与えるべきとする裁判例[68]があり、このような裁判例の存在

---

68)　山形地判平成元・4・18判時1330号124頁

もふまえ提案株主には説明の機会を付与するのが実務上の一般的な対応であるが、提案者が株主兼取締役の場合であっても、やはり上記の説明の機会は付与すべきである。もっとも、取締役の席上でこのような説明を行わせるべきではなく、説明の際には、株主の質問場所への移動を促し、当該場所において説明をさせるべきであろう。

(4) マークシートによる投票とその秘密性維持

会社が株主総会において取締役選任議案を上程し、これに対抗して株主である取締役が別の取締役選任議案を株主として提案する場合において、両議案についての票読みが拮抗し（換言すれば、当日の議決権行使までいずれの議案が可決されるかの見込みがつかず）、かつ当日の出席株主の数が多数に及ぶことが想定される場合には、マークシートによる投票方法が採用されることもある。

この点、マークシートによる投票は一般の株主にはあまりなじみがなく、それゆえその投票にあたっては、マークシートへの記載方法等に関し株主への丁寧な説明が必要と考えられるほか、マークシートによる投票の場合には、挙手等による場合と異なり、議決権行使内容の事後的な特定が容易であることから、従業員株主や会社と取引関係を有する法人株主等、いずれの議案に賛成したかを知られたくない株主が存する場合には、その投票の秘密性を確保する必要が生じる場合のあることが指摘されている[69]。こうした必要性が存する場合には、秘密性確保の措置をどのように講じるかにつき検討を要することになる。

Ⅲ　取締役解任のための株主総会の開催

上記Ⅰでは、取締役会決議で代表取締役を解職する手続等について検討してきたが、問題のある代表取締役に対するさらに思い切った対抗措置として

---

[69] 中山龍太郎＝伊達隆彦＝生方紀裕「社内関係者提案型委任状争奪戦の問題点——大塚家具の委任状争奪戦を題材として」商事 2067 号（2015 年）55 頁。なお、同文献に記載の事例においては、投票の秘密性確保の方法として、会社側、提案株主側で検査役を交えて協議し、議場で使用したマークシートおよび個別の株主による議決権行使結果が集計されたデータベースは、集計終了後ただちに封印し、代理人が株主総会取消訴訟の期間中保管するという対応が実施されたとのことである。

は、取締役解任のための株主総会を開催するというものも理論的には存在する。

　この点、非上場会社ならともかく、上場会社において、自社の取締役解任のための株主総会を会社が主体的に開催しようとすること自体会社の重大な信用問題に係る事態であり、それゆえ、取締役解任のための株主総会が会社主導で行われるということはきわめてまれである。（代表）取締役に何かしら問題があるということであれば、代表取締役を解職する、任期満了後は再任しない、辞任を求めるといったより穏便な対応が検討されるのが通常であろう。しかしながら、上場会社において上記のような株主総会が会社主導で行われる例もまったくないわけではない[70]。

　取締役解任のための株主総会の招集手続も、通常の株主総会招集手続と大きく異なるところはないが、1点、解任の対象となる取締役が、自己の解任を議題とする株主総会の招集決議に関し特別利害関係を有するといえるかという問題がある。仮に特別利害関係を有するとなれば、当該取締役は、当該株主総会の招集に係る審議・決議から排除される必要がある。

　この点、上記の問題が争点となった東京地決平成29・9・26金判1529号60頁では、「対象取締役は、取締役会において自己の解任議案が株主総会に提出されるか否かが決定される以上、自己の身分に係る重大な利害関係を有することは明らかであって、会社に対して負担する忠実義務に従い、公正に議決権を行使することは必ずしも期待しがたく、むしろ自己の利益を図って議決権行使することも否定できない。」として、解任対象の取締役は、当該解任を議題とする株主総会の招集決議に関し特別利害関係を有すると判示された。この判示に関しては、自身の解任議案に直接賛否を表明する場合と、当該解任議案を株主総会に上程するか否かにつき賛否を表明する場合とでは、忠実義務の誠実な履行に対する期待の程度が異なり、それゆえ後者の場合には特別利害関係を否定する余地もあるように思えるが、上記のような裁判例が存する以上、実務的には、取締役の解任を議題とする株主総会の招集決議にあたっては、当該取締役は特別利害関係人として取り扱うのが無難といえる。

---

70)　たとえば、JASDAQ に上場していた石山 Gateway Holdings「当社臨時株主総会における取締役および監査役解任議案に関するお知らせ」（2015 年 5 月 15 日）では、同年 7 月に開催予定の同社臨時株主総会において、「取締役 1 名解任の件」を付議する旨の決議が同社取締役会にて行われた旨が公表されている。

Ⅳ 代表取締役解職にあたっての事前検討事項（まとめ）

　以上、上記ⅠからⅢで述べたところをふまえ、代表取締役の解職を行おうとする場合における事前の検討事項等を箇条書きで整理すると、次のとおりとなる。

---

① 解職の取締役会決議について

（ⅰ）解職決議等につき多数の賛成を得られる目途が立っているか。

➡解職後に新代表取締役の選定決議が必要な場合、解職決議は可決されたが選定決議が可決されないという事態は基本的に避ける必要がある。

➡同様に、解職決議後の株主総会において、取締役選任議案が取締役会で決議できないという事態も基本的に避けるべきである。どうしても避けられない場合は、議題提案権に基づく取締役選任議案の上程を検討することになるが、株主提案権の行使期限には注意を要する。

（ⅱ）解職決議から登記（場合によってはその後の株主総会）までのスケジュール作成はできているか。

（ⅲ）スケジュールが、招集通知への記載を除く取締役会の招集手続を遵守する内容となっているか。

・ 内規上、解職にあたり任意の諮問委員会の答申を経る必要があるか否かの確認はしたか。

・ 答申を経る必要がある場合、任意の諮問委員会の開催日時と取締役会との開催日時を近接させるなど、情報管理の観点から必要な措置が講じられているか。

（ⅳ）解職理由について十分な検討ができているか。

・ 適時開示予定の異動理由との齟齬は生じていないか。

・ 解職に伴う損害賠償請求がありうる場合、「正当な理由」といえるに足る解職理由の有無を検討できているか。

（ⅴ）解職決議（およびその後の新代表取締役の選定決議）に関するシナリオは準備できているか。

・ 解職対象者が、解職決議との関係では特別利害関係人に該当することを前提とした内容となっているか。

・ 解職理由についての説明が盛り込まれているか。

・ 専門家を補助者として入れるかどうかを検討したか。入れる場合、その手続が盛り込まれているか。

・ 代表取締役が激しく抵抗した場合等、不測の事態を想定した内容となっているか。

・　解職の決議方法はどのような方法（挙手、起立等）によるのか。
　(vi)　解職・選定の登記に関する準備は完了しているか。
　(vii)　適時開示等の準備（プレスリリースの作成等）は完了しているか。
　　　・　元代表取締役からの訴訟提起等がなされる可能性を考慮した準備は
　　　　できているか。
　(viii)　解職の公表後対応の準備はできているか。
　　　・　マスコミや株主からの問合せに対する準備（想定問答の作成、問合せ
　　　　先の一本化等）はできているか。
　　　・　公表後に機関投資家等への訪問を行う場合、当該訪問についてのス
　　　　ケジュールも検討できているか。
　　　・　元代表取締役からの訴訟提起等が想定される場合、証拠作成を意識
　　　　した準備ができているか。
②　解職後の株主総会について
　(i)　解職に関する質疑応答の準備はできているか。
　　　・　プレスリリースにおける異動理由との整合性
　　　・　解職理由とされる事実が相当程度過去のものである場合、その点を
　　　　意識した質疑応答となっているか。
　　　・　解職に関する裁判が係属している場合、その事実を意識した質疑応
　　　　答となっているか。
　(ii)　解職した代表取締役の出席・欠席を想定した準備できているか。
　　　・　元代表取締役が株主でもある場合、株主としての質問の可能性をふ
　　　　まえた対策・検討（質疑応答に関するもの、株主としての発言場所に関
　　　　するもの等）ができているか。
　(iii)　元代表取締役（側）から取締役選任に関する株主提案は行われていない
　　　か。
　　　・　提案株主たる取締役に説明の機会を付与するシナリオとなっている
　　　　か。取締役として出席した場合に、どの場所で説明を行わせるかは検討
　　　　できているか。
　　　・　委任状勧誘合戦になっている場合に、投票の秘密を確保する必要が
　　　　あるか。必要がある場合、具体的な対応方法を検討できているか。

第 4 章

不祥事発覚時の取締役会・株主総会

Ⅰ　不祥事への適切な対応の必要性

　昨今、企業の不祥事[1]に関する報道は後を絶たない。不祥事が発生した企業においては、当該不祥事から直接生じる損害だけでなく、不祥事による信用棄損に基づく損害等二次被害も生じうる。とりわけ、不祥事が発生した企業がその対応を誤った結果、重大な社会的非難を招き、信用棄損により生じる損害の方が甚大となるケースも多い。近時、企業の不祥事に対して CSR（Corporate Social Responsibility：企業の社会的責任）という観点からの対応が強調されるのも、このような社会的非難等が生じる二次的被害の重大性にかんがみたものにほかならない。つまり、企業は、不祥事が発生した場合には、不祥事の事実関係を正確に把握し、原因を追究し、再発防止策を図る必要があるが、それにとどまらず、社会の一員として、社会に対して適切に説明責任を尽くす必要があると考えられている。企業がこのような社会的責任を果たすことは、短期的には利潤の追求という企業の目的と相反する側面も生じうるが、長期的には企業の信頼回復および企業価値の向上につながるものと考えられている。

　日本取引所自主規制法人が 2016 年 2 月 24 日付で策定した「上場会社における不祥事対応のプリンシプル」（不祥事対応プリンシプル）においても、企業において不祥事が発生した場合には、「必要十分な調査により事実関係や原因を解明し、その結果をもとに再発防止を図る」必要があり、その際、「速やかにステークホルダーからの信頼回復を図りつつ、確かな企業価値の再生に資する」よう行動・対処することが期待されると定め、不祥事対応の目的の 1 つは、ステークホルダーの信頼回復、つまり企業の社会的責任の実行にあることが明記されている。

　また、経済産業省が 2019 年 6 月 28 日に策定した「グループ・ガバナンス・システムに関する実務指針（グループガイドライン）」（グループガイドライン）においても同様に、「有事対応の目的は、速やかに事実関係の調査、根本原因の究明、再発防止策の検討を行い、十分な説明責任を果たすことにより、ス

---

1)　日本弁護士連合会が 2010 年 7 月 15 日に策定（同年 12 月 17 日改訂）した「企業不祥事における第三者委員会ガイドライン」（第三者委員会ガイドライン）では、不祥事とは、「犯罪行為、法令違反、社会的非難を招くような不正・不適切な行為等」と定義されている。

テークホルダーからの信頼回復とそれを通じて企業価値の維持・向上を図ることである。」と明記されており、ここでも企業の社会的責任を果たすという観点から不祥事対応を行うべきことが明記されている。

このような意義を持つ不祥事対応を適切に行う責務を負っているのは、経営トップを中心とした経営陣である。経営トップが適切に説明責任を尽くさない限り、社会からの信頼の回復は難しい場合が多いであろう。

会社法上の機関の権限分配という観点からも、不祥事対応に関する各種意思決定は、その重大性にかんがみ、「重要な業務執行の決定」（会362条4項）に該当し、取締役会の決議が必要と解される場面も多い。

本章では、不祥事発覚後の取締役会および株主総会における一般的な留意点について論じる。

Ⅱ　不祥事発覚時の取締役会における留意点

1　不祥事発覚時の初期対応

企業において不祥事が発覚する端緒としては、不正に関与した従業員自身による自己申告、内部通報システムによる通報、取引先からの通報、消費者によるクレーム、内部監査部門や会計監査人による監査の過程での発覚、捜査機関や税務当局による調査等さまざまなものがありうる。不祥事の端緒を得た企業はすみやかに事実関係の調査を行う必要があるが、その時点では、不祥事の全容が判明しておらず、どのようなスコープでどのような調査を行うべきかを判断できないことが通常である。

このような段階での調査の目的としては、抽象的な疑念のレベルを超える、いいかえれば、本格的な調査を必要とする程度の不祥事の可能性が確認できるか、当該不祥事の規模感や疑われる不祥事が事実であった場合の企業への影響の大きさの把握、不祥事の全容を把握するために必要となる調査体制の見込み等、可能な範囲で不祥事の全体像を把握することにある。かかる初期的な調査は、通常、法務部、内部監査部、コンプライアンス部等が主導し、弁護士や公認会計士等外部専門家の協力を得て行う。また、内容に応じて、経理やIT等関連部署と協働して行われることが多い。

企業の規模その他の事情によっては、初期的な調査の段階では必ずしも取締役会による意思決定が行われるとは限らないが、いったん不祥事が発生す

ると、当該企業は甚大な損害やレピュテーション上のリスクを負う可能性を秘めることになる以上、取締役会としては、不祥事の端緒が発覚した場合にはすみやかに取締役会へ報告する体制を整えておく必要がある。グループガイドライン4.10.2においては、社内あるいはグループ内において重大な不祥事が発覚した場合には、内部監査部門等を通じて監査役等（独立社外役員を含む）に迅速に報告されるよう、社内規則において明確にしておくことが重要であると指摘されている。また、企業の不祥事に際しては、当該不祥事から直接生じる経済的な損失よりも、不祥事に起因するレピュテーションの低下やその結果としての売上低下等二次的・間接的な損害がより重要であることも多いことから、取締役会や社外役員へ報告すべき「重大な」不祥事とは、単に不祥事から直接生じる金額に着目するのではなく、レピュテーションへの影響に着目した規定としておくべきであろう。

2 本格調査への移行

初期的な調査を通じて不祥事の存在やそのインパクトの大きさの見込み等当該不祥事の概略が把握できた時点で、原則として取締役会が検討すべき事項として以下の各点があげられる。

(1) 本格調査の基本方針の判断・決定

ア 調査体制の決定

初期的な調査により判明した事実関係から、本格調査の必要があると判断される場合は、まず、どのような体制で本格調査を行うかを判断する必要が生じる。選択肢を類型化すると、①企業が自らの役職員により事実調査を行う内部調査、②弁護士等の外部者を内部調査に参加させる「内部調査委員会[2)]」型の調査、③第三者委員会ガイドラインに準拠した「第三者委員会」型の調査等がある。どのような体制で調査を行うかは、不祥事の性質や規模、組織的な関与（特に経営陣の関与）の有無、事案の難易度、不祥事が企業に与える影響度、ステークホルダーの関心度合等を総合的に考慮して判断することになる。

---

2) 第三者委員会ガイドライン前文1頁では、外部者を交えた委員会の一類型として、「企業等が弁護士に対し内部調査を依頼することによって、調査の精度や信頼性を高めようとする」調査体制を「内部調査委員会」と定義されている。

イ　内部調査型・内部調査委員会型

　たとえば、組織的な関与の可能性が低い一部の従業員による小規模な不祥事（従業員個人の業務上横領等）であれば、上記1の初期対応の延長として、企業内部の適切な部署・役職員による調査で足りることが多いであろう。もっとも、内部調査の場合であっても、企業内部で経験が少ない場合、あるいはより慎重を期すために、顧問弁護士等に助言や関与を求め、適切なサポートを得ることで調査の実効性を高めることは検討に値する。

　他方、不祥事の内容によっては、法令の解釈・適用が大きな問題となるなど弁護士の専門的知見が必要とされ、また、事実関係の複雑さゆえに弁護士による事実認定・調査能力が正確な事実関係の解明に欠かせない事案もある。また、企業の会計処理が問題となる不祥事案件であれば、公認会計士の専門的知見が事案の解明に不可欠となる場合もあるし、デジタル・フォレンジックの専門業者のサポートを得たうえで、企業のコンピュータシステムのデータ情報を分析して、関係者の供述のみに依拠しない、客観的な資料に基づく調査が有用なことも多いであろう。そのような場合は、調査チームにこれらの外部専門家を全面的に関与させ、内部調査委員会を構成した事実調査が有用となる。加えて、内部調査委員会型の調査のなかには、より調査の客観性・信頼性を高めるために、内部調査委員会の構成員を外部専門家と独立役員のみで構成する例もみられる[3]。不祥事対応プリンシプルにおいても、不祥事の根本的な原因の解明のために、最適な調査体制を構築するとともに、社内体制についても適切な調査環境の整備に努めるべきとしたうえ、独立役員を含め適格な者が率先して自浄作用の発揮に努めると定められており（不祥事対応プリンシプル①）、事案の性質に応じて、調査の客観性・信頼性を高めるための工夫が求められる。

　内部調査型・内部調査委員会型の調査体制をとる場合のメリットとしては、社内の役職員が主体的に調査に関与できるため、外部の専門家の人数を限定することができ、かつ、社内の事情をよく知る人間が積極的に関与できるため、効率的かつ迅速に調査が進められるという点があげられよう。例にあげた従業員個人の業務上横領の事案の場合、会計的なインパクトも見込まれるから、四半期報告書等の提出の時期までに調査を完了し、監査法人の監査・

---

　3)　なお、第三者委員会ガイドラインでは、企業等の業務を受任したことがある弁護士や社外役員は、ただちに利害関係を有する者に該当するわけではないとされている（第三者委員会ガイドライン脚注10）。

レビューが終了しなければならない一方で、経営陣の関与の可能性が乏しいと判断できる場合もあろう。そのようなケースであれば、第三者委員会を組成するまでもなく、迅速性と効率性を重視して社内と外部専門家の混合体制により内部調査委員会型として進めることも考えられよう。

ウ　第三者委員会型

　さらに、世間的に注目度の高い不祥事案件や、企業の上位役職者の関与が疑われる組織ぐるみの不祥事等事案の内容によっては、たとえ外部の専門家を関与させたとしても、調査の客観性として不十分との批判を受けることもありうる。そのような場合には、調査を包括的に外部の第三者、いわゆる第三者委員会に委ねる必要が生じる。第三者委員会とは、企業等において、犯罪行為、法令違反行為、社会的非難を招くような不正・不適切な行為等（不祥事）が発生した場合および発生が疑われる場合において、企業等から独立した委員のみをもって構成され、徹底した調査を実施したうえで、専門家としての知見と経験に基づいて原因を分析し、必要に応じて具体的な再発防止策等を提言するタイプの委員会とされている（第三者委員会ガイドライン前文1頁）。第三者委員会の設置が有力な選択肢となる事案として、不祥事対応プリンシプルでは、内部統制の有効性や経営陣の信頼性に相当の疑義が生じている場合、当該企業の企業価値の毀損度合いが大きい場合、複雑な事案あるいは社会的影響が重大な事案である場合等があげられている。とりわけ、監査法人から意見表明の前提として第三者委員会による調査を求められ、また金融商品取引所が第三者委員会による調査報告書の提出を要請する場合等は、第三者委員会の設置が不可欠となる。

　また、いったん内部調査または内部調査委員会による調査を行うと決定した場合であっても、調査により判明した事実関係に照らすと、第三者委員会による調査が適切と判断され、改めて第三者委員会を設置し再度調査を行う例も散見される。ステークホルダーに対する説明責任を尽くし、信頼回復を図るという不祥事調査の目的に照らして、柔軟な対応が求められている。

　第三者委員会ガイドラインに準拠した第三者委員会の手続の特徴としては、調査報告書が原則としてステークホルダーに対して開示されることとなること、第三者委員会は調査報告書提出前にその全部または一部を企業等に開示しないとされていることがあげられる。第三者委員会はそれ自体客観性を担保するしくみとして有用ではあるものの、調査報告書の開示が海外の訴訟に

おけるディスカバリとの関係で弁護士秘匿特権の放棄とみなされる可能性が指摘されていること、調査報告書のドラフトが企業等に開示されないために第三者委員会の調査結果に明らかな誤りがあっても事前に意見を述べる機会がないことがデメリットとしてあげられる。

(2) 委員会を組成する場合の決定事項

ア 第三者委員会を設置する場合

以上のような検討の結果、第三者委員会の設置を決定した場合には、第三者委員会ガイドラインに準拠して、以下の各点を検討する。

なお、第三者委員会ガイドラインは、「あくまでも現時点のベスト・プラクティスを取りまとめたもの」とされており（第三者委員会ガイドライン前文2頁）、実務的にも、厳密に第三者委員会ガイドラインに準拠せず、上記(1)イの内部調査委員会等を設置する例も多いが、そのような場合であっても検討すべき項目としては同様であり、第三者委員会ガイドラインに準拠する項目、準拠しない項目を適宜取捨選択して決定していくことになる。

また、すでに言及したとおり、不祥事対応プリンシプルでは、最適な調査体制の構築や適切な社内体制の整備を行うにあたって、独立役員を含め適格な者が率先して自浄作用の発揮に努めると定められている（不祥事対応プリンシプル①）。第三者委員会の設置については取締役会の決議に基づき決定されていることが通常であるものの、委員の選定や委員候補者との協議等決定に至る過程は、独立役員が中心となることも1つの方法である。

(ア) 委員の選定

第三者委員会を設置することを決定した場合、委員会を組成する委員の選定を行わなければならない。第三者委員会ガイドラインでは、第三者委員会の委員は、当該事案に関連する法令の素養があり、内部統制、コンプライアンス、ガバナンス等、企業組織論に精通した者でなければならないとされており、加えて、事案の性質により、学識経験者、ジャーナリスト、公認会計士等の有識者が委員として加わることが望ましい場合も多いとされている（第三者委員会ガイドライン第2部第5.1.(2)）。また、独立性・中立性が要求される第三者委員会の特質上当然のことながら、当該企業と利害関係を有する者は委員に就任することができず、たとえば、顧問弁護士はかかる利害関係を有する者に該当するとされている（第三者委員会ガイドライン第2部第2.5.）。

加えて、第三者委員会は、法曹の基本的能力である事情聴取能力、証拠評

価能力、事実認定能力等を十分に備えた調査担当弁護士を選任し（第三者委員会ガイドライン第2部第5.1.(3)）、公認会計士、税理士、デジタル調査の専門家等の各種専門家を選任することができるとされており（第三者委員会ガイドライン第2部第5.2.）、実務的にもこれらの補助者を選任することが通例である。品質偽装等の事案であれば関連製品やサービスの品質に関する専門家等の意見を聴取することも考えられる。もっとも、調査担当弁護士や各種専門家の選任は、第三者委員会の委員に委ねることが一般的である。

　第三者委員会を構成する委員数は3名以上を原則とするとされているところ（第三者委員会ガイドライン第2部第5.1.(1)）、実務的には、3名から5名の委員が選任される例が多い。事案の難易度や規模をふまえ、適切な委員数を判断することになろう。

　　(イ)　調査目的・スコープの設定

　第三者委員会を立ち上げる方針が決まった場合、委員候補者との間で、調査スコープを協議し決定することになる（第三者委員会ガイドライン第2部第1.(1)①）。調査スコープは、第一次的には不祥事を構成する事実関係であるが、それにとどまらず、不祥事の経緯、動機、背景および類似案件の存否、さらに当該不祥事を生じさせた内部統制、コンプライアンス、ガバナンス上の問題点、企業風土等も対象となる（第三者委員会ガイドライン第1部第1.(1)）。

　もっとも、取締役会で決議され、プレスリリースで開示される第三者委員会への委嘱事項としては一段抽象的なレベルとなり、典型的には、以下のような内容となる。

---

① 　本件不正行為に係る事実関係の調査
② 　本件不正行為に類似する事象の調査
③ 　①および②に係る発生原因の分析および再発防止策の提言
④ 　その他、第三者委員会が必要と認めた事項

　また、第三者委員会は、不祥事を起こした企業が、企業の社会的責任（CSR）の観点から、ステークホルダーに対する説明責任を果たす目的で設置する委員会であり、関係者の法的責任を追及する目的とする委員会は別組織とすべき場合が多いとされている[4]（第三者委員会ガイドライン第1部第1.2.、脚注1）。現在の実務運用上も、一部、不正行為に関与した役職員の責任の有無の判断を調査スコープとする例も存在するものの、大部分の事案は、関係者の責任

の検討は調査の目的に設定されていない。

　　㈦　調査期限

　調査を依頼するにあたっては、第三者委員会との間で、事案の規模や内容、調査のスコープ等をふまえて、第三者委員会による調査期限を協議しておく必要がある。第三者委員会による調査は、ステークホルダーへの説明責任を尽くし、企業の信頼回復が主要な目的であることから、適時のタイミングで調査を完了し、調査結果を公表する必要があるが、あまりに短い期間では第三者委員会が十分な調査を行うことができず、かえってステークホルダーの信頼の回復につながらない可能性が生じるため、事案の特質に照らして、適切な調査期間を設定できるよう委員候補者と協議する必要がある。一般的には、1～3か月程度の調査期間を設けている例が多いが、会計不祥事の事案等はその性質上調査期間が短い傾向がある。

　　㈢　報酬

　調査委員会の報酬は、時間制が原則である。成功報酬型の報酬は、企業が期待する調査結果を導こうとする動機につながりうることから不適切な場合が多いとされている（第三者委員会ガイドライン第2部第6.2.）。

　　イ　内部調査委員会を設置する場合

　第三者委員会ガイドラインに準拠する必要がないため、外部委員の選定に関する自由度は相対的に高くなるが、客観的な調査を完了したというためには第三者委員会ガイドラインの独立性に関する考え方は参考になる。調査目的・スコープの決定、調査期限、外部委員の報酬についての考え方は第三者委員会の場合とおおむね同様である。

⑶　取締役会決議の方法・議事録作成上の留意点

　会社法上、「重要な業務執行の決定」は取締役会の専権とされており、取締役に委任することはできないとされている（会362条4項）。不祥事に関する

---

　4)　実際には、関係者の法的責任の有無の判断を目的として第三者委員会とは別の委員会を設置するのは重大な不祥事案件に限られており、近時の実例としては、オリンパスが2011年12月7日に設置した取締役責任調査委員会および監査役等責任調査委員会、東芝が2015年9月17日に設置した役員責任調査委員会、スルガ銀行が2018年9月14日に設置した取締役等責任調査委員会および監査役責任調査委員会があげられる。

会社における各決定について、どの範囲で取締役会において決議すべきかは、不祥事の性質・規模、会社の規模、取締役会付議規程等によりさまざまであるが、少なくとも公表事案においては、事案の重要性を勘案してか、内部調査委員会や第三者委員会を設置する決定は、ほぼ例外なく取締役会の決議に基づき行われている。公表する必要のある重要な不祥事だからこそ内部調査委員会や第三者委員会を設置していると考えると、かかる委員会設置の決定は、「重要な業務執行の決定」に該当する場合が多いと考えられよう。

取締役会における審議・決議の際の留意点として、取締役のなかに不正への関与が疑われる者がいる場合、当該取締役は「特別の利害関係を有する取締役」（会369条2項）に該当する可能性があることから、取締役会の審議・決議から排除しておくことを検討すべきという点が指摘できる。

しかし、これから不正調査を行う段階では、当該取締役の不正への関与を明確に判断できないことが多い。特別利害関係人の解釈論として、当該取締役が不祥事の発生部門を管掌しているだけで、当然に当該取締役を審議・決議から排除してよいわけではなく、実際にはその判断は非常に難しい。専門家と当該時点で把握している事実関係を共有し、具体的に相談したうえで、判断すべき事項である。

当該取締役を決議から排除しても定足数に問題がない場合には、特別利害関係人にあたらない可能性が高い場合でも、念のため、審議・決議から外れてもらう場合はありうる。そのような場合、審議・決議に際して、当該取締役は不正への関与の可能性があることから念のため審議・決議に参加していない、という趣旨を明らかにしておくべきと考えられる。

取締役会議事録においても、特別利害取締役の氏名および審議・決議に加わっていない旨を明らかにしておく必要があるが（施101条3項5号）、取締役会として特定の取締役が不正へ関与したと明示的に判断しているわけではない場合には、上記のとおり、念のため審議・決議に参加していないという趣旨の記載を付記する工夫を行っておくことが適切と考えられる。

3　公表の要否・タイミング・方法

(1)　ステークホルダーの視点

企業において不祥事が発生した場合、公表を行うか否か、行うとしていかなるタイミングで公表を行うかは重要な検討課題となる。たとえば一従業員による横領やセクハラ事案であれば、ステークホルダーの関心はさほど高く

なく、当事者間および社内的に解決できていれば、対外的な公表までは必要ではないこともある。他方、検査データの偽造や一般消費者の個人情報の漏えい等幅広いステークホルダーの利害にかかわる不祥事であれば、対外的な公表が避けられない場合が多いであろう。

不祥事対応プリンシプルでは、不祥事に関する情報開示は、その必要に即し、把握の段階から再発防止実施の段階に至るまで迅速かつ的確に行うべきとされており（不祥事対応プリンシプル④）、企業の社会的責任という観点から、適切な対応が求められている。この点、不祥事の兆候をつかんだにすぎない段階で公表するとなると、抽象的または不正確な情報開示しかできず、社会の疑問に十分応えられなかったり、その後判明した事実と当初の説明内容が食い違う結果になるなど、かえって社会から批判を浴びる可能性もあり、現実的な対応ではないこともありうる。他方、情報開示のタイミングが遅れると、不祥事の内容によっては公表の遅れから被害が拡大したり、社会から隠ぺい体質を疑われレピュテーションを大きく毀損することにもなりかねないため、可及的すみやかな公表を検討すること自体は不可避である。とりわけ、一般消費者の健康被害が生じるような事案や個人情報の漏えい事案等重大な二次被害が生じる可能性がある場合には、迅速な公表が必須となろう。このように、迅速な公表と正確な公表は必ずしも両立しえないものではあるが、事案に応じて適切な判断を行う必要がある。1つの対策として、不祥事の全容が把握できていなくとも、可能な範囲でのすみやかな公表を優先し、事実関係の判明に応じて段階的に、複数回にわたり公表するという手段も検討すべきであろう。

公表の方法としては、記者会見等マスコミを通じた公表、自社ホームページによる公表、一般消費者・エンドユーザーへのダイレクトメールの送付、取引先への説明文書の送付等が考えられる。不祥事の性質、問題の重要性、社会の関心度、類似案件の他社の対応等各種の事情を総合的に勘案しつつ、必要に応じて複数の方法を組み合わせることも含め、ステークホルダーへの情報開示の方法を検討する必要がある。

⑵　善管注意義務の履行という視点

適切な情報開示は、企業の社会的責任の1つである説明責任の遂行という意義に加え、取締役の善管注意義務の履行という意義も有する。この点に関しては、ミスタードーナツの販売する肉まんに違法な食品添加物が含まれて

いた件に関して役員責任が争われたダスキン株主代表訴訟事件（大阪高判平成18・6・9判時1979号115頁）が有名である。当該裁判例は、ダスキンは販売している肉まんに含まれている食品添加物が食品衛生法で使用が禁止されている違法なものであることを当初は認識していなかったが、ある取引業者から違法な食品添加物が含まれている旨の指摘を受けたことにより事実関係の認識を有するに至ったにもかかわらず、一部の取締役が、当該取引業者に対して業務委託料名目で口止め料6300万円を支払いつつ、在庫がなくなるまで肉まんの販売を継続したという事案であった。

　ここでの争点は、違法な食品添加物が含まれた肉まんの販売を継続した事実および取引業者に6300万円の口止め料を支払った事実を、肉まんの販売完了後1年以上経過してようやく認識するに至った他の取締役が、一連の事実関係を社会に対して「自ら積極的には公表しない」という判断を行ったことに関して、善管注意義務違反が肯定されるかどうかという点であった。

　大阪高等裁判所は、「自ら積極的には公表しない」という判断を行った取締役に関して、上記取引業者から違法な食品添加物の混入やその後の販売継続の事実を「マスコミに流される危険を十分認識」していたことを認定したうえ、「現代の風潮として、消費者は食品の安全性については極めて敏感であり、企業に対して厳しい安全性確保の措置を求めている。」、「違法性を知りながら販売を継続したという事実だけで、……信頼性は大きく損なわれることになる」、「ましてや、その事実を隠ぺいしたなどということになると……更に厳しい非難を受けることになるのは目に見えている」。そうであるならば、「自ら進んで事実を公表して、既に安全対策が取られ問題が解消していることを明らかにすると共に、隠ぺいが既に過去の問題であり克服されていることを印象づけることによって、積極的に消費者の信頼を取り戻すために行動し、新たな信頼関係を構築していく途をとるしかない」、「マスコミの姿勢や世論が、企業の不祥事や隠ぺい体質について敏感であり、少しでも不祥事を隠ぺいするとみられるようなことがあると、……それにより企業の信頼が大きく傷つく結果になる」。「そのような事態を回避するために……企業としての信頼喪失の損害を最小限度に止める方策を積極的に検討することこそが、このとき経営者に求められていたことは明らかである」、「そのための方策を取締役会で明示的に議論することもなく、『自ら積極的には公表しない』などという……方針……は到底『経営判断』というに値しない」、「消費者やマスコミの反応をも視野に入れた上での積極的な損害回避の方策の検討を怠った点に

おいて、善管注意義務違反のあることは明らかである」などと論じて、取締役の善管注意義務違反を認定した。

当該裁判例は、不祥事が生じた際の公表義務一般を認めたものではないと理解したうえ、不祥事の内容や世論等の諸要素を総合的に勘案して、不祥事を公表しないとの判断が善管注意義務違反とはならないケースもありうるとの解釈が一般的である。この点、およそあらゆる場合に不祥事の公表義務が認められるとの結論が不当なことはいうまでもないが、不祥事は公表すべきという考え方が世間的にも広く定着している近時の社会的風潮に照らすと、ステークホルダーの関心の高い不祥事を開示しないという判断には高いリスクが伴う点に留意が必要である。

(3) 適時開示

さらに、上場会社においては、金融商品取引所の自主規程に基づく適時開示も検討しなければならない。上場規程 402 条 2 号 x は、「当該上場会社の運営、業務若しくは財産又は当該上場株券等に関する重要な事実であって投資者の投資判断に著しい影響を及ぼすもの」について適時開示を要求しており（いわゆるバスケット条項）、企業において不祥事が発生した場合、不祥事の事案や規模によってはかかるバスケット条項に該当し、適時開示が必要となることもある。また、子会社に不祥事が発生した場合にも、上場規程 403 条 2 号 1 が、「当該子会社等の運営、業務又は財産に関する重要な事実であって投資者の投資判断に著しい影響を及ぼすもの」について適時開示が必要とし、子会社の発生事実に関するバスケット条項を定めているため、自社の不祥事と同様に、適時開示の検討が必要となる。

加えて、適時開示と表裏の問題として、不祥事の発生それ自体がインサイダー取引規制におけるバスケット条項（金商 166 条 2 項 4 号・8 号）に該当しうる点にも留意が必要である。実際に、不祥事に関する事実がバスケット条項に該当するとして課徴金の納付を命じられた事案は複数発生しており、直近では、製造販売している製品の一部が国の性能評価基準に適合しておらず、また、一部の性能評価基準に対する認定を技術的根拠のない申請により受けていたこと[5]や、施工工事の一部について施工報告書の施工データの転用お

---

5) 証券取引等監視委員会「金融商品取引法における課徴金事例集——不公正取引編」（2019 年 6 月）110 頁。

よび加筆があったこと[6]が重要事実に該当すると判断されている。そのため、不祥事を開示するまでは情報管理を徹底する必要があるとともに、インサイダー取引を誘発しないという観点からも、迅速な開示を検討する必要が生じることになる。

　以上のような意義を持つ不祥事の公表を、どのタイミングでどのように行うかは、企業にとって重大な影響を及ぼす高度の経営判断であるから、経営陣が十分な事実認識のもと、適切な専門家の助言も得るなど万全の検討を経たうえ、判断を行うべきである。

4　調査完了時

(1)　調査結果の公表

　調査が完了した場合、内部調査委員会または第三者委員会から調査報告書を受領することになる。第三者委員会は、企業の社会的責任（CSR）の観点から、ステークホルダーに対する説明責任を果たす目的で設置する機関である以上（第三者委員会ガイドライン第1部第1.2.）、調査報告書はステークホルダーに公表する必要がある。どの範囲のステークホルダーに開示するかは当該企業の経営判断であるが[7]、第三者委員会を設置している場合、通常は不祥事が多様なステークホルダーに影響を及ぼすものという判断が前提にあり、第三者委員会の設置の段階ですでに適時開示やプレスリリースを行っていることが多いと思われる。その場合は、調査報告書も、適時開示やプレスリリースにより社会一般に広く開示することになる。

　この際、調査報告書のなかに関係者の名誉にかかわる事項や営業秘密が含まれている場合には、調査報告書の全文を開示すると、名誉を侵害したり、営業秘密の価値が喪失することになる。そのため、調査報告書の全部または一部を開示しないことが許容されている（第三者委員会ガイドライン第2部第1.2.③）。実務的には、プレスリリースに供する目的で要約版を別途作成することもよく行われているが、少なくとも、調査報告書原本と内容は同一としつつ、個人の名誉への配慮から、従業員や関係者の氏名を伏せて記号表示とする開示版・公表版を作成することが一般的である。

　公表の時期については、第三者委員会ガイドラインは、企業等は、第三者

---

6)　証券取引等監視委員会・前掲注5）111頁。
7)　第三者委員会ガイドライン脚注6では、「開示先となるステークホルダーの範囲は、ケース・バイ・ケースで判断される。」とされている。

委員会から提出された調査報告書を、原則として、遅滞なく、不祥事に関係するステークホルダーに開示することを要請している（第三者委員会ガイドライン第2部第1.2.①）。実務上は、調査報告書を受領した当日に開示を行っている例が多い。調査報告書の受領時点で、開示版・公表版の用意が整っていない場合は、まずは受領の事実と調査報告書の概要のみをすみやかに公表し、調査報告書の開示版の作成が完了次第、調査報告書を開示する例もみられる。上場会社の場合は、金融商品取引所から調査報告書の受領や開示に関する適時開示の方法について指示があることも多く、金融商品取引所との密接なコミュニケーションも必要となる。

　第三者委員会ガイドラインに厳密に準拠していない内部調査委員会型の調査の場合、調査報告書の公表を義務づける明文の規定はないことから、第三者委員会による報告書と同様、開示版・公表版等により調査結果を開示していることが多いものの、企業等において調査結果の概要を公表するにとどめる場合もある。

(2)　再発防止策の検証
ア　徹底した原因分析の必要性
　調査が完了し、不祥事の原因・背景の分析が完了した場合には、再発防止策の策定を行うことが肝要となる。第三者委員会へ調査を委嘱した場合は、委嘱事項に再発防止策に関する提言を盛り込むことが通例であり、第三者委員会により提言される一般的な再発防止策としては、以下のようなものがあげられる。

```
①　企業風土の改善・意識改革（法令遵守意識の確立）
②　ガバナンスの強化・社外役員の選任
③　適切な人事異動や人員配置、人事評価制度の適正化
④　内部通報制度の強化・周知徹底
⑤　内部監査部門の体制強化
⑥　社内規程の見直し
⑦　子会社管理の徹底
```

　不祥事の原因・背景の分析においては、当該事業部門で不祥事が発生した原因・背景に加え、管理部門、内部監査部門が当該不祥事をなぜもっと早期に発見・防止できなかったのかという観点で、時系列に沿って、個別具体的

に検討していく必要がある。

　グループガイドラインのなかで、事業部門（第1線）、法務・財務等の専門性を備えつつ、事業部門の支援と監視を担当する管理部門（第2線）、第1線・第2線の有効性に対する監査を担当する内部監査部門（第3線）から構成される「3線ディフェンス」の考え方が提唱されており（グループガイドライン77頁）、内部統制システムの再検証のなかでも必然的にそれぞれの部門で期待される役割と、当該不祥事における作為・不作為との関係が個別具体的に検証される必要がある。詳細な時系列に沿った具体的事実認定なしには、第2線、第3線における有効な再発防止策を検討することは難しい。

イ　企業自身による再発防止策の具体的検討

　より重要なことは、第三者委員会による提言をふまえ、企業自身が、主体的に、それをより具体化した再発防止策を策定しかつ実行することである。第三者委員会による再発防止策の提言は、当該不祥事の事実関係や原因を調査したうえでなされたものであり、不祥事の再発防止を図るにあたって重視すべき事項であることは異論の余地はないが、企業自らの検証および実行が伴わなければ第三者委員会の提言も意味を失う。第三者委員会の提言事項であったとしても、場合によっては、当該提言が実効的に機能しない、あるいは当該企業の企業価値向上のための施策として適切ではないなどの理由で採用されないこともありうるといえよう。

　不祥事対応プリンシプルにおいても、根本的な原因に即した実効性の高い再発防止策を定めたうえ、迅速かつ着実に実行するものとされている（不祥事対応プリンシプル③）。加えて、再発防止策は、組織の変更や社内規則の改訂等にとどまらず、再発防止策の本旨が日々の業務の運営等に具体的に反映されることが重要であり、その目的に従って、定着しているかを十分に検証すると定められている（不祥事対応プリンシプル③）。このとおり、再発防止策を定めれば目的が達成されるというわけではなく、再発防止策が企業内部で有効に機能しているかの継続的な検証も必要となる。

　日本自主規制法人が2018年3月30日に策定した「上場会社における不祥事予防のプリンシプル——企業価値の毀損を防ぐために」（不祥事予防プリンシプル）は、具体的な再発防止策について言及するものではないものの、「事前対応としての不祥事予防の取組みに資する」目的で策定されているものである点において（不祥事予防プリンシプルI.）、再発防止策の策定にあたって参

考に値する。このうち、取締役・取締役会として特に留意すべき点としては、不祥事を予防する取組みにあたっては、経営陣、とりわけ経営トップによるリーダーシップの発揮が重要と明記されている点（不祥事予防プリンシプル前文）、経営陣は、コンプライアンスにコミットし、その旨を継続的に発信し、コンプライアンス違反を誘発させないよう事業実態に即した経営目標の設定や業務遂行を行うとされている点（不祥事予防プリンシプル原則2）、現場と経営陣の間の双方向のコミュニケーションを充実させ、現場と経営陣がコンプライアンス意識を共有することとされている点（不祥事予防プリンシプル原則3）があげられる。経営陣である取締役会が主体的・積極的に不祥事の予防に努めるべきであることが明記されているのである。

　一般的に、第三者委員会による調査報告書を受領した後、企業自らが一定の期間内に具体的な再発防止策を策定し、取締役会で決議のうえ、適時開示およびプレスリリースにより開示することが多い。

(3)　内部統制システムの再検証
ア　内部統制システムに関する会社法の規律

　具体的な再発防止策の策定を行うことに加え、取締役会としては、現行の内部統制システムが適切なものかどうかの検証が必要となる。

　会社法は、以下のとおり、内部統制システムの整備に係る事項は取締役会の専決事項であり取締役に委任できないと定めたうえ[8]（会362条4項6号）、大会社（資本金の額が5億円以上または負債の額が200億円以上の会社。会2条6号）については、かかる体制の整備に関して決定する義務を定めている[9]（会362条5項）。

会社法 362 条
4　取締役会は、次に掲げる事項その他の重要な業務執行の決定を取締役に
　委任することができない。
　六　取締役の職務の執行が法令及び定款に適合することを確保するための

---

8)　もっとも、会社法は、取締役会は内部統制のための「体制の整備」を決議しなければならないと定めているのであり、「体制」そのもの、つまり、内部統制システムの詳細までをも決議しなければならないと定めているものではない。
9)　監査等委員会設置会社および指名委員会等設置会社についても、大会社と同様、取締役会は、内部統制システムの体制の整備に関して決定しなければならないと定められている（会399条の13第2項、416条2項）。

体制その他株式会社の業務並びに当該株式会社及びその子会社から成る
企業集団の業務の適正を確保するために必要なものとして法務省令で定
める体制の整備
5　大会社である取締役会設置会社においては、取締役会は、前項第六号に掲
　　げる事項を決定しなければならない。

　もっとも、会社法上、大会社等に義務づけられているのは、内部統制シス
テムに関して何らかの「決定をする義務」までであり、内部統制システムを
整備しないとの決定も許されるとされている[10]。これは、大会社といっても、
上場会社から単なる資産管理会社まで会社の実態はさまざまであり、一律に
何らかの体制を整備しなければならないとするのは不合理が生じうるからで
あると考えられる。

　しかし、会社の業務の適正性の確保は、取締役の会社に対する善管注意義
務・忠実義務の内容となることから、解釈上、会社の実情に応じて、取締役
会において内部統制システムの構築が義務として要請され、内部統制システ
ムの構築をしないことが取締役の善管注意義務・忠実義務違反の問題となり
うるとされている[11]。一定以上の規模の会社については、取締役が末端の従
業員の行動まで監視することができないことから、内部統制システムの構築
義務があると判断される可能性が高くなるが、小規模な会社であっても、事
業の内容上違法行為が発生しやすい、違反により会社が重大な損害を被るお
それがあるなどの理由がある場合には、内部統制システムの構築義務がある
と考えられている[12]。

　また、内部統制システムは、いったん決議すれば足りるというわけではな
く、継続的に、当該システムが有効に機能しているかの検証が求められる。
既存の内部統制システムの大綱が会社の実情に不適合となった場合には、新
たな内部統制システムの大綱を決定しなければならない[13]。

　そのため、内部統制システムを決議していたとしても、不祥事が発生した
場合は、過去の内部統制システムを構築した判断が適切であったかという問

10)　論点解説新・会社法 334 頁。
11)　会社法コンメ(7)227 頁〔松中学〕。
12)　中村直人『判例に見る会社法の内部統制の水準』(商事法務、2011 年) 52 頁。
13)　論点解説新・会社法 341 頁。

題[14]およびその後適正に内部統制システムを運用・検証していたかという問題[15]に加えて、当該不祥事が発生したことを前提に、内部統制システムの運用状況が適切かどうかの検証を行っておかなければ、将来類似の不祥事が発生した場合に、当該会社の取締役には、善管注意義務違反を構成する責任原因が新たに生じうることになる。また、大会社等でなくとも、解釈上、内部統制システムの構築義務が認められる例があるのは上記のとおりであるから、従前は内部統制システムを構築していなかったとしても、いったん不祥事が発生した以上、不祥事が発生したことを前提に、取締役会として内部統制システムを構築する決定を行う必要がないか、改めて検証しなければ善管注意義務違反の問題が生じうると考えられる。

イ 判例の考え方

　この点について参考となる判断を示しているのが、内部統制システムに関する唯一の最高裁判例である日本システム技術事件最高裁判決（最判平成21・7・9判時2055号147頁）である。これは、日本システム技術において、従業員らが営業成績を上げる目的で複数年度にわたり架空の売上を計上したため有価証券報告書に不実の記載がなされ、その後、当該事実の公表により株価が低下したことについて、公表前に株式を取得していた株主が、代表取締役に従業員の不正行為を防止するためのリスク管理体制を整備する義務違反があるとして、会社法350条（代表者の行為についての会社の責任）に基づき、日本システム技術に対して損害賠償を請求した事案である。

　原告の請求に対して、最高裁は、日本システム技術においては、「通常想定される架空売上げの計上等の不正行為を防止し得る程度の管理体制は整えていたものということができる。」、「本件不正行為は、……通常容易に想定し難い方法によるものであったということができる。また、本件以前に同様の手法による不正行為が行われたことがあったなど……本件不正行為の発生を予見すべきであったという特別な事情も見当たらない」（傍点は筆者）こと等を理由に、代表取締役には、本件の不正行為を防止するためのリスク管理体制

---

14)　いかなる内部統制システムを構築するかの判断には、経営判断原則が適用されると解されている。たとえば、「どのような内容のリスク管理体制を整備すべきかは経営判断の問題であり、会社経営の専門家である取締役に、広い裁量が与えられている」と判示した大和銀行事件判決（大阪地判平成12・9・20判時1721号3頁）等。

15)　ケースから考える内部統制システムの構築22頁～24頁参照。

を構築すべき義務に違反した過失があったとはいえないと判断した。

この最高裁の判断の特徴としては、①「通常想定される……不正行為を防止し得る程度の管理体制」が整備されていたか否か、整備されていたといえる場合には、②「本件不正行為の発生を予見すべき……特別な事情」があったかどうかを判断するという2段階の判断基準を採用している点にある。

会社においてある不祥事が発生したという事実は、将来同種または類似の不正行為が発生した場合には、回顧的にみて、日本システム技術事件最高裁判決が判示した「本件不正行為の発生を予見すべき……特別な事情」に該当すると判断されることになろう。そのため、不祥事が発生し調査が完了した時点で、取締役会としては、内部統制システムの決議を修正する必要があるかどうかを検証し、修正する必要があるのであれば、新たな内部統制システムの大綱を取締役会として決議しなければならない。内部統制システムの決議それ自体を修正する必要までもないのであれば、取締役会としては、代表取締役または業務担当取締役が内部統制のしくみを適切に改善することを指示し監視することになる。

⑷ 関与者の処分、責任追及

不祥事に関する事実関係およびその原因の調査が完了した時点で、調査結果をふまえ、関係者の処分や責任追及を検討する必要がある。

ア 関係者の処分

㋐ 役員の処分

不正に関与した役員については、再発防止の観点およびステークホルダーからの信頼回復という観点から、適切な処分が不可避となる。この点、役員と会社は委任契約に基づき規律されるから懲戒解雇を含む懲戒処分を行うことはできず、また、役員の地位を解任するためには株主総会決議が必要となるから（会339条1項）、取締役会限りで、当該役員の地位を喪失させる処分を行うことはできない。役員の解任を株主総会において決議することは相応の困難を伴うため、実質的に役員の解任が必要と判断する場合には、解任に相当することを示したうえ、辞任を促すことが現実的な選択肢となる。

役員を解任する場合、議決権を行使することができる株主の議決権の過半数（3分の1以上の割合を定款で定めた場合にあっては、その割合以上）を有する株主が出席し、出席した当該株主の議決権の過半数（これを上回る割合を定款

で定めた場合にあっては、その割合以上）をもって行う必要がある（会341条）。ただし、監査役、累積投票により選任された取締役、監査等委員である取締役の解任は株主総会特別決議を要する（会309条2項7号）。

　加えて、解任された役員には、「その解任について正当な理由がある場合を除き」、解任によって生じた損害の賠償を請求することができるとされている（会339条2項）。正当な理由が認められるかどうかは、不祥事の内容や当該不祥事が会社に与えた影響、役員の不祥事への関与の程度・態様等諸般の事情に照らして判断されることになるが、一定の規模の不祥事に故意に関与したような場合は、通常、解任について「正当な理由」があると判断されることになろう。

　取締役については、取締役としての地位を喪失させるまでもないものの、代表取締役や専務取締役といった役付から降格させることが適切な場合もあろう。役付取締役の変更は、取締役会規則により取締役会決議事項と整理されているのが通常であり、取締役の役付の降格は取締役会決議で行うことが可能である。

　また、実務上、取締役の報酬を減額する対応を行う例は非常に多い。この点、いったん取締役の報酬の額が具体的に定められた場合、その額は取締役・会社間の契約内容となるから、取締役の同意がない限り、報酬の額を減額することはできない[16]。そのため、処分内容を「役員報酬の減額」と整理する場合であっても、取締役から同意を得る必要がある。加えて、不正への直接の関与がない取締役についても、ステークホルダーに対して迷惑をかけたことの道義的責任を明確にする趣旨で、報酬を減額する例も多い。この場合は、取締役が自発的に報酬の減額を申し出ているというニュアンスを明確にするため、「返上」や「自主返上」という表現を用いることが多い。

　不正に直接関与していない役員の処遇を含めた新たな役員構成についても、監督責任の観点から、会社として慎重な判断が求められる。役員選任議案に関する機関投資家の議決権行使基準を含め、この点については、株主総会対応として下記Ⅲ1において言及する。

　　(イ)　従業員の処分

　不正に関与した従業員に対する処分は、就業規則に基づく懲戒処分を検討することになる。その際には、不正行為が懲戒処分の根拠になることが就業

16)　最判平成4・12・18民集46巻9号3006頁。

規則に定められていることを前提として、訓戒、戒告、けん責、降格、出勤停止、諭旨解雇、懲戒解雇等就業規則に定められた各種懲戒処分について、不正への関与の度合いや過去の類似事例の処分内容との均衡等をふまえて、懲戒処分の内容を決定することになる。

イ　民事上の責任追及

　不祥事により会社が被った損害について、不正に関与した役職員に対して民事上の責任を追及することもありうる。

　もっとも、一般的な機関設計である監査役設置会社においては、取締役に対して訴えを提起する場合は、監査役が会社を代表すると定められているところ（会386条1項）、同条は、訴訟における代表権の前提として、会社と取締役の間に法的紛争がある場合に、会社が取締役を被告として訴えを提起すべきかどうかの判断を監査役に専権的に行わせることまでも規定したものと解されている[17]。そのため、取締役に対して訴えを提起するか否かの判断について、通常、取締役会は実質的な関与はしない。なお、第三者委員会とは別に、役員の法的責任の成否を判断することを目的とした責任調査委員会が設置されることがある点については、上記2⑵ア⑷参照。

　従業員に対して民事上の責任を追及するか否かを判断する際には、会社から従業員に対する損害賠償請求権は、「損害の公平な分担という見地から信義則上相当と認められる限度」でしか認められないとされていること[18]や、横領等従業員の故意による不祥事で損害の全額を請求しうる事案であっても従業員個人の資力に照らして回収が見込めない可能性があり費用倒れになる可能性があることに留意が必要である。他方、費用倒れになる可能性が高くとも、モラルハザード防止の見地から、不正に関与した従業員の責任を追及すべきという観点もあり、会社としては、これらの諸事情を考慮してとるべき手段を判断する必要がある。

　従業員に対して訴えを提起する場合には、取締役会付議基準上、訴えの提起（会社によっては一定の金額以上の訴えの提起）を取締役会付議事項としていることが多いと思われるため、取締役会決議が必要となる場合がある。

17)　会社法コンメ(8)421頁〔吉本健一〕。
18)　最判昭和51・7・8民集30巻7号689頁。

ウ　刑事告訴・告発

　不正行為の内容が犯罪を構成するものである場合、会社は、当該不正行為を行った役職員に対する告訴・告発を行うかどうかを検討する必要がある。告訴とは、犯罪の被害者が捜査機関に対して被害の事実を申告し、その訴追を求める意思表示のことであり（刑訴230条等）、告発とは、被害者その他の告訴権者または犯人以外の第三者が、捜査機関に対して犯罪の事実を申告し、その訴追を求める意思表示のことである（刑訴239条1項）。告訴・告発を行うことは義務ではないので、犯罪の重大性・悪質性・件数、被害の程度、被害弁償の有無、過去の取扱いとの均衡、社内のモラル維持の必要性、ステークホルダーの関心の有無・程度等諸事情を総合的に勘案して判断することになる。取締役会付議基準に告訴・告発を列挙している会社は多くはないと思われるが、事案の重大性等にかんがみて、告訴・告発を行うという意思決定は、「その他の重要な業務執行の決定」（会362条4項）に該当するものとして取締役会決議が必要と解される事案も存在すると考えられる。

Ⅲ　不祥事発覚時の株主総会における留意点

　不祥事発生後の株主総会、とりわけ不祥事が株主総会に近接したタイミングで発生した直後の株主総会においては、通常の株主総会とは異なる準備および運営が必要となる。

　また、不祥事の内容が会計事項にかかわるものである場合、計算書類は定時株主総会において報告または承認が必要とする会社法の規律（会438条、439条）との関係で、検討を要する点が生じる。

1　役員候補者の選定と機関投資家とのエンゲージメント

　上記Ⅱ4(4)ア(ア)のとおり、不祥事の原因調査が完了した段階で役員の処分が検討される。その際、不祥事に直接関与した役員が経営陣に残ることは通常考えられないが、直接不祥事に関与したわけではなくとも、とりわけ代表取締役や不祥事が発生した部門を管轄する取締役については、不祥事の発生を許した経営責任をとることを求められる可能性があり、株主総会における役員選任議案との関係で慎重な考慮が求められる。

　不祥事が発覚した企業の役員選任議案に関して、機関投資家は、スチュワードシップ責任の観点から一定の議決権行使基準を定めていることが通例であ

り、議決権行使助言会社の助言方針も含め例をあげると、たとえば以下のようなものがある。

図表 4-1：不祥事発生時の役員選任議案に関する議決権行使（助言）基準例

機関投資家等	基準
ISS	株価の極端な下落や業績の大幅な悪化など経営の失敗が明らかな場合や、不正や犯罪行為などの不祥事があった場合など、株主価値が毀損したと判断される場合は、反対を推奨することを検討する。その際は財務への影響、当局や証券取引所による処分、株価の反応や企業の評判への影響などを考慮する。
三井住友トラスト・アセットマネジメント	以下のいずれかに該当する場合、原則として反対します。 （中略） 企業価値に影響を及ぼす不祥事が発生した企業において、当該不祥事に関与または監督責任があると判断される場合 (6) 不祥事基準 原則として以下の行為のうち、当該企業の組織的関与が認められる場合を不祥事とします。 ・独占禁止法、贈収賄等の法令違反 ・不適切会計、決算遅延・不正検査やデータ改ざん等の不適切行為により、経営上影響が発生している場合 ・社会的に妥当性が認められない行為により会社の社会的信用が失墜している場合 ・重大なガバナンス不全が認められる場合 ・その他、社会や環境に深刻な影響をもたらす行為
ニッセイアセットマネジメント	以下の基準を満たす場合、原則、賛成します。 （中略） (5) 重大な反社会的行為の有無 取締役候補が責任を負うべき事案で、企業の利益に重大な影響を及ぼす、または、社会的な影響が大きいと考える重大な反社会的行為（違法行為、不祥事等）が発生していない場合 ＜上記を満たさないものの例外的な判断を行い賛成する場合の考え方の例＞ 再発防止体制が整えられているなど、再発の蓋然性が低いと判断できる場合

日本生命保険	法令違反や不正会計等の不祥事が発生し、組織的関与があり、かつ企業の利益に対する損失割合が3割を超える場合、または事案の悪質性が高い場合や社会的な影響が大きい場合、企業価値に重大な影響があると考えられる場合

　不祥事が発生した場合の役員選任議案について議決権行使基準を定めている場合であっても、その基準は抽象的であり、いかなる場合に役員選任議案に反対するかは一義的に明らかではないことが多い。

　そのこともあり、不祥事が発生した企業においては、役員選任議案に関して機関投資家とのエンゲージメントの機会を設け、その反応を探ることが必要になることもある。機関投資家は、自らの議決権行使基準に従い議決権行使方針を決定することにはなるものの、その方針の決定に向けて、エンゲージメントの場では、損失額の見通し、不祥事の原因、役員の責任の有無、原因調査の方法（社内調査か第三者委員会による調査かなど）や当該調査手法を採用した理由、再発防止策の内容等について、企業に対して説明を求めることが多いと思われる。企業としては、かかる質問について適切に説明できるよう準備をするとともに、自社の不祥事の原因や再発防止策、ガバナンス体制もふまえたうえで、役員候補者の選任理由・適格性を説得的に説明できるようにしておく必要があろう。

2　不祥事発覚後の株主総会運営上の工夫

　第三者委員会を設置する必要がある程度の重大な不祥事が発生した場合、株主総会の運営に関しても、通常の株主総会とは異なる準備が必要となる。ここでは、本書の性質上、株主総会の準備・運営一般について網羅的な言及をするのではなく、通常時の株主総会とは異なる対応・準備をすべき事項に絞って指摘をすることとする。

(1)　株主名簿の確認および受付体制

　株主総会に出席し議決権を行使することができる株主は、基準日において議決権を有する株主として株主名簿に記載された者である。株主総会に出席できない者を出席させ議決権を行使させると決議取消事由になりうるし、他方、出席権のある株主の出席を拒否してしまっても決議取消事由となりうる。そのため、株主総会会場では受付を置いて、来場者の氏名、出席資格の有無

および議決権数を確認することが必要となる。

　この際、会社との間でトラブルを抱えている株主や株主提案を行っている株主等が存在する場合、事前にリストアップを行い、受付において当該株主の出席の有無を確認するということが一般に行われている[19]。そのような株主が出席した場合は、株主総会会場における着席場所を確認したうえ、座席表に記入しておいたり、出席票（受付票）の出席番号を控えるなどの方法でその動向をマークし、議長や事務局、弁護士と情報共有し、議事進行の際の参考とすることが多い。

　会社において不祥事が発生した場合、たとえば、消費者に被害が生じる製品事故が発生した場合、当該被害者が会社の株主であるなど、不祥事の関係者が株主として株主総会に出席することも起こりうる。そのような場合、当該株主は、不祥事に関して積極的に質問を行うなど議長の議事進行上特に留意が必要となる行動をとる可能性は否定できない。

　そのため、不祥事発生直後の株主総会では、不祥事の関係者が株主のなかに存在するかどうかを確認し、存在する場合は事前にそのリストアップを行ったうえ、受付における出席確認、会場の着席場所の確認等によりその動向を確認し、議事進行の参考とすることが望ましい。

(2)　報告の際の任意の言及、お詫びの言葉

　不祥事が発生した直後の株主総会では、出席株主が例年に比べて増加することが多く、株主が不祥事に高い関心を有していることが通常である。そのうえ、不祥事により株価が下落している、あるいは不祥事の報道が多数行われ会社のレピュテーションも毀損しているなどの事情から、不祥事を発生させたあるいは不祥事を防止できなかった経営陣に対して強い不満を有していることが多い。質疑応答においても、不祥事に関する質問が多数提出されることが予想される。

　そのような場合、株主総会の冒頭や事業報告の際に、あらかじめ経営トップから当該不祥事に関する経緯説明やお詫びの言葉を入れることで、株主からの反発が弱まる場合も少なくない。その際、他の役員も起立のうえ、議場に向かって礼をするといった対応も検討すべきであろう。

---

19)　このような「動向をマークする株主」が存在する企業は約 70 パーセントにも上る（「株主総会白書 2019 年版」商事 2216 号（2019 年）122 頁）。

調査委員会による調査が完了していれば、その内容や発生原因・再発防止策等についても株主に説明しておくべきと考えられる。不祥事に関する事実究明がまだ終了していない段階においては、謝罪をすることが必ずしも適切ではない場面もあるが、その場合でも、「ご心配をおかけしていること」に対するお詫びの言葉と、調査委員会設置までの経緯を簡潔に説明することも検討すべきである。

(3)　シナリオ上の工夫

ア　不祥事についての質問対応

　不祥事に関する経緯説明やお詫びをした場合でも、株主から不祥事に関する質問が延々と継続して提出されることは予想される。

　取締役の説明義務は株主総会の目的である事項に関しない質問については射程外であるが（会314条ただし書）、不祥事が「株主総会の目的である事項」に該当しないと判断することは、一般論としては難しい。「株主総会の目的である事項」には報告事項も含まれ、事業報告には不祥事に関する記載がなされる場合があるからである（下記(7)参照）。計算書類の報告議案についても、不祥事に起因して特別損失を計上していたり、不祥事が特定の勘定科目に大きな変動をもたらしている場合も多いであろう。また、役員再任の議案が上程されていれば、当該役員の従来の職務執行の状況は説明義務の対象となると考えられるから[20]、不祥事に関する質問が職務執行の状況を理解するうえで無関係とはいえないであろう。

　加えて、株主総会について、株主満足度を向上させるという視点で運営を行うのが近時のトレンドである。そうすると、法的な説明義務の有無にかかわらず、株主が関心を持つ不祥事についての質問に一切回答しないという選択肢はとりづらい。

　そこで、不祥事に関する質問については、株主の関心に応えられるよう、その時点で公表されている範囲内において、必要十分かつ簡潔な説明を行うよう努めるべきである。

　もっとも、不祥事以外の事項に関して質問を行いたい株主もいるので、

---

20)　東京地判平成 16・5・13 金判 1198 号 18 頁。

> 本件に関するご質問を多数お受けしておりますが、他の事項に関心をお持ちの株主様もおられると思いますので、他の事項に関するご質問をお受けしたいと思います。

と断ったうえで、バランスよく、質疑応答を受けるシナリオも準備しておく必要がある。

イ　事前質問への対応

　株主総会に先立ち、事前質問状が提出されることがある。かかる事前質問の法的意義は、「株主総会の日より相当の期間前に……通知」（施71条1号イ）したとして、取締役に調査が必要という理由で説明を拒否（会314条ただし書、施71条1号）させないという効果を発生させるにすぎない。つまり、事前質問状が提出されても、当該株主が株主総会に出席して現に質問しない限り、取締役には株主総会の場で事前質問に対する説明を行う義務はない。

　もっとも、不祥事に関する事前質問がある場合、当該質問は株主が一般に関心を持っている事項であることも多いと思われるから、取締役が株主からの質問に先立ち一括して事前質問について説明を行うことで（「一括回答方式」）、同趣旨の質問が多数なされることを防止できる可能性もある。そのため、不祥事関係の事前質問については、一括回答方式を採用するシナリオも検討に値する。

　なお、事前質問がなされたとしても、調査を尽くしてもわからない事項の回答義務を負うものではないから、第三者委員会等の調査が完了していない場合に、未確定の事実関係の回答義務を負うものではないと考えるべきであろう。

ウ　後発事象として不祥事が発生した場合の対応

　下記(7)のとおり、不祥事が後発事象に該当する場合、計算書類の注記表または事業報告へ記載され、それらに記載できなかった場合にも、時間的に間に合う限り、会計監査報告または監査報告に記載されることになる。

　このように、個別注記表、事業報告、会計監査報告、監査報告に後発事象の記載を義務づけたのは、事業年度の末日後、株主総会までに会社の現況に関する重要な事象が発生したときは、その後発事象は次期以降の会社の財政

状態および経営成績を理解するための補足情報として株主に報告すべきと考えられたからである。そのため、重要な後発事象が会計監査報告、監査報告にも記載されなかった場合は、株主総会における事業報告の際、取締役から報告すべきことが妥当と解されている[21]。

そのため、重要な不祥事が発生し、会計監査報告にも監査報告にも記載されなかった場合には、取締役が不祥事について報告できるよう、シナリオに組み込んでおく必要がある。

(4) 想定問答

不祥事発生直後の株主総会では、不祥事の原因、再発予防策および経営陣の責任の有無等不祥事に関する質問が多数出されることが予想されるため、想定問答においては、不祥事関連の質問に対する十分な用意が必要となる。株主からは多様な質問がありうるところであるが、想定質問としてはたとえば以下のようなものが考えられる。

想定質問例

- ・ 不祥事の内容をより具体的に説明してほしい。
- ・ 不祥事の影響は業績見込みに織り込まれているのか。
- ・ 業績への影響見込みが甘すぎるのではないか。
- ・ 内部調査委員会ではなく第三者委員会型の調査とすべきではなかったか。
- ・ 再発防止策は徹底できるのか。2度と不祥事を起こさないと約束できるのか。
- ・ 不祥事について経営陣はどのように責任をとるつもりか。
- ・ 役員が不祥事に関与していたのではないか。
- ・ なぜ○○監査役は不祥事を見抜けなかったのか。
- ・ ○○取締役に対しては訴訟提起して損害を賠償させるべきと考えるが、経営陣の見解を聞かせてほしい。
- ・ 第三者委員会の人選が不適切ではないか。
- ・ 第三者委員会の調査は会社の意図を忖度したもので、徹底した事実解明がなされていないと感じるが、○○社外取締役の見解を聞かせてほしい。

回答については、基本的には株主総会までに開示された情報の範囲内で行うべきであり、株主総会の時点で調査委員会による調査が完了していない場

---

21) 新・株主総会ガイドライン 140 頁。

合には、「現在調査委員会による調査が進行中であり、事実関係が明らかになった段階で適切に情報開示を行う」旨の回答を行うほかない。

経営陣の責任の有無についての経営陣自らの認識や、不祥事の責任のとり方、監査役に対する取締役の責任追及訴訟の提起の意向の有無等、経営陣の責任に関する質問は必ずなされるものと考え、準備が必要である。弁護士と協議のうえ、想定問答として考えうる事項をすべてリストアップして、どこまでの範囲で回答するかを慎重に吟味しておかなければならない。

(5) 徹底したリハーサルの必要性

不祥事が発生した直後の株主総会は、例年に比較し出席株主が急増したうえ、株主から不祥事に関する質問や経営陣の責任を追及する意見が多数述べられたり、なかには経営陣に対して罵声が浴びせられたりと、いわゆる「荒れる総会」となることが予想される。実際、投資用不動産をめぐる不正融資が発覚したスルガ銀行の株主総会では、前年比大幅増の株主が株主総会に出席したのみならず、物件オーナーや被害弁護団も会場に登場し、株主総会中には議事進行のあり方について動議が幾度となく提出されたうえ、マイクの声がかき消されるほどのヤジや怒号が飛び交う大荒れの株主総会であったとの報道がなされている（2019年6月26日日本経済新聞電子版）。

そのため、株主総会のリハーサルにおいては、シナリオどおりの運営が可能かどうかをテストするのみならず、議長不信任動議や休憩動議等手続的動議への対応、質問の機会ではないのに株主から質問や発言がなされた場合の対応、想定外の質問への答弁の練習、お詫びを行う場合はお詫びの際の姿勢や発言のトーンの確認、質疑を打ち切るタイミング等を含めて、例年以上に念入りに練習・確認を重ねておくことが必要となる。

加えて、会場外に支援者やマスコミが登場する、会場付近でスピーカーが用いられる、マスコミが会場につめかけるなど、株主総会の会場外でも通常と異なる展開が予想されることから、受付対応者や当日に配備が予定されている警備員もリハーサルに参加させたうえ、それぞれの場面でどのように対応するかについて関係者の意思統一を行っておく必要がある。被害弁護団等多数の支援者がつめかけ現場付近が混乱することが予想される場合等は、警察へ事前相談を行っておくことが必要となることもある。

このように、不祥事発生直後の株主総会においては、通常以上に徹底したリハーサルを行っておく必要がある。

⑹　マスコミ、支援者等の非株主の入場要請への対応

　不祥事が世間を騒がすと、株主総会も注目を浴び、マスコミから株主総会の傍聴の申入れがなされることがある。また、不祥事の被害者である株主が、弁護士を補助者として同行し、株主総会への弁護士の同席を求めることもある。このように、不祥事発生直後の株主総会においては非株主による株主総会の傍聴が問題となりうる。

　理論的には、議長の有する議事整理権（会315条１項）の一環として非株主に傍聴を許可する権限があり、議長にはマスコミ等非株主を株主総会会場の内部へ入場させる裁量があると解されている[22]。しかし、株主総会のマスコミへの公開は、株主の発言を心理的に委縮させる可能性もあるし、介護等特別な必要性もなく特定の株主のみに補助者の同行を認めると、株主平等原則の観点から他の株主にも同様の措置を認める必要が生じる。そのため、上記のような非株主の入場申入れについては、応諾しない対応が一般的である。

　もっとも、マスコミについては、株主総会会場の外部で株主に取材を行うことも多く、その結果、会社の意図とは異なるかたちで取締役等の発言が報道されるリスクも否定できない[23]。そのため、むしろ株主総会終了後にマスコミを集め、会社側として積極的に取材に応じることも検討すべきであろう。

⑺　招集通知の記載事項

　ア　事業報告

　㋐　株式会社の現況に関する事項

　事業報告は、当該事業年度に関する報告であるから、事業年度終了時点までに発生または判明した不祥事については、事業報告に記載すべき場合がある。事業報告の記載事項のうち、株式会社の現況に関する事項の記載を求める施行規則120条１項９号は、「前各号に掲げるもののほか、当該株式会社の現況に関する重要な事項」とバスケット条項を設けている。この具体的な内容としては、重要な訴訟の提起、判決、和解、事故、不祥事、社会貢献等が含まれるとされている[24]。そのため、重要な不祥事が生じた後の株主総会の

---

22)　山口幸五郎「株主総会の議事」株主総会114頁。
23)　スペースバリューホールディングの2019年６月総会においては、同社が第三者委員会の調査報告の内容について一部否定したとの報道がなされたことから、同社より、当該報道は会社の発言の一部を切り取ったもので会社の意図とは異なるとのプレスリリースが公表されるに至っている（「一部報道について」（2019年7月1日））。

招集に際しては、事業報告の内容としてその内容を記載しなければならないこととなる。

　いわゆる後発事象については、計算関係書類に関連する事実は、計算書類の注記に記載することとされており（計98条1項17号、114条）、事業報告においては必要的な開示事項としては明示されていない。もっとも、事業年度の末日後に生じた財産・損益に影響を与えない重要な事象が生じた場合には、施行規則120条1項9号に該当する事項として開示しなければならないとされている[25]。そのため、事業年度の末日後に不祥事が発生した場合は、計算書類の注記または事業報告への記載の要否を検討する必要が生じる。

　なお、個別注記表や事業報告は、事業年度の末日から1か月程度で作成されることが多く、その後に発生した後発事象は個別注記表や事業報告に記載できないことになる。その後に発生した後発事象については、会計監査人の作成する監査報告のなかの追記情報として（計126条1項4号・2項4号）、監査役・監査役会が作成する監査報告のなかの会計監査報告の内容となっていない重要な後発事象として（計127条3号、128条2項2号）、記載されうる。

㈡　社外役員に関する記載事項

　社外役員がいる会社においては、「当該事業年度中に……法令又は定款に違反する事実その他不当な業務の執行（当該社外役員が社外監査役である場合にあっては、不正な業務の執行）が行われた事実（重要でないものを除く。）」があるときは、「各社外役員が当該事実の発生の予防のために行った行為及び当該事実の発生後の対応として行った行為の概要」を事業報告中の社外役員の主な活動状況として記載しなければならない（施124条1項4号ニ）。そのため、不祥事が発生した会社においては、事業報告の社外役員の主な活動状況として、当該社外役員が行った予防行為および発生後の対応行為の概要を記載しなければならないことになる。

㈢　内部統制システムの体制の整備

　施行規則118条2号は、内部統制システムの体制の整備について決定または決議があるときは、「その決定又は決議の内容の概要及び当該体制の運用状況の概要」を事業報告に記載することを要求している。これをどのように記載するかは各社さまざまであるが、不祥事が発生し、内部統制システムの

---

24)　三菱UFJ信託銀行法人コンサルティング部編『事業報告記載事項の分析——2018年6月総会会社の事例分析（別冊商事441号）』（商事法務、2019年）189頁。
25)　相澤哲＝郡谷大輔「事業報告（上）」商事1762号（2006年）6頁。

決議や運用状況を見直した場合には、それを事業報告でもきちんと説明して記載することが望ましいと指摘されている[26]。大林組の 2019 年 3 月期の事業報告では、下記**図表 4-2** のとおり運用状況をどのように改善したかも明示的に説明されており、参考になる。

図表 4-2：事業報告の記載例

6　業務の適正を確保するための体制及び運用状況の概要	
体制の概要	当期における運用状況の概要
1　取締役及び使用人の職務の執行が法令及び定款に適合することを確保するための体制	
(1) 法律上の機関（株主総会、取締役、取締役会、監査役、監査役会及び会計監査人）の設置	当社は、会社法の機関設置義務に則り、株主総会、取締役、取締役会、監査役、監査役会及び会計監査人を設置しております。取締役は社外取締役 3 名を含む 10 名を選任しており、取締役会は当期に 14 回開催しました。監査役は社外監査役 3 名を含む 5 名を選任しており、監査役会は当期に 22 回開催しました。
(2) 内部監査の実施	内部監査部門は、財務報告に係る内部統制に関する基本方針及び内部監査計画に基づき内部監査実施計画を立案のうえ内部統制監査を実施し、同計画及びその実施状況を取締役会に報告しました。
(3) 企業倫理委員会を中核とする企業倫理推進体制の構築・運用	社長を委員長とする企業倫理委員会が企業倫理の年間方針の策定及び実施状況の確認を行い、実務担任部門の部門長を中心とする企業倫理推進委員会が個々のプログラムを実施しました。これら委員会を当期に 4 回開催したほか、各本支店でも支店企業倫理委員会を当期に各 3 回開催しました。 　また、2019 年 4 月にハラスメントに関する相談・通報の受付窓口、発生事案の調査、ハラスメント防止の啓蒙・教育等を担当する独立した専門部署としてハラスメント対策室を設置しました。
(4) 「独占禁止法遵守プログラム」の整備・運用	「独占禁止法遵守プログラム」で定める社内体制や具体的方策について、企業倫理委員会が当期の実施状況を自己点検し、同プログラムが適正に運用されていることを確認しました。 　当社はリニア中央新幹線工事の入札に関する独占禁止法違反事件を踏まえ、当期に以下の事項を実施しました。 ①2018 年 5 月に、社長から法令遵守に取り組む決意表明を改めて発信するとともに、同年 6 月から同業者との接触ルールを厳格化するなど追加施策を実施しました。 ②本事件に関する客観的な調査結果に基づく発生原因の究明及び実効性のある再発防止策の提言をいただくことを目的に 2018 年 9 月に第三者委員会を設置し、2019 年 1 月に再発防止の提言を含む調査報告書を受領いたしました。以下のとおり提言内容に沿った追加施策を策定し、同年 2 月から順次施行しております。 ＜追加施策の主なもの＞ ・社長による再発防止の決意表明（継続して発信） ・企業倫理委員会による継続的な見直し、検証（PDCA） ・すべての取締役・執行役員を対象とする独占禁止法遵守研修の毎年実施 ・応札可否等の判断プロセスの透明化 ・監査方法、対象を改正し、監査機能を強化 ・内部通報及び法務部への事前相談の促進
(5) 内部通報制度の整備・運用	大林組グループ共通の内部窓口を当社企業倫理委員会事務局（本社総務部）、外部窓口を委託先の弁護士事務所に設置して内部通報を受け付け、調査及び必要な是正措置を行いました。また、2019 年 4 月 1 日付で内部窓口に当社監査役を追加設置しました。
(6) 「反社会的勢力排除プログラム」の整備・運用	「反社会的勢力排除プログラム」で定める社内体制や具体的方策について、企業倫理委員会が当期の実施状況を自己点検し、同プログラムが適正に運用されていることを確認しました。
(7) 「大林組グループ贈賄防止プログラム」の整備・運用	役職員向けの教育、ＪＶパートナー等の適正な採用手続きなど、「大林組グループ贈賄防止プログラム」で定める個々の施策について、企業倫理委員会が当期の実施状況を自己点検し、同プログラムが適正に運用されていることを確認しました。

26) ケースから考える内部統制システムの構築 173 頁。

体制の概要		当期における運用状況の概要
5 当企業集団における業務の適正を確保するための体制		
	（1）グループ経営戦略室による指導・管理	グループ経営戦略室がグループ会社に対する指導、管理を行っており、定常的な管理のほか、国内子会社を対象とする会議を開催し、グループ会社の業務全般にわたる指導等を行いました。
	（2）経営会議等におけるグループ会社の重要事項の審議	経営会議及び取締役会は、グループ会社から経営計画や業務執行状況の報告を受けたほか、グループ会社に関する重要な事項について付議基準に則り随時、審議・決定しました。
	（3）グループ会社への役員派遣	当社はグループ各社に当社役員を1名以上役員として派遣しております。派遣された当社役職員は、当該会社の業務の適正の確保に努めるとともに、法令もしくは定款に違反するおそれがある事実等を発見したときは、グループ経営戦略室を通じて当社取締役会及び監査役に対して報告する体制をとっております。
	（4）グループ会社に対する内部監査の実施	当社内部監査部門は、内部監査規程の定めに則り、財務報告に係る内部統制に関する基本方針及び内部監査計画に基づき、一部のグループ会社を対象に内部統制監査を実施しました。
	当社子会社の大林道路株式会社においては、2015年1月以前の全国におけるアスファルト合材の販売価格の決定に関し、独占禁止法違反の疑いがあったとして公正取引委員会の調査を2017年2月に受けております。本件に関しては、本年3月に同委員会から意見聴取通知書を受領しており、今後、意見聴取手続を経たうえで排除措置命令及び課徴金納付命令が下される見込み（※）となっております。 同社の独占禁止法遵守体制としては、2015年10月に独占禁止法遵守プログラムを制定するとともに、2016年3月に設置した社外調査委員会からの提言内容を取り入れた再発防止策を実施・運用しており、当社はその取り組みに関し、上記（1）～（4）の体制により指導・監督を行っております。 （※）2019年5月13日時点の状況		
6 監査役の職務を補助すべき使用人に関する体制及び当該使用人の取締役からの独立性に関する事項		
	（1）監査役会及び監査役の補助部門として監査役室の設置	当社は、監査役会及び監査役の指揮命令の下に、業務執行部門から独立した監査役室を設置し、専従のスタッフを配置しております。また、社外の弁護士と顧問契約を締結し、法的な見地から助言・指導を受けております。
	（2）監査役室スタッフの取締役会指揮命令系統からの独立性の確保	監査役室のスタッフの異動時には、監査役会の同意を得ており、その人事評価は常勤監査役が行っております。また、監査役室のスタッフは業務執行部門を兼務しておりません。
	（3）監査役室スタッフへの指示の実効性の確保	監査役室は業務執行部門から独立しており、同スタッフへの指揮命令権は各監査役に属しております。

（大林組の2019年6月定時株主総会招集通知44頁、46頁）

イ　株主総会参考書類

　株主総会において、「法令又は定款に違反する事実その他不当な業務の執行が行われた事実（重要でないものを除く。）」があった時点で在任していた社外取締役または社外監査役を再任する場合、選任議案の参考書類で、当該違法な事実等ならびに再任候補者が行った予防行為および発生後の対応行為の概要を記載しなければならない（施74条4項3号、74条の3第4項3号、76条4項3号）。「不当な業務の執行」は、役員によるもののみならず使用人によるものも含み、また、必ずしも違法なものには限られず、社内規則に違反する行為も「不当」と評価できるものであれば該当するとされている[27]。ただし、「重要でないものを除く」とされているので、会社が重要と判断した事項について記載することになる。

27）　論点解説新・会社法295頁。

ウ　社長挨拶等での任意記載

　そのほか、法定の記載事項以外にも、招集通知の冒頭に社長の挨拶を記載しそのなかで不祥事についてお詫びを述べたり、事業報告の冒頭部分で不祥事についてお詫びを記載するなど、任意に不祥事について言及する例も見受けられる。一例として、大林組の 2019 年 6 月定時株主総会招集通知および事業報告を紹介しておく。

図表 4-3：任意記載の例

株主の皆様へ

　平素は格別のご支援を賜わり厚く御礼申し上げます。
　第115回定時株主総会を2019年6月25日（火曜日）に開催いたしますので、ここに招集ご通知をお届けいたします。
　当社はリニア中央新幹線工事の入札に関し、独占禁止法違反により2018年10月に有罪判決を受けました。また、これに伴い、建設業法に基づく営業停止処分を受けております。株主の皆様には、多大なご心配をお掛けしましたことを心から深くお詫び申し上げます。
　当社といたしましては、事件の発生を厳粛に受け止め、第三者委員会から本年1月に受領した再発防止策の実施を含め、「あらゆる事業運営においてコンプライアンスを最優先する経営」を強固に推進し、信頼の回復に努めてまいる所存です。
　今後とも格別のご理解とご支援を賜わりますようお願い申し上げます。

2019年5月

取締役社長　蓮輪賢治

大林組基本理念

企業理念	― 大林組がめざす姿、社会において果たすべき使命 ― 「地球に優しい」リーディングカンパニー 　1　優れた技術による誠実なものづくりを通じて、空間に新たな価値を創造します。 　2　地球環境に配慮し、良き企業市民として社会の課題解決に取り組みます。 　3　事業に関わるすべての人々を大切にします。 これらによって、大林組は、持続可能な社会の実現に貢献します。
企業行動規範	― 企業理念の実現を図り、すべてのステークホルダーに信頼される企業であり続けるための指針 ― **1 社会的使命の達成** (1)良質な建設物・サービスの提供 (2)環境に配慮した社会づくり (3)人を大切にする企業の実現 (4)調達先との信頼関係の強化 (5)社会との良好な関係の構築 **2 企業倫理の徹底** (1)法令の遵守及び良識ある行動の実践 (2)公正で自由な競争の推進 (3)ステークホルダーとの健全な関係の維持 (4)反社会的勢力の排除 (5)適正な情報発信と経営の透明性の確保
三箴(さんしん)	― 創業以来、受け継がれてきた精神 ― 良く、廉く、速い 創業以来100年以上にわたる歴史の中で、ものづくりにおいて大切に受け継いできた精神。そして、大林組が、新しい価値の創造に向けて挑戦し続けるうえで、これからも変わることなく大切にしていく精神です。

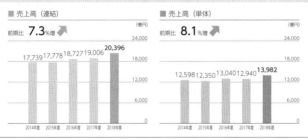

（第115回定時株主総会招集ご通知　添付書類）

事 業 報 告 （2018年4月1日から2019年3月31日まで）

はじめに、リニア中央新幹線工事の入札に関する独占禁止法違反事件により、株主の皆様に多大なご心配をお掛けしましたことを心から深くお詫び申し上げます。
当社グループといたしましては、事件の発生を厳粛に受け止め、第三者委員会から提言を受けた再発防止策の実施など、さらなるコンプライアンスの徹底に取り組み、信頼の回復に努めてまいる所存でございます。
今後とも格別のご理解とご支援を賜りますようお願い申し上げます。

1　当社グループの現況に関する事項

（1）　事業の経過及びその成果

当期におけるわが国経済は、世界経済の先行きなどに不透明感が増しているものの、民間設備投資の増加などを受けて、景気は緩やかな回復を続けました。
国内の建設市場におきましては、公共工事、民間工事の発注はともに概ね堅調に推移しており、引き続き良好な受注環境にあります。
こうした情勢下にありまして、当期における当社グループの連結業績につきましては、売上高は当社及び子会社ともに建設事業売上高が増加したことなどから、前期比約1,390億円（7.3％）増の約2兆396億円となりました。損益の面では、建設事業売上高の増加に伴い完成工事総利益が増加したことなどから、営業利益は前期比約176億円（12.8％）増の約1,554億円、経常利益は前期比約191億円（13.3％）増の約1,630億円、親会社株主に帰属する当期純利益は前期比約204億円（22.1％）増の約1,131億円となりました。

■ 売上高（連結）

前期比 **7.3**％増 ↗　　　　　　　　　　　（億円）

17,739　17,778　18,727　19,006　**20,396**

2014年度　2015年度　2016年度　2017年度　2018年度

■ 売上高（単体）

前期比 **8.1**％増 ↗　　　　　　　　　　　（億円）

12,598　12,350　13,040　12,940　**13,982**

2014年度　2015年度　2016年度　2017年度　2018年度

（大林組の 2019 年 6 月定時株主総会招集通知 1 頁、17 頁）

3　会計不祥事が発生した場合の株主総会に関する留意点

⑴　定時株主総会の直前に会計不祥事が発覚した場合

ア　計算書類の確定手続

　定時株主総会の主な目的の 1 つとして、計算書類の報告または承認がある（会 438 条、439 条）。取締役会設置会社においては、監査役の監査を受けて取締役会が承認した計算書類を定時株主総会に提出し、その承認を受けなければならない（会 436 条 1 項・3 項、437 条、438 条）。この場合、株主総会の承認決議により計算書類は確定することとなる。

　他方、会計監査人設置会社では、会計監査人の無限定適正意見が表明され、かつ、会計監査人の監査の方法または結果を相当でないとする監査役の意見がないなど一定の要件を充たす場合には、株主総会の承認は不要で、取締役

会の承認（会436条3項）により計算書類は確定し、株主総会へは報告のみで足りる（会439条、施116条5号、計135条）。以下では、会計監査人設置会社である上場会社を念頭に置いて論じる。

イ　会計不祥事発覚時の定時株主総会の開催方針・スケジュール

定時株主総会の開催直前に会計不祥事が発覚した場合、定時株主総会の開催日までの時間的制約から、スケジュールや手続の面で特別な検討が必要となる。

すなわち、株主総会の招集通知に際して取締役会の承認を得た計算書類を提供する必要があるところ（会437条）、会計不祥事の発生により招集通知の発送までに取締役会による計算書類の承認手続が完了しない場合が発生しうる。また、計算書類について取締役会の承認決議を経ていたとしても、その後に不祥事が発覚し、計算書類に誤りが含まれていることが判明することもある。計算書類の誤りに一定の重要性が認められる場合、そのような計算書類についての取締役会の承認決議が当然に無効となるかどうかは別論として[28]、株主に誤りのある計算書類を提供することは適切ではないため、誤りが訂正された計算書類をもとに改めて計算書類の確定手続を行うことが選択肢となる。

他方、多くの上場会社において、その定款上、毎事業年度終了後から3か月以内に定時株主総会を開催する、毎年6月に定時株主総会を開催するなど、一定の時期に開催することを定めている。そのため、定時株主総会の直前に会計不祥事が発覚した場合、予定された定時株主総会までに計算書類を作成できず、定時株主総会における計算書類の報告が実行できない可能性が生じる。

かかる場合の実務的な対応として、当該株主総会において予定されている議題の内容、計算書類が確定する時期の見込み等に応じていくつかのパターンがありうる。

まず、定時株主総会の開催が予定されているタイミングで、計算書類等の報告議案以外に承認決議を得る必要のある議題がある場合は、計算書類等の報告議案以外の議題を成立させる必要がある。このような場合、当初の予定

---

28)　計算書類の誤りが重大である場合、それを承認した取締役会決議は決議内容の法令違反として無効と解され、計算書類は確定していないこととなるが、計算書類の誤りが軽微なものであれば、計算書類の確定手続が無効となるものではない。

どおり定時株主総会を開催したうえで、計算書類等の報告議案以外の議案を成立させ、別途継続会または臨時株主総会を開催し、計算書類の報告・承認を行うことになる（下記(2)ア）。

他方、当該定時株主総会で計算書類の報告議案以外に承認決議を得る必要のある議題がない場合、定時株主総会を延期することを検討することになる（下記(2)イ）。

定時株主総会の招集通知に計算書類の報告を議題として記載・発送した後に不祥事が発覚した場合には、定時株主総会において、当該議題を撤回したうえで、継続会の開催について決議を求める、あるいは臨時株主総会の開催を検討することになるが、この場合、議題を撤回することについては、合理性も必要性もあるから、法的問題はない。

なお、会計監査役設置会社である上場会社においては、定時株主総会の前後において当該決算期に係る有価証券報告書を提出するという運用が行われているところ、会計不祥事が発生した場合、有価証券報告書にも誤びゅうが含まれていることになろう。誤びゅうのある有価証券報告書を提出することはできないため、適示開示のうえ、有価証券報告書の提出も遅延することになるが、金商法24条1項によりやむをえない理由により当該期間内に提出できないと認められる場合として承認を受けた場合を除き、期限より1か月以内に提出できないと上場廃止（上場601条1項(10)号）となることに留意が必要である。

(2) 株主総会の対応

ア 継続会または臨時株主総会の開催による計算書類・事業報告の報告

(ア) 継続会を開催する場合

a 継続会とは

会社法317条は、株主総会はその決議によって延期または続行することができる旨を定めており、かかる決議に基づき後日に継続して開催される株主総会を、一般に継続会[29]と呼んでいる。延期と続行の違いは、前者は議事に入らず延期を決議するのに対し、後者はいったん議事に入った後に株主総会の継続を決議する点にある。計算書類の報告・承認議案以外の議題を決議し、

---

29) 「延期」の決議に基づく場合を「延会」といい、「続行」の決議に基づく場合のみを「継続会」という場合もある。

計算書類の報告・承認を継続会において報告するという場合は、一部の議題を審議していることから、会社法317条のうち「続行」の決議を行うという整理となる。

継続会については、当初の株主総会と同一性があり、株主総会の招集決議（会298条）および招集通知の発送（会299条）が不要とされている（会317条）。また、継続会で議決権を行使しうる株主は、継続会を決議した先行株主総会で議決権を行使することが認められていた株主とされており、継続会の開催が基準日の効力期間である3か月（会124条2項）を超えた日となっても、改めて基準日を定める必要はないと考えられている。かかる点が継続会のかたちで株主総会を開催し、計算書類の報告または承認を行うメリットとなる。実務上も、株主総会の直前に会計不祥事が発覚した事例において継続会を開催することで対応する例も多数みられるが、継続会の開催については、以下の点に留意する必要がある。

b　留意点
(a)　開催の決議・招集通知

まず、継続会を開催するためには、株主総会の普通決議[30]によって、継続会を開催することに加えて、継続会を開催する日時および場所も決議する必要がある。株主総会においては、継続会を開催する旨のみ決議し、具体的な日時、場所の決定を議長に一任する旨の決議を行うことも許されると解されているが、この場合、議長は、具体的な日時と場所を決定した後、株主に改めて通知しなければならない[31]。実務的には、当初の株主総会において継続会の日時、場所を具体的に決議した場合であっても、欠席した株主への配慮から、株主に継続会の案内を送付することが望ましいと考えられる。また、会計不祥事への対応として継続会を開催する場合、当初の招集通知に際して株主に対して正しい計算書類を提供できていないはずであるから（会437条）、継続会に先立ち、株主に対して確定した計算書類の提供を行う必要がある。

(b)　継続会開催までの期間

さらに、継続会は当初の株主総会と同一性を有するというのが会社法317条の考え方の基礎であることから、継続会と当初の株主総会は時間的に近接

---

30)　継続会開催の決定は、株主総会の議事運営に関する事項の決定であるから、株主総会に出席した株主のみによって決定することになる（会社法コンメ(7)290頁〔前田重行〕）。

31)　会社法コンメ(7)290頁〔前田重行〕。

した時期に開催される必要があり、通説は、両者の間の期間は2週間以内であることが必要と解している。もっとも、先行する株主総会の会日から2週間を著しく超えない期間であれば、継続会として認められるとする学説もあり[32]、実務的には、当初の株主総会と継続会との間に1か月から1か月半以上の期間が空いていても、継続会として開催されている[33]場合がある。もっとも、かかる事例については、計算書類を株主総会に報告すれば足りる場合は決議取消しの対象とならないことが、当初の株主総会から相当の期間が空いている場合であっても継続会を開催するという判断の1つの根拠となっていると思われる。株主総会の招集の時点で近日中の決算確定が見込めていれば継続会の開催が便宜であろうが、第1の株主総会の開催日から離れた日時となる場合は、継続会としての同一性に疑義が生じることになる懸念がある。とりわけ、計算書類について株主総会の承認を得る必要がある場合には、決議取消しのリスクが生じるため、特に慎重な判断が必要となり、下記(イ)の臨時株主総会で対応する方が安全なことも多いと思われる。

    (c)   議題

　また、継続会は、それを開催することを決議した株主総会と同一の株主総会であり、その一部をなすものであるから、継続会の議題は、先行する株主総会において議題として定められ、招集通知に記載されている議題の範囲に限られる[34]。したがって、当初の株主総会の招集通知を発送する時点で計算書類等を提供することができない場合であっても、招集通知の議題として計算書類等の報告を記載しておく必要がある。

　(イ)　**臨時株主総会も開催する場合**

　次に、定時株主総会を開催した後、別途、臨時株主総会を開催して計算書類等の報告を行うことが考えられる。この場合、後日の臨時株主総会は当初の定時株主総会とは独立した株主総会であるため、臨時株主総会から3か月以内の基準日の決定（会124条）、株主総会の招集決議（会298条）、招集通知

---

32)　山口幸五郎「株主総会の議事」株主総会127頁。

33)　近時の継続会の事例について「定時株主総会の延会・継続会を開催した事例等——2018年7月総会～2019年6月総会」資料版商事429号（2019年）47頁。他方、当初は継続会として開催することを予定しておきながら、後日、第三者委員会による調査完了までに要する時間や決算関連手続に要する時間をふまえた場合に、株主総会開催までに相応の時間を要することになることから、継続会の開催を中止し、改めて臨時株主総会を開催することとした例として2019年のホシザキの定時株主総会がある。

34)　会社法コンメ(7)291頁〔前田重行〕。

の発送（会 299 条）という一連の手続を踏むことになる。定時株主総会の招集
通知に計算書類の報告を議題として記載・発送した後に不祥事が発覚した場
合に議題を撤回することになる点は、上記(1)イで述べたとおりである。

　ここで一応問題となるのは、計算書類は「定時株主総会」の承認または「定
時株主総会」への報告を求めている会社法 438 条および 439 条との関係で、
臨時株主総会で計算書類の報告を行うことが可能かという点である。この点
について、臨時株主総会で各事業年度に係る計算書類の承認を行うことはで
きないと解する見解[35]もあるが、定時株主総会の意義を相対的にとらえ、計
算書類の確定・承認等が議題となっている株主総会を定時株主総会とする見
解[36]も有力に唱えられている。実務的には、後者の見解に立脚し、臨時株主
総会において計算書類を確定することは一般的に行われており、かかる対応
に問題はない。

イ　定時株主総会の延期

　当初予定されていた定時株主総会のタイミングにおいて、計算書類の報告
以外に承認決議が必要な議題が存在しない場合は、計算書類の報告ができな
い以上、株主総会を開催しても意味はないことから、定時株主総会の開催自
体を延期することとなる。

　招集通知を発送する前に延期を決定した場合には、新しく決定した株主総
会の開催日をもとに株主に対して招集通知を発すれば足りる。しかし、多く
の会社において、定時株主総会の開催は、定款で定められた定時株主総会の
開催時期の範囲に収まる範囲内のぎりぎりのタイミングで予定されているこ
とが多いため（3 月決算の場合は 6 月後半）、例年どおりのタイミングで開催を
予定していた定時株主総会を延期して株主総会を開催するとなると、定款を
遵守した定時株主総会を開催できないという問題が生じうる。この点、定款
に定められた期間を経過して開催された定時株主総会[37]においてもそのこ
とをもって株主総会決議取消事由とはならないと解する説があり[38]、支持し
たい[39]。

---

35)　会社法コンメ(10)376 頁〔片木晴彦〕。
36)　会社法論中巻 27 頁。
37)　なお、かかる場合、定款で定められた定時株主総会の基準日から 3 か月の期間も経
　　過することになるから（会 124 条 2 項）、別途、基準日の設定手続も必要になる。
38)　新・株主総会ガイドライン 3 頁。

また、すでに株主総会の招集通知を発送した後に、不祥事が発覚し、定時
株主総会の開催を延期せざるをえないケースもありうる。この点については、
いったん招集通知を発した後に株主総会を中止または延期をすることは可能
であり、その場合、招集の手続に準じて、取締役会の決定に基づき、先に招
集された株主総会の会日よりも先に、すべての株主に対してその旨の通知が
到着しなければならないとされている[40]。

　定時株主総会を延期することになると、前事業年度に係る定時株主総会の
日に応答する日と著しく離れた日であることになるため、招集通知にその理
由の記載が必要となる可能性もあり（施63条1項1号イ）、延期する際にその
理由を記載しておくことが望ましい。

(3)　過年度決算訂正の場合の株主総会

ア　過年度決算の訂正の要否および手続

　会計不祥事による影響が一事業年度にとどまることはむしろ珍しく、通常
は過年度の計算書類についても訂正の要否を検討することとなる。過年度の
計算書類に誤びゅうがある場合でも、その誤びゅうに会計上の重要性がない
場合、過年度の計算書類の訂正は行わず、特別損益として一括処理すること
が認められている（一括処理方式）。かかる場合は過年度の計算書類について
会社法上特段の手続は必要ない。

　これに対し、過年度の計算書類の内容に重大な誤りがあることが判明した
場合、当該計算書類を承認した取締役会決議（会436条3項）や株主総会の承
認決議（会438条2項）は、決議内容の法令違反を理由に無効と解されること
から、計算書類の確定手続が無効となり、改めて確定手続を履践する必要が
生じる。改めて過年度の計算書類を確定する場合、当時の機関構成員（取締役
構成、株主構成等）と改めて確定手続を行う時点の機関構成員が異なる可能性

---

39)　なお、東北地方太平洋沖地震の際、法務省が、東北地方太平洋沖地震の影響により、
　　定款所定の時期に定時株主総会を開催することができない状況が生じた場合には、
　　会社法296条1項に従い、事業年度の終了後一定の時期に定時株主総会を開催すれ
　　ば足り、その時期が定款所定の時期よりも後になったとしても、定款に違反すること
　　にはならないとの見解を示しており（法務省「定時株主総会の開催時期に関する定款
　　の定めについて」）、事業年度終了後一定の時期に定時株主総会を招集するという定
　　款の規定について柔軟に解釈する場合がありうることを示している。
40)　会社法コンメ(7)88頁〔青竹正一〕。株主総会の招集通知発送後に株主総会の開催を
　　延期した例として、ディー・エル・イーの2018年定時株主総会。

があるが、現在の機関構成員を前提として承認手続を行えば足りると考えられている[41]。

　過年度訂正の具体的な承認手続は通常の手続と同様であり、具体的には、①会計監査人・監査役の監査を受けたうえ（会436条1項・2項）、②(i)取締役会の承認決議を経ること（会436条3項、439条、施116条5号、計135条）、または、(ii)取締役の承認決議（会436条3項）を経たうえ、定時株主総会の承認決議（会438条2項）を経ることである。

　過年度計算書類について会計監査人設置会社の特例（会439条）を充足する場合は、株主総会の承認決議を経ることなく、取締役会の承認決議のみで計算書類が確定し、株主総会への報告が残るのみである。取締役会の承認決議の時点で最終事業年度[42]が更新されることになるから、剰余金の計算（会446条）等で問題が生じることはなく、金商法に基づく有価証券報告書等の訂正報告書も取締役会で承認すれば提出可能であるから、計算書類の株主総会への報告（会439条）をすみやかに行うことで足りる。次の定時株主総会が近い場合には、臨時株主総会を開催することなく、定時株主総会での報告を行うことが考えられよう。

　他方、会計監査人設置会社の特例を充足せず、計算書類の確定に株主総会の承認決議が必要な場合は、計算書類が確定しないこととなるから、適宜のタイミングで臨時株主総会を招集し、株主総会の承認を求めることを検討することになろう。この点、臨時株主総会で計算書類の承認決議を経たとしても、「定時株主総会」で計算書類の承認決議を経ることを定める会社法438条との関係で問題とならないと解されている点については、上記(2)ア(イ)で指摘したとおりである。

　なお、有価証券報告書および訂正報告書に記載すべき財務諸表は金商法等に基づき作成されるものであり、その監査は金商法に基づく監査であり、会計監査人による監査とは別であるから、株主総会の承認決議を待つことなく、訂正報告書の提出をすることは可能である。

---

41)　弥永真生編著『過年度決算訂正の法務〔第2版〕』（中央経済社、2011年）73頁。
42)　最終事業年度は、計算書類について、株主総会の承認（会438条2項）または取締役会の承認（会439条が適用される場合の会436条3項）を受けた場合における当該各事業年度のうち最も遅いものをいうとされている（会2条24号）。

イ　過去の剰余金配当が財源規制に違反していた場合の役員等の責任

㋐　役員等の責任

　過年度の計算書類を訂正した結果、過去の剰余金の配当が分配可能額の規制（会461条1項8号）に違反していたという事態が想定しうる。その場合、①分配可能額を超えた違法な剰余金の配当を行った業務執行者、②配当が株主総会または取締役会の決議に基づき行われた場合はその議案を提案した取締役は、注意を怠らなかったことを証明しない限り、連帯して、会社に対して、配当金額を支払う義務を負うことになる（会462条1項柱書・6号・2項）。

㋑　株主の責任

　分配可能額の規制に違反した剰余金の配当を受領した株主は、配当金額について、上記㋐記載の役員等と連帯して会社に対して支払う義務を負う（会462条1項）。もっとも、分配可能額を超過することについて善意の株主に対して、上記㋐の支払義務を履行した役員等は求償請求することはできない（会463条1項）。

　会社債権者は、分配可能額の規制に違反した剰余金の配当を受領した株主に対して、受領した配当金額を、直接自己に支払うよう請求することができる（会463条2項）。この規定は債権者代位権（民423条）の特則であり、債務者である会社の無資力要件を不要と解するのが有力である[43]。

---

43)　江頭687頁。

巻末資料

1 アクティビストによる株主提案一覧

No.	時期／当事者	議案	提案者	議案名称	議決権行使結果の割合	結果	備考
1.	2019 年 6 月 ●対象会社 ムサシ ●株主提案者 RMB キャピタル	1	会社	剰余金の処分の件	賛成 90.5%	○	5 号議案と非両立
		2	会社	取締役 13 名選任の件	賛成 90.3-97.4%	○	
		3	会社	監査役 2 名選任の件	賛成 90.3-97.1%	○	
		4	会社	退任取締役及び退任監査役に対し退職慰労金贈呈の件	賛成 90.3%	○	
		5	株主	剰余金処分の件	賛成 9.4%	×	1 号議案と非両立
		6	株主	定款変更の件（自己株式の消却に係る株主総会決議）	賛成 10.4%	×	
		7	株主	自己株式の消却の件	6 号議案否決のため、採決なし	―	6 号議案可決を条件とした株主提案
2.	2019 年 6 月 ●対象会社 九州旅客鉄道 ●株主提案者 ファーツリー・キャピタル・マネジメント	1	会社	剰余金の処分の件	賛成 99.08%	○	
		2	会社	取締役（監査等委員である取締役を除く。）11 名選任の件	賛成 59.61-86.92%	○	8 号議案否決を条件とした会社提案
		3	会社	監査等委員である取締役 1 名選任の件	賛成 82.81%	○	8 号議案否決を条件とした会社提

					案
4	会社	取締役 15 名選任の件	8 号議案否決のため、採決なし	—	8 号議案可決を条件とした会社提案
5	会社	取締役に対する業績連動型株式報酬制度導入の件	賛成 85.71％	○	8 号議案および 11 号議案否決を条件とした会社提案
6	会社	取締役（監査等委員である取締役を除く。）の報酬額改定の件	賛成 87.41％	○	8 号議案および 12 号議案否決を条件とした会社提案
7	株主	自己株式の取得の件	賛成 34.10％	×	
8	株主	定款一部変更（指名委員会等設置会社への移行）の件	賛成 34.36％	×	
9	株主	取締役 3 名選任の件	8 号議案否決のため、採決なし	—	8 号議案可決を条件とした株主提案
10	株主	取締役（監査等委員である取締役を除く）3 名選任の件	賛成 24.77-41.69％	×	8 号議案否決を条件とした株主提案
11	株主	取締役（監査等委員である取締役を除く）の報酬額改定及び譲渡制限付株式の導入の件	賛成 20.55％	×	8 号議案否決を条件とした株主提案

		12	株主	社外取締役の報酬額改定の件	10号議案否決のため、採決なし	—	8号議案否決、かつ10号議案可決を条件とした株主提案
3.	2019年6月 ●対象会社 新生銀行 ●株主提案者 ダルトン・インベストメンツ	1	会社	取締役7名選任の件	賛成 79.622-93.674%	○	
		2	会社	監査役1名選任の件	賛成 93.713%	○	
		3	株主	取締役1名選任の件	賛成 16.635%	×	
4.	2019年6月 ●対象会社 極東貿易 ●株主提案者 ストラテジックキャピタル	1	会社	剰余金処分の件	賛成 96.34%	○	6号議案と両立
		2	会社	取締役（監査等委員である取締役を除く）6名選任の件	賛成 73.45-77.88%	○	
		3	会社	監査等委員である取締役3名選任の件	賛成 70.44-78.71%	○	
		4	株主	資本コストの開示に係る定款変更の件	反対 67.02%	×	
		5	株主	保有する株式の売却に係る定款変更の件	反対 67.06%	×	
		6	株主	剰余金を処分する件	反対 66.94%	×	1号議案と両立
5.	2019年6月 ●対象会社 フェイス ●株主提案者 RMBキャピタル	1	会社	剰余金処分の件	賛成 73.91%	○	5号議案と非両立
		2	会社	取締役7名選任の件	賛成 74.01-96.89%	○	

		3	会社	監査役1名選任の件	賛成 96.77%	○	
		4	会社	取締役に対する業績連動型株式報酬等の額及び内容決定の件	賛成 96.12%	○	
		5	株主	剰余金の配当の件	賛成 27.55%	×	1号議案と非両立
		6	株主	取締役1名選任の件	賛成 33.07%	×	
6.	2019年6月 ●対象会社 世紀東急工業 ●株主提案者 ストラテジックキャピタル	1	会社	剰余金の処分の件	賛成 96.73%	○	4号議案と両立
		2	会社	取締役8名選任の件	賛成 87.17- 96.45%	○	
		3	株主	資本コストの開示に係る定款変更の件	賛成 33.15%	×	
		4	株主	剰余金を処分する件	賛成 25.98%	×	1号議案と両立
		5	株主	不祥事における第三者委員会の設置に係る定款変更の件	賛成 15.65%	×	
7.	2019年6月 ●対象会社 淺沼組 ●株主提案者 ストラテジックキャピタル	1	会社	剰余金の処分の件	賛成 95.8%	○	5号議案と両立
		2	会社	取締役8名選任の件	賛成 86.5- 96.3%	○	
		3	会社	監査役1名選任の件	賛成 95.7%	○	
		4	株主	政策保有株式の売却に係る	反対 71.7%	×	

				定款変更の件			
		5	株主	剰余金を処分 する件	反対 71.7%	×	1号議案と 両立
8.	2019年6月 ●対象会社 安藤・間 ●株主提案者 オアシス・マネジメン ト	1	会社	剰余金の処分 の件	賛成 94.84%	○	
		2	会社	取締役9名の 選任の件	賛成 69.57- 94.78%	○	
		3	会社	監査役2名の 選任の件	賛成 87.79- 94.75%	○	
		4	会社	補欠監査役1 名の選任の件	賛成 96.83%	○	
		5	株主	定款一部変更 （安全衛生管 理の徹底）の 件	賛成 30.14%	×	
9.	2019年3月 ●対象会社 三陽商会 ●株主提案者 ひびき・パース・アド バイザーズ	1	会社	剰余金の処分 の件	賛成 82.53%	○	9号議案と 非両立
		2	会社	定款一部変更 の件（決算期 の変更）	賛成 98.91%	○	
		3	会社	定款一部変更 の件（取締役 会の招集者お よび議長の変 更）	賛成 95.22%	○	
		4	会社	譲渡制限付株 式報酬制度導 入の件	賛成 84.98%	○	8号議案と 非両立
		5	会社	取締役7名選 任の件	賛成 70.58- 94.29%	○	
		6	会社	監査役2名選 任の件	賛成 88.86-	○	

					88.95%		
		7	会社	補欠監査役1名選任の件	賛成 88.51%	○	
		8	株主	取締役に対する株式報酬導入の件	反対 89.89%	×	4号議案と非両立
		9	株主	剰余金の処分（増配）の件	反対 87.99%	×	1号議案と非両立
10.	2019年3月 ●対象会社 帝国繊維 ●株主提案者 スパークス・アセット・マネジメント	1	会社	剰余金の処分の件	賛成 76.8%	○	8号議案と非両立
		2	会社	定款一部変更の件	賛成 99.7%	○	取締役任期短縮
		3	会社	取締役10名選任の件	賛成 89.9– 99.5%	○	
		4	会社	監査役2名選任の件	賛成 82.0%	○	
		5	会社	補欠監査役1名選任の件	賛成 78.6%	○	
		6	会社	取締役報酬枠の一部改定の件	賛成 99.0%	○	
		7	株主	取締役の選任の件	賛成 20.0%	×	
		8	株主	剰余金の配当の件	賛成 22.9%	×	1号議案と非両立
11.	2018年12月 ●対象会社 アルパイン ●株主提案者 オアシス・マネジメント	1	会社	当社とアルプス電気株式会社との株式交換契約承認の件	賛成 73.30%	○	
		2	会社	剰余金の処分の件	賛成 75.44%	○	
		3	株主	剰余金の処分の件	第1号議案可決の	—	1号議案否決を条件と

						ため採決なし	した株主提案
12.	2018 年 9 月 ●対象会社 三東工業社 ●株主提案者 M&S	1	会社	剰余金の処分の件	賛成 74.67%	○	4 号議案と非両立
		2	会社	取締役（監査等委員である取締役を除く。）6 名選任の件	賛成 76.86-91.12%	○	
		3	会社	監査等委員である取締役 3 名選任の件	賛成 76.56%	○	
		4	株主	剰余金の処分の件	賛成 25.33%	×	1 号議案と非両立
		5	株主	取締役解任の件	賛成 24.15%	×	
		6	株主	取締役 1 名選任の件	賛成 24.23%	×	
13.	2018 年 6 月 ●対象会社 東京放送ホールディングス ●株主提案者 アセットバリューインベスターズ	1	会社	剰余金処分の件	賛成 92.71%	○	4 号議案と両立
		2	会社	取締役 18 名選任の件	賛成 78.87-89.12%	○	
		3	会社	監査役 1 名選任の件	賛成 97.49%	○	
		4	株主	剰余金処分の件	賛成 11.26%	×	1 号議案と両立
14.	2018 年 6 月 ●対象会社 新生銀行 ●株主提案者 ダルトン・インベストメンツ	1	会社	定款一部変更の件	賛成 99.532%	○	
		2	会社	取締役 7 名選任の件	賛成 83.259-99.347%	○	
		3	会社	監査役 1 名選任の件	賛成 99.521%	○	
		4	会社	補欠監査役 1	賛成	○	

				名選任の件	99.155%		
		5	会社	取締役（社外取締役を除く）に対する譲渡制限付株式の付与に関する報酬額等および内容決定の件	賛成 98.539%	○	
		6	株主	取締役の報酬額改定（譲渡制限付株式報酬導入）の件	賛成 25.015%	×	
15.	2018 年 6 月 ●対象会社 蝶理 ●株主提案者 ストラテジックキャピタル	1	会社	取締役（監査等委員である取締役を除く）7 名選任の件	賛成 91.93-97.22%	○	
		2	会社	監査等委員である取締役 3 名選任の件	賛成 93.62-97.37%	○	
		3	会社	補欠の監査等委員である取締役 1 名選任の件	賛成 94.64%	○	
		4	株主	ROE の目標を達成できた場合にのみ取締役（監査等委員及び社外取締役を除く取締役を指す。）の賞与を支払うこととする定款変更の件	賛成 6.46%	×	
		5	株主	政策保有株式	賛成	×	

				売却に係る定款変更の件	11.21%	
		6	株主	剰余金の処分に係る定款変更の件	賛成 27.36%	×
		7	株主	剰余金の処分の件	6号議案否決のため、採決なし	—	6号議案可決を条件とした株主提案
16.	2018年6月 ●対象会社 図書印刷 ●株主提案者 ストラテジックキャピタル	1	会社	剰余金の処分の件	賛成 84.32%	○	6号議案と非両立
		2	会社	取締役1名選任の件	賛成 97.47%	○	
		3	会社	監査役1名選任の件	賛成 95.05%	○	
		4	会社	補欠監査役1名選任の件	賛成 89.99%	○	
		5	会社	退任取締役および退任監査役に対し退職慰労金贈呈の件	賛成 82.76%	○	
		6	株主	剰余金の処分の件	反対 83.99%	×	1号議案と非両立
		7	株主	任意の指名委員会及び報酬委員会の設置に係る定款変更の件	反対 84.27%	×	
		8	株主	政策保有株式売却に係る定款変更の件	反対 83.88%	×	
17.	2018年6月 ●対象会社 アルパイン	1	会社	剰余金の処分の件	賛成 93.48%	○	
		2	会社	取締役（監査	賛成	○	

	●株主提案者 オアシス・マネジメント			等委員である 取締役を除 く。）10名選 任の件	71.33- 75.52%		
		3	会社	監査等委員で ある取締役5 名選任の件	賛成 65.04- 75.36%	○	6号議案と 一部非両立
		4	株主	剰余金の処分 の件	賛成 28.57%	×	1号議案に 対して、4 号議案は追 加して提案 された議案 であり、1 号議案に反 対し、4号 議案に賛成 した場合は 4号議案の 議決権行使 を無効とす る旨の記載 あり
		5	株主	取締役（監査 等委員である 取締役を除 く。）1名選任 の件	賛成 29.66%	×	
		6	株主	監査等委員で ある取締役1 名選任の件	賛成 25.44%	×	3号議案と 一部非両立
18.	2018年6月 ●対象会社 赤阪鐵工所 ●株主提案者 M&S	1	会社	剰余金処分の 件	賛成 82.91%	○	7号議案と 非両立
		2	会社	取締役8名選 任の件	賛成 97.86- 99.37%	○	
		3	会社	退任取締役に 対し退職慰労	賛成 86.37%	○	

				金贈呈の件			
		4	会社	役員退職慰労金制度廃止に伴う打切り支給の件	賛成87.28%	○	
		5	会社	取締役に対する株式報酬制度導入の件	賛成99.41%	○	
		6	会社	当社株式の大量取得行為に関する対応策（買収防衛策）更新の件	賛成85.38%	○	
		7	株主	剰余金の処分の件	賛成14.14%	×	1号議案と非両立
19.	2018年6月 ●対象会社 フェイス ●株主提案者 RMBキャピタル	1	会社	剰余金処分の件	賛成92.55%	○	
		2	会社	取締役8名選任の件	賛成76.48-83.97%	○	
		3	会社	監査役1名選任の件	賛成83.94%	○	
		4	株主	取締役1名選任の件	賛成19.30%	×	
20.	2018年6月 ●対象会社 古林紙工 ●株主提案者 ホライゾン・キャピタル・マネジメント	1	会社	剰余金処分の件	賛成95.79%	○	
		2	会社	取締役8名選任の件	賛成90.99-96.53%	○	
		3	会社	補欠監査役2名選任の件	賛成91.17-96.61%	○	
		4	株主	期末配当の件	賛成18.68%	×	花王株式会社の普通株式の配当

		5	株主	定款の変更（自己株式の消却決議）の件	賛成 16.55%	×	
		6	株主	自己株式の消却の件	5号議案否決のため、採決なし	—	5号議案可決を条件とした株主提案
		7	株主	定款の変更（投資有価証券の保有制限）の件	賛成 18.05%	×	
		8	株主	定款の変更（外部コンサルタントの起用）の件	賛成 18.25%	×	
21.	2018年6月 ●対象会社 神田通信機 ●株主提案者 M&S	1	会社	剰余金処分の件	賛成 83.05%	○	両立・非両立について明記なし
		2	会社	取締役6名選任の件	賛成 86.26-86.29%	○	
		3	会社	役員賞与支給の件	賛成 85.99%	○	
		4	会社	当社株式の大量取得行為に関する対応策（買収防衛策）導入の件	賛成 82.92%	○	
		5	株主	剰余金処分の件	賛成 15.27%	×	両立・非両立について明記なし
22.	2018年3月 ●対象会社 GMOインターネット ●株主提案者	1	会社	定款一部変更の件	賛成 93.36%	○	事業目的追加
		2	会社	取締役（監査等委員である	賛成 74.19-	○	

オアシス・マネジメント			ものを除く。）16名選任の件	89.04%		
	3	会社	監査等委員4名選任の件	賛成 68.58-83.91%	○	
	4	会社	取締役（監査等委員であるものを除く。）の報酬額設定の件	賛成 90.34%	○	
	5	株主	当社株式の大規模買付行為に関する対応方針（買収防衛策）の廃止の件	賛成 44.78%	×	
	6	株主	定款一部変更の件（買収防衛策の導入方法）	賛成 44.30%	×	
	7	株主	定款一部変更の件（指名委員会等設置会社制度への移行）	賛成 15.79%	×	
	8	株主	定款一部変更の件（取締役社長と取締役会議長の兼任禁止）	賛成 22.23%	×	
	9	株主	定款一部変更の件（累積投票による取締役選任について）	賛成 20.43%	×	
	10	株主	取締役（監査	賛成	×	

				等委員である ものを除きま す。）の報酬 額設定（少数 株主の利益と 連動する報酬 体系の採用） の件	6.43%		
23.	2018 年 3 月 ●対象会社 帝国繊維 ●株主提案者 スパークス・アセッ ト・マネジメント	1	会社	剰余金の処分 の件	賛成 79.6%	○	3 号議案と 非両立
		2	会社	取締役 2 名選 任の件	賛成 92.1- 92.5%	○	
		3	株主	剰余金の配当 の件	賛成 20.3%	×	1 号議案と 非両立
		4	株主	定款の一部変 更の件	賛成 28.4%	×	取締役任期 短縮
24.	2018 年 3 月 ●対象会社 片倉工業 ●株主提案者 オアシス・マネジメン ト	1	会社	剰余金の処分 の件	賛成 88.5%	○	両立・非両 立について 明記なし
		2	会社	取締役 1 名選 任の件	賛成 87.2%	○	
		3	会社	監査役 1 名選 任の件	賛成 84.5%	○	
		4	会社	補欠監査役 1 名選任の件	賛成 84.0%	○	
		5	会社	取締役に対す る業績連動型 株式報酬制度 導入の件	賛成 89.4%	○	
		6	株主	取締役 1 名解 任の件	反対 82.8%	×	
		7	株主	定款一部変更 の件(1)	反対 81.3%	×	取締役員数 増員
		8	株主	取締役 1 名選	反対	×	

				任の件(1)	82.7%	
		9	株主	取締役1名選任の件(2)	反対 82.7%	×	
		10	株主	剰余金処分の件	反対 86.0%	×	両立・非両立について明記なし
		11	株主	定款一部変更の件(2)	反対 85.7%	×	ROE関連
25.	2017年10月 ●対象会社 内田洋行 ●株主提案者 ストラテジックキャピタル	1	会社	剰余金の処分の件	賛成 76.48%	○	4号議案と非両立
		2	会社	取締役8名選任の件	賛成 90.05- 95.21%	○	
		3	株主	定款変更の件	賛成 20.10%	×	政策保有株式関連
		4	株主	剰余金の処分をする件	賛成 18.47%	×	1号議案と非両立
26.	2017年9月 ●対象会社 三東工業社 ●株主提案者 M&S	1	会社	剰余金の処分の件	賛成 76.74%	○	5号議案と非両立
		2	会社	株式併合の件	賛成 95.96%	○	
		3	会社	定款一部変更の件	賛成 95.95%	○	①発行可能株式総数の変更 ②普通株式の単元株式数変更等
		4	会社	取締役（監査等委員である取締役を除く。）6名選任の件	賛成 77.88- 96.08%	○	
		5	株主	剰余金の配当の件	賛成 23.05%	×	1号議案と非両立

27.	2017 年 6 月 ●対象会社 蝶理 ●株主提案者 ストラテジックキャピタル	1	会社	取締役（監査等委員である取締役を除く）7 名選任の件	賛成 92.01-98.44％	○	
		2	会社	補欠の監査等委員である取締役 1 名選任の件	賛成 94.67％	○	
		3	会社	取締役（監査等委員である取締役を除く）に対する譲渡制限付株式の付与のための報酬決定の件	賛成 91.15％	○	
		4	株主	政策保有株式売却に係る定款変更の件	賛成 12.32％	×	
		5	株主	剰余金の処分に係る定款変更の件	賛成 16.81％	×	
		6	株主	剰余金の処分の件	5 号議案否決のため、採決なし	—	5 号議案可決を条件とした株主提案
28.	2017 年 6 月 ●対象会社 図書印刷 ●株主提案者 ストラテジックキャピタル	1	会社	剰余金の処分の件	賛成 86.39％	○	両立・非両立について明記なし
		2	会社	株式併合の件	賛成 99.69％	○	
		3	会社	取締役 13 名選任の件	賛成 87.48-99.24％	○	
		4	会社	補欠監査役 1	賛成	○	

			名選任の件	98.16%			
		5	会社	退任取締役に対し退職慰労金贈呈の件	賛成87.77%	○	
		6	株主	剰余金の処分の件	反対85.63%	×	両立・非両立について明記なし
29.	2017年6月 ●対象会社 黒田電気 ●株主提案者 レノ	1	会社	取締役6名選任の件	賛成54.25-97.67%	○	
		2	会社	補欠社外取締役1名選任の件	賛成97.96%	○	
		3	株主	取締役1名選任の件	賛成58.64%	○	
30.	2017年6月 ●対象会社 日産車体 ●株主提案者 エフィッシモ・キャピタル・マネジメント	1	会社	剰余金の処分の件	賛成75.0%	○	3号議案と両立
		2	会社	取締役全員任期満了につき6名選任の件	賛成75.1-88.1%	○	
		3	株主	剰余金追加配当の件	賛成25.3%	×	1号議案と両立
31.	2017年6月 ●対象会社 帝国電機製作所 ●株主提案者 ストラテジックキャピタル	1	会社	剰余金処分の件	賛成71.71%	○	3号議案と非両立
		2	会社	取締役（監査等委員である取締役を除く。）6名選任の件	賛成85.09-95.55%	○	
		3	株主	剰余金の処分をする件	賛成26.88%	×	1号議案と非両立
32.	2017年6月 ●対象会社 新日本空調 ●株主提案者	1	会社	剰余金の処分の件	賛成89.83%	○	5号議案と非両立
		2	会社	取締役10名選任の件	賛成93.13-	○	

	ストラテジックキャピタル				99.28%		
		3	会社	監査役1名選任の件	賛成 95.57%	◯	
		4	株主	定款変更の件	反対 88.79%	×	政策保有株式関連
		5	株主	剰余金の処分の件	反対 89.90%	×	1号議案と非両立
33.	2017年3月 ●対象会社 片倉工業 ●株主提案者 オアシス・マネジメント	1	会社	剰余金の処分の件	賛成 82.0%	◯	
		2	会社	取締役9名選任の件	賛成 77.8- 84.1%	◯	
		3	株主	定款一部変更の件(1)	反対 50.7%	×	ROE関連
		4	株主	定款一部変更の件(2)	反対 50.7%	×	ROE関連
		5	株主	定款一部変更の件(3)	反対 50.7%	×	ROE関連

2 委任状勧誘規制に基づく提出書類サンプル

○○年○○月○○日

関東財務局長　殿

東京都○○区○○○○○○番地
○○株式会社
代表取締役社長　○○　○○

金融商品取引法施行令第 36 条の 3 の規定に基づく書類の提出について

　当社は、○○年○○月○○日開催予定の当社第○○回定時株主総会に付議予定の議案に関し、金融商品取引法施行令（昭和 40 年 9 月 30 日政令第 321 号）第 36 条の 2 第 1 項の規定に基づいて、議決権代理行使の勧誘に際し、被勧誘者（株主）に対し委任状の用紙及び参考書類を交付し、かつ、上場株式の議決権の代理行使の勧誘に関する内閣府令（平成 15 年 3 月 28 日内閣府令第 21 号）第 44 条に規定する書類の写し等の提出を要しない場合に該当しないので、金融商品取引法施行令第 36 条の 3 の規定に基づき、下記の書類を提出いたします。

記

(1)　当社第○○回定時株主総会における「委任状」提出のお願い（写し）
(2)　包括委任状（写し）
(3)　包括委任状（記入例）（写し）
(4)　議決権の代理行使の勧誘に関する参考書類（写し）

以　上

○○年○○月○○日

株主各位

○○株式会社

代表取締役社長　○○　○○

当社第○○回定時株主総会における「委任状」提出のお願い

拝啓　平素は格別のご高配を賜り、厚く御礼申し上げます。

　さて、株主の皆様の日頃のご支援により、○○年○○月○○日に当社第○○回定時株主総会を開催する運びになりました。

　定時株主総会の議案は、会社提案の「第1号議案　取締役○名選任の件」及び「第2号議案　監査役○名選任の件」並びに株主様による株主提案の「第3号議案　取締役○名選任の件」となります。

　株主の皆様におかれましては、是非当社の提案する議案にご賛同いただき、会社提案議案に対しては**「賛成」**、株主提案議案に対しては**「反対」**として議決権を行使いただけますようお願い申し上げます。また、定時株主総会では、一部の株主から、会社提案議案に対する修正動議や議事進行等に関する動議が提出される可能性も否定できません。円滑な議事進行にご協力をいただけますよう重ねてお願い申し上げます。

　つきましては、同封いたしました「議決権の代理行使の勧誘に関する参考書類」もご確認いただいた上で、以下の注意事項をご参照いただき、同封の「委任状」をご発行いただきたく、本書をもちましてお願いいたします。

《ご注意いただきたい点》

■　委任状にはご記名（スタンプ等で差支えありません。）、ご捺印をお願いいたします。

■　委任状と併せて、定時株主総会の招集ご通知とともにお送りいたします「議決権行使書」をご返送ください。「議決権行使書」は、株主の皆様の本人確認書類として使用させていただきますので、「議決権行使書」には何も記載されないようお願いいたします。

　なお、○○月○○日に定時株主総会の招集ご通知を当社ホームページ（http://www.＿＿＿＿.co.jp/）にて掲載しておりますので、そちらも併せてご参照いただけますようお願いいたします（発送は○○月○○日頃を予定しております。）。

　ご不明な点、お気づきの点等ございましたら、以下の問合せ先までご連絡いただけますようお願いいたします。

　　本件に関する問合せ先　［部　　署］　○○部○○課

　　　　　　　　　　　　　［電話番号］　○○-○○○○-○○○○

敬　具

包　括　委　任　状

　　私は、　　　　　　　　　　　を代理人と定め、次の権限を委任します。

1．〇〇年〇〇月〇〇日開催の〇〇株式会社第〇〇期定時株主総会及びその継
　　続会又は延会に出席して、下記の議案につき私の指示（〇印で表示）に従っ
　　て議決権を行使すること。ただし、賛否を明示しない場合、議案に対し修
　　正案が提出された場合及び議事進行等に関連する動議が提出された場合は、
　　いずれも白紙委任いたします。
2．復代理人を選任すること。

記

〈会社提案〉

第1号議案	原案に対し	賛	否
	ただし、候補者のうち（　　　　　　　　　　　）を除く		
第2号議案	原案に対し	賛	否
	ただし、候補者のうち（　　　　　　　　　　　）を除く		

〈株主提案〉

第3号議案	原案に対し	賛	否
	ただし、候補者のうち（　　　　　　　　　　　）を除く		

以　　上

　　　　　　（株主氏名）＿＿＿＿＿＿＿＿＿＿＿＿＿＿＿＿印
　　　　　　（株主住所）＿＿＿＿＿＿＿＿＿＿＿＿＿＿＿＿
　　　　　　（議決権個数）＿＿＿＿＿＿＿＿＿＿＿＿＿

（記入例）

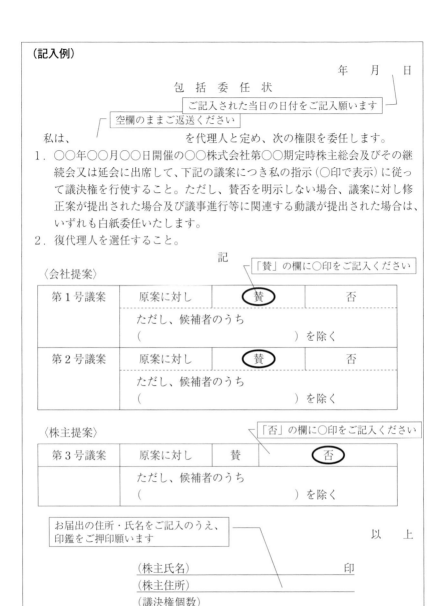

年　　月　　日

包 括 委 任 状

ご記入された当日の日付をご記入願います

空欄のままご返送ください

　私は、　　　　　　　　　　を代理人と定め、次の権限を委任します。

1．○○年○○月○○日開催の○○株式会社第○○期定時株主総会及びその継
　続会又は延会に出席して、下記の議案につき私の指示（○印で表示）に従っ
　て議決権を行使すること。ただし、賛否を明示しない場合、議案に対し修
　正案が提出された場合及び議事進行等に関連する動議が提出された場合は、
　いずれも白紙委任いたします。
2．復代理人を選任すること。

記

〈会社提案〉

「賛」の欄に○印をご記入ください

第1号議案	原案に対し	賛	否
	ただし、候補者のうち（　　　　　　　　　　）を除く		
第2号議案	原案に対し	賛	否
	ただし、候補者のうち（　　　　　　　　　　）を除く		

〈株主提案〉

「否」の欄に○印をご記入ください

第3号議案	原案に対し	賛	否
	ただし、候補者のうち（　　　　　　　　　　）を除く		

お届出の住所・氏名をご記入のうえ、
印鑑をご押印願います

以　　上

（株主氏名）　　　　　　　　　　　　印
（株主住所）
（議決権個数）

3　わが国における敵対的な公開買付けの例

（2019 年 10 月 31 日までに開始された公開買付けに関する同年 12 月 31 日までの情報に基づく）

No.	時期／当事者	概要
1.	2019 年 ●買収者 エイチ・アイ・エス ●対象会社 ユニゾホールディングス	エイチ・アイ・エスは、2019 年 7 月、ユニゾホールディングスに対して、公開買付けを開始した。ユニゾホールディングスの取締役会は、意見を留保して、特別委員会を設置した。エイチ・アイ・エスと特別委員会との対話を経て、ユニゾホールディングスの取締役会は、エイチ・アイ・エスによる公開買付けに対して反対の意見表明をした。その後、サッポロ（フォートレス・グループ）が、エイチ・アイ・エスよりも高い価格の公開買付けを提案し、ユニゾホールディングスの取締役会がこれに賛同し、応募推奨したため、エイチ・アイ・エスによる公開買付けは不成立となった。
2.	2019 年 ●買収者 サッポロ （フォートレス・グループ） ●対象会社 ユニゾホールディングス	サッポロは、2019 年 8 月、エイチ・アイ・エスによる敵対的買収に対するホワイトナイトとしてユニゾホールディングスに対して公開買付けを開始し、ユニゾホールディングスの取締役会による賛同・応募推奨の意見表明をいったん得た。その後、ブラックストーン・グループから、サッポロの公開買付価格を超える価格の買収提案があり、また、サッポロの提案では従業員の雇用が確保されるしくみを確認できないとして、ユニゾホールディングスの取締役会は賛同・応募推奨の意見を撤回し、意見を留保に変更した。その後、ユニゾホールディングスは、サッポロ、ブラックストーン・グループを含む買収候補者と協議を継続していたが、2019 年 12 月、ユニゾホールディングスグループの従業員のみを株主とする株式会社が過半出資するチトセア投資が、ユニゾホールディングスに対して公開買付けを開始し、同社の取締役会はこれに賛同し、応募を推奨した。ユニゾホールディングスの取締役会は、これにあわせて、サッポロによる公開買付けに対する意見を留保から反対に変更した。

3.	2019 年	2018 年からデサント株を買い増していた伊藤忠は、2019 年 1 月、デサントに対して、公開買付けを開始した。デサントの取締役会は、これに対して反対の意見表明をした。伊藤忠とデサントの両者がそれぞれ相手を批判するプレスリリースを出す展開となったが、公開買付けは成立し、伊藤忠商事による出資比率は 40% となった。2019 年の定時株主総会でデサントの経営陣が交代する結果となった。
	●買収者 BS インベストメント (伊藤忠商事) ●対象会社 デサント	
4.	2019 年	ビーエムアイホスピタリティサービシスリミテッドは、2019 年 1 月、公開買付け後の出資比率が議決権ベースで 33.34% となる買付予定数を上限として、ジェクシードに対して公開買付けを開始した。ジェクシードの取締役会は、意見表明を留保し、公開買付者に対して質問した。公開買付者は質問に対し回答したが、ジェクシードはなお判断するには情報が不足するとして追加質問を行った。ジェクシードは追加回答を受け公開買付者と面談した後も、意見を形成することができないとして、なお意見表明を留保した。その後公開買付者は、公開買付期間を延長し、公開買付価格も引き上げたが（なお市場株価は当初の公開買付価格を上回っていた）、応募は伸びず、公開買付け後の公開買付者の出資比率は議決権ベースで 7.31% にとどまった。
	●買収者 ビーエムアイホスピタリティサービシスリミテッド ●対象会社 ジェクシード	
5.	2019 年	廣済堂は、2019 年 1 月、ベインキャピタルが組成したエンティティを通じた MBO を開始した。その後、村上世彰氏と関係が深いとされるレノは、共同保有者である南青山不動産とともに廣済堂株を買い進めた。レノ・村上氏と廣済堂との間で複数回の面談が持たれた後、廣済堂側は、公開買付価格を引き上げたが、南青山不動産は、2019 年 3 月、これよりも高い公開買付価格での公開買付けを開始した（下限 50%、上限なし）。廣済堂の取締役会は MBO への賛同は維持しつつ応募推奨は撤回し、対抗的な公開買付けに対しては意見を留保した。MBO の公開買付けは応募が下限（50%）に届かず不成立となった。
	●買収者 南青山不動産（レノ、村上世彰氏） ●対象会社 廣済堂	

		この時点で、廣済堂の取締役会は対抗的な公開買付けに対し中立との意見表明をしたが、対抗的な公開買付けも下限（50％）に届かず不成立となった。結局、レノおよび南青山不動産が大株主として残ったまま、廣済堂の上場が維持されるというかたちで終わった。その後、廣済堂では、MBO を主導した経営陣が交代した。
6.	2018 年 ●買収者 日本アジアグループ ●対象会社 サンヨーホームズ	日本アジアグループは、2018 年 3 月、サンヨーホームズに対し、公開買付けを開始した。買付予定数の上限は公開買付け後の出資比率が議決権ベースで 33.34％となるようにを設定され（買付予定数の下限はなし）、プレミアムは 3 か月平均に対して 33.33％が付された。サンヨーホームズの取締役会は意見を留保したうえで、日本アジアグループに対して質問をし、その回答を受けて、反対の意見表明をした。公開買付けには一定数の応募があり、日本アジアグループの出資比率は 12.76％となり、同社は第 3 位株主となった。
7.	2017 年 ●買収者 佐々木ベジ氏 ●対象会社 ソレキア	佐々木ベジ氏は、2017 年 2 月、ソレキアに対して、公開買付けを開始した。ソレキアの取締役会は、意見表明を留保したうえで、佐々木ベジ氏に質問をし、その回答も受けて、反対の意見表明をした。その後、富士通がホワイトナイトとしてソレキアに対して、友好的な対抗的公開買付けを開始し、ソレキアはこれに賛同し、応募推奨した。その後、佐々木ベジ氏と富士通との間で公開買付価格の引上げ合戦となったが、富士通は、公開買付価格を 5000 円以上に引き上げることは投資としての合理的判断を超えるとしてこれを見送った。富士通の公開買付けは買付予定数の下限を 3 分の 2 としており、これに応募が充たなかったため、不成立となった。これに対し、佐々木ベジ氏の公開買付けは下限を設けていなかったため、佐々木ベジ氏は、応募のあった株式をすべて買い付け、ソレキアの筆頭株主となった（佐々木ベジ氏が代表を務めるフリージア・マクロスの保有分をあわせると約 4 割の出資比率）。その後、佐々木ベジ氏はソ

		レキアの取締役に就任している。
8.	2015 年 ●買収者 ECM マスターファンド SPV1（エフィッシモキャ ピタルマネージメント） ●対象会社 セゾン情報システムズ	エフィッシモキャピタルマネージメントは、その傘下のファンドを通じて、2015 年 2 月、セゾン情報システムズに対して、公開買付けを開始した。買付予定数の上限は公開買付け後の議決権比率が 33.0％となるように設定され、プレミアムは 3 か月平均に対して 46.05％が付された。セゾン情報システムズの取締役会は、意見を留保したうえで、公開買付者に対し質問をし、その回答も受けて、反対の意見表明をした。当該公開買付けに対しては上限を超える応募があり、公開買付けは成功した。
9.	2015 年 ●買収者 テクノグローバル ●対象会社 新華ホールディングス・ リミテッド	テクノグローバルは、2015 年 3 月、新華ホールディングスに対して公開買付けを開始した。買付予定数の上限は公開買付け後の議決権比率が 6 分の 1 に達しないように設定され、プレミアムは 3 か月平均に対して 40.85％が付された。新華ホールディングスの取締役会は、意見を留保したうえで、テクノグローバルに対し質問をし、その回答も受けて、反対の意見表明をした。当該公開買付けに対しては上限を超える応募があり、テクノグローバルは、新華ホールディングスの筆頭株主となった。
10.	2014 年 ●買収者 プロスペクト ●対象会社 豊商事	プロスペクトは、2014 年 12 月、公開買付け後の出資比率が議決権ベースで 55.22％となる買付予定数を上限として（下限なし）、豊商事に対して公開買付けを開始した。豊商事の取締役会は、意見を留保したうえで、公開買付者に対して質問をし、その後に、いったん意見表明を留保した。公開買付者から回答を受領した後、豊商事の取締役会は、反対の意見表明を行った。筆頭株主のあかつきフィナンシャルグループが、公開買付けに応募せず、豊商事株を継続保有する旨を公表した。公開買付けには下限が設定されていなかったため、公開買付けは成立したが、公開買付け後の公開買付者の出資比率は議決権ベースで 7.62％にとどまった。

11.	2013 年 ●買収者 エス−エイチ ジャパン・エルピー（サーベラス・グループ） ●対象会社 西武ホールディングス	サーベラス・グループは、傘下のエス−エイチジャパン・エルピーを通じて、2013 年 3 月、西武ホールディングスに対して、公開買付けを開始し、自らが指名する取締役の選任を求めた。買付予定数の上限は公開買付け後の出資比率が議決権ベースで 36.44％になるように設定された。西武ホールディングスの取締役会は、「上場に向けたガバナンス推進有識者会議」を設置し、サーベラス・グループに対し質問し、回答を得た。西武ホールディングスの取締役会は、同有識者会議の見解もふまえて、反対表明した。サーベラス・グループは、公開買付け後の出資比率が議決権ベースで 44.67％となるまで上限を引き上げた。下限が設定されていなかったため、公開買付けは成立し、サーベラス・グループの出資比率は議決権ベースで 35.48％となった。
12.	2012 年 ●買収者 PGM ホールディングス ●対象会社 アコーディア・ゴルフ	PGM ホールディングスは、2012 年 11 月、公開買付後の出資比率が議決権ベースで 50.1％となる買付予定数を上限として、アコーディア・ゴルフに対して公開買付けを開始した。アコーディア・ゴルフの取締役会は意見表明をいったん留保した後、反対の意見表明をするとともに、増配を決定した。その後、レノの大量保有が判明し、アコーディア・ゴルフは、自己株取得を求めるレノに対して、自己株取得は株主還元策として合理的な選択であると回答した。市場株価が公開買付価格を上回ったこともあり、応募が買付予定数の下限（20％）に届かず、公開買付けは不成立となった。
13.	2011 年 ●買収者 夢真ホールディングス ●対象会社 フルキャストテクノロジー	フルキャストテクノロジーの株式の 68.6％を保有するフルキャストホールディングスは、2011 年 4 月、夢真ホールディングスとの間で、フルキャストテクノロジーの取締役会が反対の意見表明をしないこと等を条件に夢真ホールディングスによる公開買付けに応募する旨を合意した。フルキャストテクノロジーは、公開買付けを検討するために第三者委員会を設置した。フルキャストテクノロジーは、公開買付開始前

		に、夢真ホールディングスに対し質問をし、回答を得た。夢真ホールディングスは、1か月平均に対し 37.1%のプレミアムを付し、買付予定数に上限を設けずに公開買付けを開始した。フルキャストテクノロジーの取締役会は、いったん意見表明を留保し、第三者委員会の答申が出た後、公開買付けに賛同したものの、応募については中立の立場をとった。公開買付けは成立し公開買付け後の出資比率は議決権ベースで 83.56%となった。
14.	2011 年 ●買収者 投資事業有限責任組合 DRC Ⅱ および投資事業有限責任組合 DRCKJ（DRC キャピタル） ●対象会社 コージツ	DRC キャピタルは、傘下の 2 ファンドを通じて、2011 年 7 月、完全子会社化を目的として、コージツに対する公開買付けを開始した。コージツの取締役会は、意見表明を留保するとともに、第三者委員会を設置した。コージツの取締役会は、公開買付価格が低廉であるとする第三者委員会の意見もふまえて、反対の意見表明をした。公開買付者は、下限を 3 分の 2 から過半数に下げるなどしたが、結局、公開買付けには 3 分の 2 を超える多数の応募があり、公開買付者の出資比率は議決権ベースで 77.12%となった。その後、コージツは完全子会社化され、上場廃止となった。
15.	2009 年 ●買収者 大塚隆一氏 ●対象会社 日本ラッド	日本ラッドを退任する予定であった大塚隆一社長が、公開買付け後の出資比率が議決権ベースで 55.27%になる買付予定数の上限を設定して、2009 年 6 月、日本ラッドに対して公開買付けを開始した。日本ラッドの取締役会はいったん意見を留保し、大塚氏に対して質問をした。公開買付期間中に定時株主総会が開催され、会社提案の役員選任議案は否決され、大塚氏の修正動議が可決された。その後、日本ラッドの取締役会は大塚氏の公開買付けに賛成した。公開買付けには下限が設定されていなかったため、公開買付けは成立した。
16.	2007 年 ●買収者 ケン・エンタープライズ	ケン・エンタープライズが、ソリッドグループホールディングスに対し、2007 年 10 月、買付予定数の下限を 48.0%、上限を 66.58%とする公開買付けを開始した。ディスカウント TOB

	●対象会社 ソリッドグループホール ディングス	であり、プレミアムは付されなかった。ソリッドグループホールディングスの取締役会は反対の意見表明をしていたが、48.48％を保有していたリーマン・ブラザーズ証券が応募したため、公開買付けは成立した。
17.	2007年 ●買収者 スティール・パートナーズ・ジャパン・ストラテジック・ファンド-エス・ピー・ヴィーⅠ・エル・エル・シー ●対象会社 天龍製鋸	スティール・パートナーズは、天龍製鋸の完全子会社化をめざし、2007年5月、同社に対し、公開買付けを開始した。買付予定数の上限・下限は設定されなかった。天龍製鋸の取締役会は、スティール・パートナーズに対し、質問をし、その回答も受けて、反対表明をした。公開買付けへの応募は、議決権ベースで2.69％にとどまった。なお、公開買付期間中に買収防衛策が導入されたが発動されなかった。
18.	2007年 ●買収者 スティール・パートナーズ・ジャパン・ストラテジック・ファンド-エス・ピー・ヴィーⅡ・エル・エル・シー ●対象会社 ブルドックソース	スティール・パートナーズは、ブルドックソースの完全子会社化をめざし、2007年5月、同社に対し、公開買付けを開始した。買付予定数の上限・下限は設定されなかった。ブルドックソースの取締役会は、スティール・パートナーズに対し、質問をし、その回答も受けて、反対の意見表明をした。公開買付期間中に買収防衛策が導入され発動された。公開買付けへの応募は、議決権ベースで1.89％にとどまった。
19.	2007年 ●買収者 ダヴィンチ・アドバイザーズ ●対象会社 テーオーシー	テーオーシーの経営陣は、2007年4月にMBOによる非公開化をめざして、公開買付価格800円で公開買付けを開始していたところ、ダヴィンチ・アドバイザーズは、同年5月、公開買付価格が安すぎるとして、公開買付価格1100円（MBO公表前営業日の終値に対して44.7％のプレミアム）での公開買付けを開始した（買付予定数の下限は、50.0001％）。テーオーシーの取締役会は、公開買付者が提案している資産の入替えは実質的には資産の切売りを意味するとして、反対の意見表明をした。この間、テーオーシーの社長らが市場で株を買い集めたため、ダヴィンチ・アドバイザーズは、公開買付価格を1380円に引き上げ、買付予定数の下限も45％まで引き下げたが、テーオーシーの取締役会は

		改めて反対の意見表明をした。結局、ダヴィンチ・アドバイザーズの公開買付けは、応募が下限に充たなかったため、不成立となった。
20.	2006年 ●買収者 ジェイエムビーオー・ファンド・リミテッド(ダルトン・インベストメンツグループ) ●対象会社 サンテレホン	ダルトン・インベストメンツグループは、サンテレホンに対する出資比率を40.41%にすることをめざして、傘下のファンドを通じて、2006年10月、サンテレホンに対して公開買付けを開始した。サンテレホンの取締役会は反対の意見表明をした。その後、JBP-I(日本産業パートナーズおよびベインキャピタルが50%ずつ出資する会社)が、ホワイトナイトとして、ダルトンよりも高い公開買付価格で公開買付けを実施し、ダルトンもこれに応募した。
21.	2006年 ●買収者 スティール・パートナーズ・ジャパン・ストラテジック・ファンド-エス・ピー・ヴィー-Ⅱ・エル・エル・シー ●対象会社 明星食品	スティール・パートナーズは、明星食品の完全子会社化をめざして、2006年10月、公開買付けを開始した。明星食品の取締役会は反対の意見表明をした。同年11月、日清食品が、ホワイトナイトとして、スティール・パートナーズの公開買付価格を上回る公開買付価格で、友好的・対抗的公開買付けを開始した。スティール・パートナーズも、日清食品の公開買付けに応募した結果、日清食品の出資比率は議決権ベースで90.43%となった。
22.	2006年 ●買収者 王子製紙 ●対象会社 北越製紙	王子製紙は、2006年8月、買付予定数の下限を議決権ベースで過半数として、北越製紙に対して公開買付けを実施した。これに先立って、王子製紙は北越製紙に対し経営統合を提案しており、これに反発した北越製紙は三菱商事に対する第三者割当増資を決めており、また買収防衛策を導入していた。北越製紙の取締役会は反対の意見表明をした。日本製紙がホワイトナイトとして北越製紙株を買い増し出資比率を8.49%まで高めた。応募は5.33%にとどまり、公開買付けは不成立となった。
23.	2006年 ●買収者 ドン・キホーテ	ドン・キホーテは、オリジン東秀を子会社化するために、2006年1月、同社に対して公開買付けを開始した。オリジン東秀の取締役会は反対の意見表明をした。その後、イオンが、ホワイ

	●対象会社 オリジン東秀	トナイトとして、ドン・キホーテよりも高い公開買付価格で公開買付けを開始した。ドン・キホーテもイオンによる公開買付けに応募し、イオンの出資比率は議決権ベースで96.01%となった。
24.	2005年 ●買収者 M&Aコンサルティング ●対象会社 新日本無線	日清紡は、新日本無線の子会社化を目的に、2005年11月、公開買付価格840円で新日本無線に対し公開買付けを開始しており、新日本無線の取締役会はこれに対し賛同し応募推奨していた。これに対し、村上世彰氏が運営するM&Aコンサルティングは、1株900円、買付予定数の下限を50.1%として、新日本無線に対し対抗的公開買付けを開始した。新日本無線の取締役会は、M&Aコンサルティングによる公開買付けに対して反対の意見表明をした。日清紡は公開買付価格を880円に引き上げた。新日本無線は、M&Aコンサルティングに質問をし、同社はこれに回答した。M&Aコンサルティングは公開買付価格を950円に引き上げたが、新日本無線の取締役会は、改めて反対の意見表明をした。日清紡による公開買付けは成立し、M&Aコンサルティングによる公開買付けは買付予定数が下限に充たず、不成立となった。
25.	2005年 ●買収者 夢真ホールディングス ●対象会社 日本技術開発	夢真ホールディングスは、日本技術開発への出資比率を53.71%に引き上げることをめざして、2005年7月、公開買付けを行うことを公表した（予告でありこの時点では公開買付けは開始していない）。日本技術開発の取締役会は、これに反対し、株式分割で対抗することを公表した。夢真ホールディングスは、株式分割に応じて当初公表価格よりも公開買付価格を引き下げたうえで、公開買付けを開始し、日本技術開発による株式分割の差止めを求めて提訴した。東京地裁は株式分割の差止めの申立てを却下したので、夢真ホールディングスは買付数を増加して公開買付けを続行した。日本技術開発は、第2の買収防衛策として、新株予約権の無償割当てを決議した。エイトコンサルタントは、2005年8月、ホワイトナイトとして、日本技術開発に対する

		公開買付けを開始し、日本技術開発はこれに賛同・応募推奨した。夢真ホールディングスの公開買付けへの応募は 3.76％にとどまったが、夢真ホールディングスは、その後も市場で日本技術開発株を買い増した。エイトコンサルタントは、買付予定数の上限を引き下げて公開買付けを続行した。その結果、エイトコンサルタントの出資比率は議決権ベースで 24.68％となった。2006 年 6 月、エイトコンサルタントは、日本技術開発に対する 2 回目の公開買付けを公表した。夢真ホールディングスはこの公開買付けに応募し、日本技術開発をめぐる攻防は終了した。
26.	2003 年 ●買収者 スティール・パートナーズ・ジャパン・ストラテジック・ファンド ●対象会社 ソトー	スティール・パートナーズは、ソトーへの出資比率を 33.34％まで高めるために、2003 年 12 月、ソトーに対して公開買付けを開始した。ソトーの取締役会は、反対の意見表明をした。ソトーの経営陣は、翌 2004 年 1 月に、エヌ・アイ・エフベンチャーズと共同して MBO を開始した。以後、エヌ・アイ・エフベンチャーズとスティール・パートナーズとの間で、公開買付価格の引上げ合戦となった。2004 年 2 月、ソトーは MBO を中止し、代わりに、配当の大幅増額を公表した。この結果、ソトーの株価は、スティール・パートナーズの公開買付価格を上回り、スティール・パートナーズの公開買付けへの応募は 1％弱にとどまった。
27.	2003 年 ●買収者 スティール・パートナーズ・ジャパン・ストラテジック・ファンド ●対象会社 ユシロ化学工業	スティール・パートナーズは、ユシロ化学工業の完全子会社化をめざして、2003 年 12 月、同社に対して公開買付けを開始した。ユシロ化学工業の取締役会は反対の意見表明したうえ、配当の大幅増額を公表した。この結果、ユシロ化学工業の株価は、スティール・パートナーズの公開買付価格を上回り、スティール・パートナーズの公開買付けへの応募はゼロとなった。
28.	2000 年 ●買収者 エム・エー・シー	村上世彰氏が代表を務めるエム・エー・シーは、昭栄に対し、2000 年 1 月、公開買付けを開始した。昭栄の取締役会は反対の意見表明をした。

	●対象会社 昭栄	公開買付価格はプレミアムを付したものであったが、大株主が応募しなかったこともあり、公開買付後のエム・エー・シーの出資比率は6.52%にとどまった。昭栄は、2002年9月に、自己株式の公開買付けを実施し、エム・エー・シーはこれに応募した。
29.	2000年 ●買収者 日本ベーリンガーインゲルハイム ●対象会社 エスエス製薬	独製薬大手のベーリンガーインゲルハイムは、2000年1月、日本ベーリンガーインゲルハイムを通じて、エスエス製薬への公開買付けを開始した。公開買付価格には4割強のプレミアムが付されていた。エスエス製薬の取締役会は、当該公開買付けに対し賛否を行わないとの決議をした。公開買付けの結果、日本ベーリンガーインゲルハイムの出資比率は35.86%となった。その後、同社は、市場での買付けを通じて、エスエス製薬を子会社化し、ベーリンガーインゲルハイムグループは、2010年には、2段階買収によって、エスエス製薬を完全子会社化した。エスエス製薬の取締役会は、この2度目の公開買付けには賛同している。
30.	1999年 ●買収者 ケーブル・アンド・ワイヤレス（イギリス） ●対象会社 国際デジタル通信	時期が古く詳細な事実関係は不明であるが、ケーブル・アンド・ワイヤレスは、1999年5月、国際デジタル通信に対する公開買付けを開始した。国際デジタル通信の取締役会は当該公開買付けを非友好的なものとみなしたが、その後の公開買付価格の引上げもあり、公開買付けは成立した。

著者紹介

竹平　征吾（たけひら・せいご）

弁護士法人大江橋法律事務所（大阪事務所）弁護士

1974 年生まれ

1997 年	大阪大学法学部卒業
2000 年	弁護士登録
2005 年	The University of Michigan Law School 卒業（LL.M.）
2005 年〜2006 年	Morgan, Lewis & Bockius LLP（New York）勤務
2006 年	ニューヨーク州弁護士登録
2015 年〜2018 年	司法試験考査委員・司法試験予備試験考査委員（商法）

[主な著書・論文]

『事業譲渡の実務──法務・労務・会計・税務のすべて』（共著、商事法務、2018 年）

「平成 29 年定時株主総会の分析」（共著、月刊監査役 678 号（2018 年））

「平成 29 年定時株主総会に向けた事業報告・監査報告作成上の留意点」（共著、月刊監査役 665 号（2017 年））

『コンパクト解説会社法 3　監査役・監査委員・監査等委員』（共著、商事法務、2016 年）

『実務解説　平成 26 年会社法改正』（共著、商事法務、2014 年）

細野　真史（ほその・しんじ）

弁護士法人大江橋法律事務所（名古屋事務所）弁護士

1977 年生まれ

2001 年	大阪大学法学部卒業
2002 年	弁護士登録
2011 年	University of Southern California Law School 卒業（LL.M.）
2011 年〜2012 年	Weil, Gotshal & Manges LLP（New York）勤務
2012 年	ニューヨーク州弁護士登録

[主な著書・論文]

『事業譲渡の実務──法務・労務・会計・税務のすべて』（共著、商事法務、2018 年）

「平成 30 年定時株主総会に向けた事業報告・監査報告作成上の留意点」（月刊監査役 680 号（2018 年））

「平成 29 年 6 月定時株主総会開催に向けた留意点」（月刊監査役 666 号（2017 年））

『コンパクト解説会社法 3　監査役・監査委員・監査等委員』（共著、商事法務、

2016 年）

「地銀再編のスキームとデューディリジェンス」（ジュリスト 1482 号（2015 年））

浦田　悠一（うらた・ゆういち）

弁護士法人大江橋法律事務所（大阪事務所）弁護士

1980 年生まれ

2004 年　　　東京大学法学部卒業

2006 年　　　一橋大学法科大学院修了

2007 年　　　弁護士登録

2013 年　　　Columbia Law School 卒業（LL.M.）

2013 年　　　Weil, Gotshal & Manges LLP（New York）勤務
〜2014 年

2014 年　　　ニューヨーク州弁護士登録

［主な著書・論文］

「M&A Law Guide 2020 Jurisdiction：Japan」（共著、Lexis Nexis Law Guide2020（2019
　　年））

『事業譲渡の実務──法務・労務・会計・税務のすべて』（共著、商事法務、2018
　　年）

「平成 30 年 6 月定時株主総会開催に向けた留意点」（共著、月刊監査役 681 号
　　（2018 年））

「平成 29 年定時株主総会に向けた事業報告・監査報告作成上の留意点」（共著、月
　　刊監査役 665 号（2017 年））

『コンパクト解説会社法 3　監査役・監査委員・監査等委員』（共著、商事法務、
　　2016 年）

平井　義則（ひらい・よしのり）

弁護士法人大江橋法律事務所（大阪事務所）弁護士

1984 年生まれ

2008 年　　　京都大学法学部卒業

2010 年　　　京都大学法科大学院修了

2011 年　　　弁護士登録

2018 年　　　Northwestern University School of Law 卒業（LL.M.）

2018 年　　　Alston & Bird LLP（Atlanta）勤務
〜2019 年

2019 年　　　ニューヨーク州弁護士登録

［主な著書・論文］

「Akorn, Inc. v. Fresenius Kabi AG 判決──デラウェア州衡平裁判所が MAE 条項
　　に基づく合併契約の解除を初めて肯定した事例」（一般社団法人国際商事法務
　　研究所・国際ビジネス法エグゼクティヴ・サマリー No21（2019 年））

●所属事務所紹介

弁護士法人大江橋法律事務所

　1981 年に設立して以来、海外のさまざまな法律問題に対応してきた実績があり、日本の法律事務所で最初に上海に事務所を開設するなど積極的に渉外業務に取り組み、現在も各国の有力な法律事務所と独自のネットワークを構築している。弁護士数は、外国法事務弁護士を含めて 140 名を超え、株主総会対応、買収防衛対応、会社訴訟・非訟、企業再編、コーポレート・ガバナンス構築支援をはじめとする幅広い分野において、専門的な法的アドバイスを提供している。

（東京事務所）

〒 100-0005　東京都千代田区丸の内 2-2-1 岸本ビル 2 階

電話番号：03-5224-5566　FAX 番号：03-5224-5565

（大阪事務所）

〒 530-0005　大阪市北区中之島 2-3-18 中之島フェスティバルタワー 27 階

電話番号：06-6208-1500　FAX 番号：06-6226-3055

（名古屋事務所）

〒 450-0002　名古屋市中村区名駅 4-4-10 名古屋クロスコートタワー 16 階

電話番号：052-563-7800　FAX 番号：052-561-2100

特殊状況下における取締役会・株主総会の実務
——アクティビスト登場、M&A、取締役間の紛争発生、
　不祥事発覚時の対応

2020年3月5日　初版第1刷発行

著　者　　竹　平　征　吾　　細　野　真　史
　　　　　浦　田　悠　一　　平　井　義　則

発行者　　小　宮　慶　太

発行所　　株式会社 商 事 法 務
　　　　　〒103-0025　東京都中央区日本橋茅場町3-9-10
　　　　　TEL 03-5614-5643・FAX 03-3664-8844〔営業部〕
　　　　　TEL 03-5614-5649〔書籍出版部〕
　　　　　　　　　　　　　https://www.shojihomu.co.jp/